图　杭州科技职业技术学院生利桥

- 杭州市哲学社会科学规划课题基地项目“生利主义视域下的高职会展专业课程建设研究”（2018JD68）研究成果
- 浙江省职业教育与成人教育优秀教科研成果高职高教类一等奖成果

生利主义视域下高职会展课程建设研究

SHENGLIZHUYISHIYUXIA GAOZHIHUIZHANKECHENGJIANSHEYANJIU

苏永华　王美云　著

華中科技大學出版社
http://www.hustp.com
中国·武汉

内 容 简 介

在中国会展业从小变大、由弱渐强的发展历程上，高职会展教育为行业发展进步提供了重要的人才保障和智力支持。当前高职会展专业毕业生专业辨识度不高、行业内就业率偏低的问题仍然突出，存在着会展专业毕业生对口就业难和会展企业用工荒的供需悖论。本书采用案例研究、文本挖掘、大数据分析和统计与计量方法，对高职会展专业人才需求、课程体系、能力演化和创新创业问题进行了深入研究，并基于陶行知生利主义职业教育思想提出了高职会展课程建设的行动路径。

本书同时也是一项继承和发扬陶行知职业教育思想的特色研究，研究结论和成果能为相关院校会展专业人才培养模式改革提供富有价值的参考。

图书在版编目(CIP)数据

生利主义视域下高职会展课程建设研究/苏永华，王美云著.—武汉：华中科技大学出版社，2021.6

ISBN 978-7-5680-7225-0

Ⅰ.①生… Ⅱ.①苏… ②王… Ⅲ.①展览会—课程建设—教学研究—高等职业教育 Ⅳ.①G245

中国版本图书馆 CIP 数据核字(2021)第 106456 号

生利主义视域下高职会展课程建设研究 苏永华 王美云 著

Shengli Zhuyi Shiyu Xia Gaozhi Huizhan Kecheng Jianshe Yanjiu

---

策划编辑：王 乾
责任编辑：陈 然 王梦嫣
封面设计：原色设计
责任校对：阮 敏
责任监印：周治超
出版发行：华中科技大学出版社(中国·武汉) 电话：(027)81321913
武汉市东湖新技术开发区华工科技园 邮编：430223
录 排：华中科技大学惠友文印中心
印 刷：武汉科源印刷设计有限公司
开 本：710mm×1000mm 1/16
印 张：17
字 数：320 千字
版 次：2021 年 6 月第 1 版第 1 次印刷
定 价：69.80 元

本书若有印装质量问题，请向出版社营销中心调换
全国免费服务热线：400-6679-118 竭诚为您服务

序言 PREFACE

1929 年 6 月 6 日至 10 月 20 日，杭州举办了中国第一个国际博览会——西湖国际博览会，并建成中国第一个专业展馆——西湖博览会工业馆（该馆旧址至今仍保存完好，系全国重点文物保护单位）。自此，杭州成为我国最早开展大型国际会展活动的城市。

2001 年，地处杭州的浙江经贸职业技术学院获批开设“会展与广告”专业，2002 年首届会展新生入学，开创了中国会展学历教育的先河。

20 年过去，杭州的会展教育规模迅速扩大，成为全国仅次于广州、上海的会展教育第三城。在杭会展院校普遍注重校际合作、校企合作、产教融合，在业界和政界的大力支持下，形成了浓郁的会展专业教学教改研讨氛围，成功打造了中国会展教育的“杭州样本”。根据浙江省会展学会的统计，截至 2020 年末，杭州有 9 所会展院校已获得教学类专业荣誉 56 项（仅统计市级以上的政府支持和奖励项目）。

杭州是我国较早组织会展大赛的城市。2008 年 12 月，首届全国大学生会展创新技能大赛在杭州举行。此次大赛由教育部高职高专旅游管理类专业教学指导委员会、中国会展经济研究会主办，浙江省会展学会、浙江经贸职业技术学院承办，北京、上海、天津、重庆等国内 11 个省（区、市）的 29 所院校参赛。自 2013 年起，浙江省的 A 级会展竞赛就已列入浙江省大学生科技竞赛项目。整体说来，杭州会展院校在全国各类会展竞赛中频频获奖。

经过多年积淀，杭州的会展专业建设成果丰富。2005 年和 2009 年，本人主持的项目连续获得第五届和第六届浙江省教育教学成果奖二等奖。2011 年，张健康教授和黄彬副教授合著的

《会展特色专业建设——理念、实践与探索》面世，对杭州市特色专业——浙江大学城市学院会展经济与管理专业的办学过程进行了全面总结。2012 年，在浙江德纳展览有限公司拓展学术研究基金资助下，浙江大学城市学院的黄彬、方玲玲编撰了论文集《中国会展教育十年》，该论文集遴选了 38 篇全国会展教育专家学者的最新学术成果，其中浙江作者入选了 16 篇。

最近获悉苏永华副教授和王美云副教授合作的《生利主义视域下高职会展课程建设研究》即将出版，本人感到十分欣慰。这是我国从课程建设入手探讨会展专业建设的第一本专著。杭州科技职业技术学院是浙江省会展教育的“后起之秀”，在学校领导重视和专业教学团队的共同努力下，近年来取得了一系列可喜的教学成果。《生利主义视域下高职会展课程建设研究》一书是杭州市哲学社会科学规划课题基地项目的研究成果。两位作者涉猎面很广，研究也有一定深度，本书着眼于课程，又不局限于课程，对会展职业教育的各种要素进行了多角度重新审视，两位作者根据自己对陶行知生利主义职业教育思想的理解，对全国的会展职业教育，特别是对杭州科技职业技术学院会展专业(也是浙江省“十三五”特色专业)的办学实践进行了深入剖析，为会展课程建设和专业建设提供了研究范本。书中一些观点可以引发新的思考，如本书提出要重视课程体系的设计、校本教材的开发与应用、发挥业界生产设施在会展专业人才培养中的作用，等等。

中国会展教育从发端到兴盛，已经走过了 20 年的时间。在专业建设高质量发展的新时期，希望全国会展业界、教育界继续为会展教育赋能，做好“产教融合”的支撑方；希望会展学界有越来越多的中青年学者持续发力，在做好教学工作的同时潜心科研，多出新著。

最后，要特别感谢华中科技大学出版社为本书出版所作出的贡献。

丁萍萍

浙江省会展学会秘书长

浙江越秀外国语学院教授

2021 年 3 月 15 日

前言 FOREWORD

以 1949 年我国举办的首个工业展览会为开端，到 1957 年 9600 平方米规模的首届广交会举办，再到 1982 年我国重返世界博览会，以及之后 2008 年举办的北京奥运会、2010 年举办的上海世博会、2016 年举办的 G20 杭州峰会、2018 年创办的中国国际进口博览会，还有 2022 年即将举办的北京冬奥会、杭州亚运会，中华人民共和国成立 70 多年以来，会展业在国家社会、经济、文化建设和大国外交上发挥了不可或缺的促进作用。截至 2019 年，我国全年经济贸易展览总数达 11033 场，展览总面积达14877.38万平方米，我国在海外 38 个国家共举办了 79 场展览活动。中国会展业已由小变大，在产业规模上跃升成为全球第一，并迈上了从会展大国向会展强国的新征程。

我国会展高等教育也在会展业欣欣向荣的大背景下获得快速发展。2002 年全国第一个高职会展专业正式创办，至 2019 年，经过不到 20 年的发展，全国开设会展专业的高校已经超过 450 所(含婚庆服务与管理、服装陈列与展示设计、展示艺术设计和数字展示技术等专业)，在校生人数也由最初的 78 人迅猛增长至 5 万人以上。

但值得注意的是，当前高职会展专业毕业生专业辨识度不高、本行业就业率偏低的问题仍然较为突出，存在着会展企业用工荒和会展院校毕业生对口就业难的供需悖论。改变这一现状要从人才培养模式改革入手。从教育学理论规律来看，构建高职人才培养模式的关键和核心还是在于课程建设：厘清和做好高职会展专业的课程目标、内容、实施与评价等环节，就是把住了高职会展教育的“七寸”，这对新时期高职会展教育守正出奇、改革创新，进一步强化就业导向，持续缓解会展行业就业结构性矛盾和促进更高质量就业将产生积极影响。

本书从 Top30 高职会展院校公开的人才培养方案和专业

资料入手,采用案例研究和词频分析的方法,对这些具有典型性和代表性的高职院校会展专业课程体系进行了解构,揭示了其在理论课程设计、实训环节安排、会展第二课堂和职业资格证书上的特点和规律。这一部分的分析技术虽并不困难,但操作过程却略显繁杂,最终的结论从整体上看还是具有较强参考价值的——这里既包括了我国最早创办会展专业的高职院校,也包括了正在主持会展国家教学资源库建设的领头院校,正所谓他山之石,可以攻玉。

我国由政府或行业协会组织的全国性或区域性人才需求调研(预测)数据是缺失的,这给高职院校对接产业需求来培养会展人才带来挑战。许多高职院校常见的做法是安排教学团队实施年度或一定周期间隔的专业人才需求调查(多以问卷或访谈的形式),但用这些小样本、随意抽样的调查结论来指导人才培养方案制定和教学改革具有较大的风险性,甚至有同一城市同一专业不同院校组织的人才需求调研产生截然不同结论的状况。显而易见,这样的调研成果是不太具备决策指导价值的。为了解决这一问题,本书利用数据爬虫工具,采用大数据分析的方法,尝试还原会展中心城市以及县域会展城市差异化的会展人才需求,为后续的课程开发研究提供有力的数据参考。

除了采集招聘职位需求这样的客观数据,本书还进行了一项纵贯十年的调查研究。通过高职会展专业毕业生能力需求调研(2011—2021 年)、高职会展专业毕业生就业能力与倾向调研(2021 年)两项调查,我们清晰地获得了来自用人单位和在校学生两种不同视角下对会展人才需求、能力以及前景的判断和看法,这为基于就业力视角的高职会展课程体系构建奠定了基础。

此外,本书还着重关注了高职会展专业学生创新创业的问题。基于“创业环境视角下创业教育与创业行为之间关系的混合模型研究”“自我效能感视域下创业教育与创业行为之间关系的链式多重中介效应模型”两项研究，本书进一步理解和把握了创业教育、自我效能感、创业环境在激发学生创业意愿，促进创业行为中的机制与效用，并进一步探讨了高职会展人才培养融入创业教育的理论与实践问题。

杭州科技职业技术学院是一所践行陶行知职业教育思想的特色高等学校（陶行知先生于 1928 年亲自指导创办的浙江省湘湖师范学校为可追溯的重要办学渊源），学校会展策划与管理专业曾在 2015 年“浙江省高职院校旅游专业核心竞争力排行榜”中位列该专业的榜首，2016 年学校成为三所服务入驻 G20 峰会核心主场馆——杭州国际博览中心的会展院校之一，2017 年该专业获得浙江省高校“十三五”特色专业建设项目立项。杭州科技职业技术学院会展策划与管理专业开办十多年来，积极探索和实践“政产学研协同发展”的办学模式，与杭州国际博览中心共建共享杭州国际博览学院，形成了一定的办学特色，积累了一些经验。本书也是笔者对该校办学特色、办学经验和办学成果的一个阶段性总结与反思。

本书最后从高职会展专业课程体系的规范与完善、高职会展专业课程教材与教学实施、高职会展专业课程建设探索与实施保障三个方面提出了建议，指明了基于陶行知生利主义职业教育思想的高职会展课程建设行动路径。本书是杭州市哲学社会科学重点研究基地“杭州科技职业技术学院高等职业教育（陶行知教育思想）研究中心”资助的校本特色研究，希望研究结论和成果能为国内相关院校会展专业人才培养模式改革提供一定的参考。

苏永华　王美云

2021 年 3 月

目录 CONTENTS

第一章　绪论　1

第一节　研究缘起　6

第二节　研究综述　8

第三节　研究框架　17

第二章　高职会展专业课程体系比较分析　20

第一节　高职会展专业竞争力排行　20

第二节　Top30 高职会展院校的专业课程体系分析　23

第三章　基于招聘大数据的会展人才需求分析　45

第一节　高职院校会展专业人才培养定位　45

第二节　会展中心城市人才需求状况分析　58

第三节　县域会展城市人才需求状况分析　87

第四章　高职会展专业毕业生能力需求演化　96

第一节　高职会展专业毕业生能力需求调研(2011—2021 年)　96

第二节　高职会展专业毕业生就业能力与倾向调研(2021 年)　124

第五章　创业教育视角下的高职会展课程建设　135

第一节　创新创业与高职会展专业教育　135

第二节　创业环境视角下创业教育与创业行为之间关系的混合模型研究　139

第三节　自我效能感视域下创业教育与创业行为之间关系的链式多重中介效应模型　145

第四节　高职会展人才培养融入创业教育的理论与实践　150

第六章　高职会展课程建设的生利路径　161
第一节　高职会展专业课程体系的规范与完善　161
第二节　高职会展专业课程教材与教学实施　172
第三节　高职会展专业课程建设探索与实施保障　204

附录 A　220
附录 B　223
附录 C　231
附录 D　237

参考文献　242

后记　256

第一章　绪　　论

2002年浙江经贸职业技术学院首开会展与广告专业为我国会展专业的高等教育正式拉开了帷幕。截至2019年，全国开设会展经济与管理/会展策划与管理专业的本科和专科院校数量分别达119所、225所(见表1-1)，另有161所高校开设了数字展示技术、服装陈列与展示设计、婚庆服务与管理、展示艺术设计等专业，在校会展专业学生从最先2个班级78名学生的规模发展到逾5万人，在读学生在17年间增长了约640倍。①

表1-1　2019年度全国高校开设会展专业情况(单位:所)

省(区、市)	本科院校数量	专科院校数量	数量合计	省(区、市)	本科院校数量	专科院校数量	数量合计
广东	11	20	31	湖南	4	4	8
四川	11	10	21	山东	4	11	15
浙江	9	9	18	云南	3	5	8
上海	8	14	22	黑龙江	3	9	12
湖北	7	10	17	贵州	3	9	12
北京	7	11	18	陕西	2	5	7
天津	5	10	15	辽宁	2	4	6
广西	6	7	13	山西	3	5	8
福建	5	7	12	内蒙古	1	5	6
河北	5	12	17	新疆	1	2	3

① 数据来源:2019年中国展览数据统计报告(http://www.cces2006.org/Uploads/Editor/2020-07-30/statisticsreport2019.pdf)。

续表

省（区、市）	本科院校数量	专科院校数量	数量合计	省（区、市）	本科院校数量	专科院校数量	数量合计
河南	4	8	12	江苏	1	16	17
吉林	4	3	7	甘肃	1	1	2
海南	4	2	6	江西	1	9	10
重庆	4	6	10	宁夏	0	1	1
安徽	3	10	13	共计	122①	225	347

会展业作为地区经济发展晴雨表的认知已达成共识，从经济角度来看，会展业不仅自身被视为是继旅游业、房地产业之后崛起的第三大新经济产业，也被喻为“无烟的朝阳产业”，其更以显著的乘数效应在塑造国家与城市形象、推动产业变革与地区经济发展、传承民族文化和提升民生福祉等方面发挥着重要的作用。②实际上，会展教育与地区经济发展间也存在着高度正相关(见表 1-2)，经济规模和第三产业状况与会展业发展活力密切相关，而会展教育则为会展业发展提供了有力支持。

表 1-2　省级层面会展专业院校数量与地区经济发展的相关分析

题　项	均值	标准差	会展院校数量	地区生产总值
会展院校数量	11.966	6.614	1.000	
地区生产总值	33816.184	25596.824	0.748**	1.000

注：** 表示在 0.01 水平(双侧)上显著相关。

从会展院校地理分布(见图 1-1)来看，整体上呈现出高高集聚和低低集聚的空间形态：所属高高集聚的区域大多都是东部和中部经济发达与相对发达的地区，而所属低低集聚的区域则基本为西部及北方经济落后与相对落后的地区，会展院校分布显现出较强的正向空间集聚特征，空间同质性和溢出效应显著。

① 注：该数据包含了 2019 年 3 所停办或停止招生的院校。

② 注：会展业拉动经济发展的系数问题自 2000 年以来受到政府主管部门和学界的关注，按 1∶9 计算会展业的乘数效应成为惯例，会展业对交通、物流、住宿、餐饮、旅游、购物等行业的拉动作用得到广泛认同，但在对“1”和“9”的内涵界定和乘数数值上仍存在不同意见。

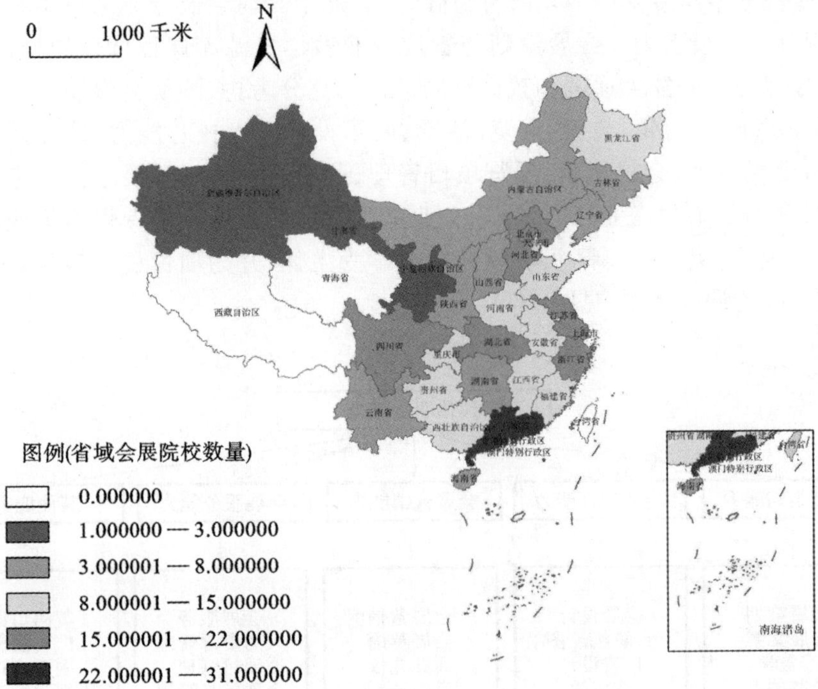

该图基于国家测绘地理信息局标准地图服务网站下载的审图号为GS（2016）2556号的标准地图制作，底图无修改。

图 1-1 全国会展高等院校分布图

在课程开设上，会展策划、会展营销、会展设计和会展服务四类课程首先受到关注，在早期实践的三段式会展人才培养模式①中，实践类的课程也受到重视。2011 年教育部高职高专旅游管理类专业教学指导委员会发布的《会展策划与管理专业教学基本要求》②中，展会策划、展会设计、展会营销和展会服务的知识和技能被视为高素质技能型会展专业人才的核心，并由此初步形成了 5×5 的会展策划与管理专业岗位职业能力分析与“职业能力模块化教学”课程体系（见图 1-2）。

2019 年 3 月，由长沙商贸旅游职业技术学院、广东交通职业技术学院和福州职业技术学院 3 所院校主持，北京农业职业学院、浙江经贸职业技术学院、山西财政税务专科学校等 23 所院校共建的会展策划与管理专业教学资源库（Convention & Exhibition Planning and Management Teaching Resource Library）成功入选

① 三段式会展人才培养模式由浙江经贸职业技术学院提出，具体内容为“课堂教学—实习（了解实际专业工作）—课堂教学—实习（综合应用能力培养）—创新与思考能力培养—实习（直接从事专业工作）”。

② 该教学标准由浙江经贸职业技术学院作为牵头单位制定完成。

2019 年职业教育专业教学资源库立项建设项目名单，使会展策划与管理专业在全国 744 个高职专科专业中成功跻身百强，这有助于高职会展专业进一步扩大社会影响，提升专业吸引力。会展策划与管理专业教学资源库课程体系的构建，对中高职会展专业间的能力递进和教育互动进行了充分考虑，围绕会展职业岗位实际需求明确了策划、营销、会议、展览、活动、展示设计六大核心能力，设计开发了会展策划、会展营销、会议运营、展览项目管理、节事活动策划和展示设计等专业核心课程，并构建了由专业核心课程、专业基础课程和专业选修课程所组成的核心能力课程模块，突出了以高级阶段技能教学为主体，并为项目创意与策划能力拓展奠定基础的课程体系（见图 1-3）。

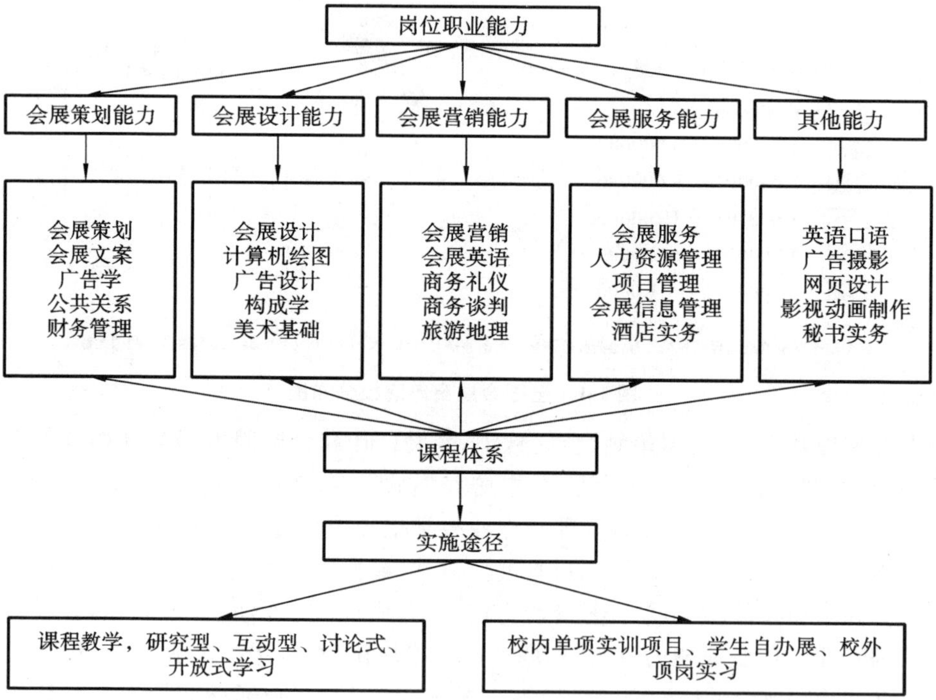

图 1-2　会展策划与管理专业岗位职业能力分析与“职业能力模块化教学”课程体系①

① 资料来源：教育部高等学校高职高专旅游管理类专业教学指导委员会发布的《会展策划与管理专业教学基本要求》。

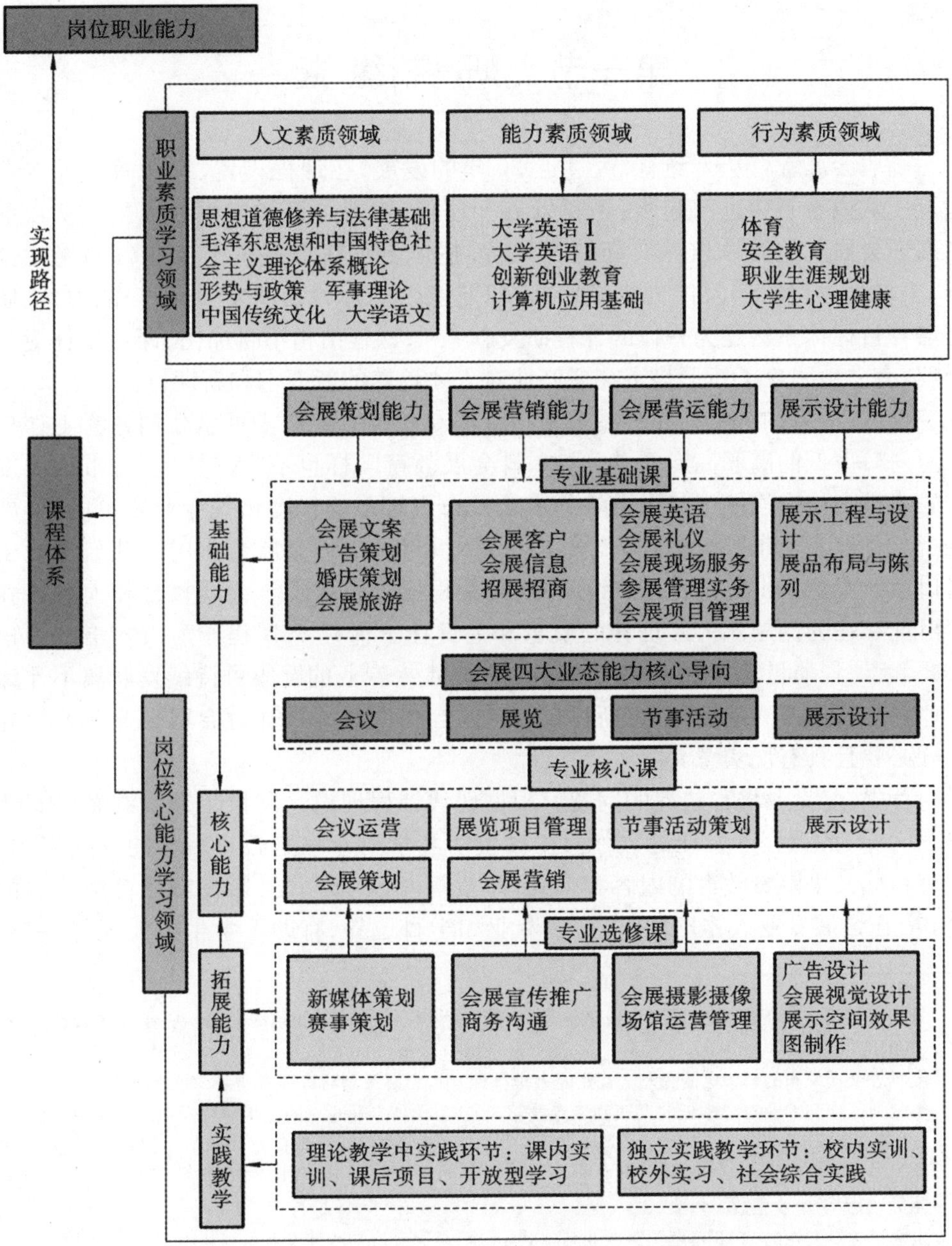

图 1-3　会展策划与管理专业国家教学资源库专业课程体系结构图①

① 资料来源：会展策划与管理专业教学资源库（http://hzzyk.hncpu.com/）。

第一节　研究缘起

高职会展教育从无到有，经过近 20 年的发展，在课程设置、实践教学和专业建设上从摸着石头过河起步，不断发展和深化，取得一系列丰硕的成果。从目前各高职会展院校人才培养实际情况来看，整体上正在形成基于专业(群)岗位分析、工作过程(场景)及能力需求诊断、职业能力指标体系开发、知识与能力、素质等培养目标体系构建为一体的课程研发体系[①]，课程结构不断优化，课程设计更加合理，有力地回应了新形势下会展产业对人才培养的新要求和新期待。

但值得注意的是，高职会展策划与管理专业曾一度被麦可思公司评为工作与专业对口率低的高职高专专业。[②] 本科会展教育同样也不"太平"，上海市教委发布的本市高校中连续 3 年以上签约率低且布点较多的年度预警专业名单中，会展经济与管理专业也曾赫然在列。[③] 再从就业市场来看，会展企业用工荒与毕业生对口就业难这一供需悖论的出现[④]，从某种程度上也揭示了会展教育和人才培养中可能存在的问题。人才培养的质量和关键在于课程[⑤]，课程作为人才培养的核心要素，课程质量直接决定着人才培养的质量[⑥]，专业的健康可持续发展离不开课程体系与实施方式的变革，重新审视和完善当前的课程设计对会展专业人才培养十分必要且具有现实意义。

首先，是专业培养边界的问题。根据现代课程理论之父拉尔夫·泰勒(Ralph W. Tyler)的课程开发理论，学生、社会生活和学科专家是教育目标的三大来源，教育目标又决定着教育的内容和形式，而教育内容和形式又影响着教育资源的供给。[⑦] 在会展专业人才培养中，打破专业和学科边界，有助于学生扩大视野、完善

---

① 张启明，李礼，李晓秋. 职业教育专业教学资源库建设过程中的若干问题探究[J]. 职业技术教育，2020(23).

② 麦可思公司发布的《2010 年度大学就业能力排行榜》中，会展策划与管理专业以 29%的工作与专业对口率位列工作与专业对口率低的高职高专专业第 5 名(工作与专业对口的比率简称专业对口率或对口率，在"受雇全职工作"中包含两类：一类是有全职工作，与专业有关；一类是有全职工作，与专业无关。工作与专业对口的比率＝有全职工作并且与专业有关的大学毕业生数/有全职工作(包括与专业有关及无关)的大学毕业生数)。

③ 上海市教委发布的 2012 年度预警专业名单共 18 个，会展经济与管理专业位列其中。

④ 叶海玲，沈陈敏. 高职旅游会展专业学生就业平台立体化建构策略[J]. 职教论坛，2014(2).

⑤ 杜娟，杨翠友. 基于"PDCA"循环的现代学徒制课程质量保证体系的构建[J]. 职教论坛，2019(5).

⑥ 中华人民共和国教育部. 教育部关于一流本科课程建设的实施意见[EB/OL]. (2019-10-30)[2021-01-15]. http://www.moe.gov.cn/srcsite/A08/s7056/201910/t20191031_406269.html.

⑦ 拉尔夫·泰勒. 课程与教学的基本原理[M]. 罗康，张阅，译. 北京：中国轻工业出版社，2014.

知识结构和提升就业能力，但值得警惕的问题是，无论是从产业链延伸还是从职业领域拓展的角度来看，高素质技能型会展人才的培养正走向对职业能力和教育目标无边界的过度泛化，这是一个危险的趋势，因为高职会展人才培养的核心要义并非用“通识”和“博雅”来取代专业教育，抑或期望学生都成为“全才”和“通才”。① 从具体课程设计来看，不少院校会展策划与管理专业课程体系不仅将管理学、经济学、信息学、新闻传播学、社会学、心理学、文化学、旅游学、广告学、公共关系学、建筑学、艺术学和环境科学等诸多学科的专业课程悉数纳入其中②，在开设创意策划、营销传播和项目管理等大类课程之外，还对职业领域进行了近乎全产业链式的扩张，涉及展台设计、工程搭建、视觉传达、物流交通、演艺经纪、旅游餐饮、娱乐康养等领域，形成了高职会展课程的“形式繁荣”。但从教育成效来看，由于课程总量大、学习任务重、多课程频繁切换③，大学生难以将更多时间和精力投入课外的阅读、思考、研讨与实践中，缺乏对“输入”知识的“内化”和“输出”，这直接导致了大量的低质量和无成效的学习。④

其次，是课程相互衔接的问题。如果说繁复冗赘的课程体系影响的是部分高职院校学生，那么课程衔接上所暴露出的问题则是所有高职会展学生不得不面对的另一“时间杀手”。内容重复是很多高职会展院校专业课程体系都无法回避的难题。早期对旅游管理专业的研究发现，专业课程内容重复的严重程度令人吃惊，其直接后果就是学生大量宝贵的时间被毫无意义地浪费，而机械重复还引发了严重的厌学情绪，并导致学生思维的僵化。⑤ 如果简单地将会展概论、会展项目管理、会展策划、节事活动策划与管理、会展营销、会议策划与管理、大型活动策划与管理、婚庆策划与管理等课程的教材内容进行对比，内容重复的问题也同样较为严重。课程相互衔接首先需要解决的就是内容重复的问题，其次是要解决课程先后的问题，如果学生在课程学完后不能对专业形成一个系统的整体认识，甚至连最基本的概念也知之甚少，那么教师必须重新思考课程体系优化的问题。诚然，每一位专业教师都应当根据情势变化不断更新课程内容，明确所任教课程在整体课程结构中的角色和功能定位，并采用适当的教材、讲义和教学方法来降低

---

① 李永东. 以问题为导向：学科边界、人文研究与人才培养[J]. 中国高等教育，2018(2).

② 澳大利亚学者 Perry 曾指出，专业会展课程体系应包括管理学、政治学、公共关系学、金融学、经济学、市场营销学和人文伦理等几大部分。

③ 2014 年复旦大学对近 20 所国内外一流高校的社会科学专业开展的调研显示，我国大学本科生修读课程数量大约是国外的 2 倍甚至更多(张学新，2018)，而国内有些高职人才培养计划的课程数和学分数有逼近本科院校的趋势。

④ 黄宝忠. 从“大工程观”到“大教材观”：“新工科”人才培养与教育出版创新[J]. 浙江大学学报(人文社会科学版)，2018(5).

⑤ 陈才，张燕燕，刘英. 旅游管理专业课程结构的系统分析与优化设计[J]. 旅游学刊，2005(S1).

课程间的冲突问题，但这并不是治本的办法。只有不断优化和完善专业课程体系，才能标本兼治、最大限度地解决教学内容重复的问题。对会展专业的学生而言，教师应结合专业特点加强理论与规律总结，注重知识与技能的拔高，每门课程的学习都要力争补充未接触过的新知识、新内容，避免因机械重复而引发厌学情绪，不断激发学生学习的兴趣乐趣及内生动力。①

最后，是理论与实践融合的问题。高职院校的教学活动是师生共同参与的双向活动，教师除了知识传授，更重要的是要积极组织丰富的社会实践来提升学生的实践能力，从而在不同维度、更多层面满足学生多样化的学习期待，理论与实践一体化的教学模式与课程设置成为推动理论与实践融合的必由路径。② 理论与实践一体的思维与外显的技能是高职院校学生备受青睐的核心所在③，杜威的"从做中学"、罗杰斯的"学生为中心"和陶行知的"教学做合一"等实践教育理念也为高职教育指明了行动方向。但在高职会展专业的课程设计和教学实施中，一方面，仍然存在实践环节偏少、理论与实践脱节的问题；另一方面，校内校外实践融合仍然存在着诸多障碍和限制。实践教学存在的问题究其根本还在于协调性——主要体现在教学实施者自身理论与实践的能力不协调、专职教师与行业专家的协作不协调、实践渠道狭窄与实践内容广泛的供需不协调、教学观念滞后与实践教学创新的发展不协调。④

第二节 研究综述

一、高职课程建设

高职课程改革的核心问题是价值观的转变，从学科本位到能力本位再到人格本位，高职课程观的重大转变也是对现代职业教育体系能力框架新要求的回应。⑤实际上，有关高职教育课程观的看法与讨论包含了"学科本位""知识本位""技能为本""能力本位""人格本位"，以及"技术实践导向""工作过程导向""就业导向"

---

① 崔翠.我国高校"立德树人"的路径选择[J].东南大学学报(哲学社会科学版)，2014(S1).

② 李梦卿，邢晓."双高计划"高职院校建设的时代要求、现实基础与提升路径[J].教育科学，2020(2).

③ 张东，余冬阳.论高等职业教育的形象[J].教育理论与实践，2016(18).

④ 薛伟明.以通识教育为导向的高职院校"产教融合"人才培养模式[J].江苏高教，2020(12).

⑤ 董奇，黄芳，国卉男.现代职业教育体系视角下的高职课程改革——兼论高职课程观的发展趋势[J].职业技术教育，2014(1).

等多种观点[1][2][3][4][5]，但也有观点认为应抛弃单一的"本位"思想，构建新型的"以综合职业能力与全面素质为中心"高职课程观[6]。

就高职教育的课程模式而言，不少高职院校借鉴了国外院校的做法，引入了包括三段式课程模式[7]、核心阶梯课程模式[8]、实践导向课程模式[9]、能力本位课程模式[10]、宽基础、活模块课程模式[11]、项目课程模式[12]、行动导向课程模式[13]、双证融通课程模式[14]、工学结合课程模式[15]、工作过程系统化课程模式[16]、集群式模块课程

---

① 程宜康. 我国高等职业技术教育课程研究综述[J]. 职教通讯，2012(10).

② 张健. 高职教育课程观的多元解析[J]. 职教通讯，2013(7).

③ 姜大源. 职业教育学研究新论[M]. 北京：教育科学出版社，2007.

④ 吴倩，陆春元，邓建平. 基于"产品、流程、系统"的高职课程模式构建与实践[J]. 职业技术教育，2018(8).

⑤ 方泽强. 我国高职课程模式的演进、评价与改革[J]. 职业技术教育，2019(25).

⑥ 于广云，黄慧丹. 高职教育课程观的影响因素及构建[J]. 宁波职业技术学院学报，2006(1).

⑦ 三段式课程模式的主要特点是重视文化基础课，理论与实践课程并列，实践课单独设课自成系统。

⑧ 核心阶梯课程模式又称德国双元制课程模式，该模式有三段式课程结构的特点，即首年重视职业基础学习，次年强调职业大类的学习，最后一年则细分职业，进行专门化学习。

⑨ 实践导向课程模式是以"能力培养为核心，集理论教学、实习实训于一体，产学研相结合"为指导思想，按照职业实践活动的要求设计课程内容并组织教学的培养模式。

⑩ 能力本位教育课程模式又称 CBE(Competency Based Education)课程模式，其理念是以职业能力培养为根本，从岗位需求出发，以具体工作任务和职责为课程内容组织依据，强调针对学生胜任岗位能力的培养。

⑪ 宽基础、活模块课程模式的主要结构特点是把职业学校全部课程依据培育侧重点的不同，分为宽基础和活模块两个阶段，"宽基础"阶段的教学内容，面向一个职业群，强调学生全面素质的提高和综合职业能力的培养，"活模块"阶段的教学内容则是在宽基础的基础上根据某一个或几个职业的实际需要予以强化。

⑫ 项目课程模式是以工作项目为中心来组织理论知识和实践知识的课程模式，这些知识不是按照知识本身的逻辑，而是按照工作项目完成的需要来进行组织的，个体通过完成工作任务的过程来学习相关知识，学与做融为一体。

⑬ 行动导向课程模式认为职业能力的培养应建立在学习者有目的、有意义的行动学习基础上，在行动中储备和应用知识，习得和强化技能，树立和升华包括职业认同感等在内的良好的职业态度，通过行动来证明其具备完成某一职业或岗位工作任务的能力。

⑭ 双证融通课程模式是双证书制的进一步发展，通过学历证书与职业资格证书这两类证书内涵的对应与衔接，采取高职学历、证书与职业资格证书并重的培养模式。

⑮ 工学结合课程模式核心特征是理论学习和实践学习相结合，促进学生认知能力发展和建立职业认同感相结合，科学性与实用性相结合，学校教育与企业实践相结合。

⑯ 工作过程系统化课程模式在学习领域课程基础上，强调要把实际的工作过程经过 3 次以上的教学化处理，演绎为 3 个以上的、有逻辑关系的、用于教学的工作过程，即每一个学习领域由至少 3 个学习情境构成，且每一学习情境都是独立的、完整的工作过程，各学习情境之间具有"平行""递进"或"包容"的逻辑关系。

模式[①]和平台式课程模式[②]等在内的各种课程模式做法，但究其内核，众多课程模式变化的仅仅是手段，不变的还是快速学习、有效上岗的实用主义教育理念。[③④⑤⑥⑦⑧⑨]

近年来，与工作过程相关的理论知识和实践技能成为高职课程内容研究的趋势和倾向，从课程内容组织上看，越来越多地主张遵循工作逻辑，并逐渐显现出操作技能弱化向创造性智力技能侧重的转变。[⑩] 高职教育课程改革与建设的顺利进行需要一定的保障，这方面的研究主要从师资队伍建设、实训基地建设和高职课程评价三方面展开。

二、高职会展课程建设

经济的结构变化、全球化变革以及技术创新进步正在改变工作的性质，进而影响着劳动力市场对技能的需求，而瞬息万变的劳动力市场需求意味着大学课程需要跟上不断变化的职业要求，但显而易见的是，传统的人才培养实践如今看来并不符合雇主对毕业生的期望(Chan 等，2017)。[⑪] 大学的知识取向与雇主的实际目标之间存在的差异(Jääskelä 等，2016)对高校课程设计提出了更多挑战[⑫]，如不改善通用能力的教学框架，不解决课程设置过时的问题，学生将无法有效获得雇

① 集群式模块课程模式即在职业岗位群所必需的基础知识、基本素质和专业技能分析的基础上，将课程组合成各种知识模块和能力模块，以能力为主线构建实践教学体系。

② 平台式课程模式强调以职业能力培养为主，体现知识能力观，拓宽专业口径，增强适应性，以利于学生发展和更换职业。

③ 刘勇，段保才. 高职教育课程模式的选择——基于工作过程系统化的学习领域课程模式[J]. 中国高教研究，2011(6).

④ 吴亚萍. 近十年高职课程改革与建设的研究综述[J]. 职教论坛，2011(33).

⑤ 郑晓梅. 我国区域职业教育发展战略的制度因素分析[J]. 教育与职业，2012(14).

⑥ 陈云涛，蒋赟. 论高职课程变革中的文化理念[J]. 职教论坛，2014(11).

⑦ 谭菲. 基于典型工作任务的高职课程体系建设[J]. 中国成人教育，2015(23).

⑧ 朱永永. 职业教育技能竞赛与实践教学整合对接研究[J]. 高等工程教育研究，2015(5).

⑨ 王坤，陈任. 我国职业教育课程开发文献的可视化分析[J]. 教育与职业，2018(8).

⑩ 郭炯，刘怀恩. 高等职业教育课程研究的文献综述[J]. 中国职业技术教育，2009(36).

⑪ Chan C K Y, Fong E T Y, Luk L Y Y, et al. A review of literature on challenges in the development and implementation of generic competencies in higher education curriculum[J]. International Journal of Educational Development, 2017(1).

⑫ Jääskelä P, Nykänen S, Tynjälä P. Models for the development of generic skills in Finnish higher education[J]. Journal of Further and Higher Education, 2016(1).

主所期望的工作技能(Lim 等,2016)[①]。

课程可以定义为学习计划,这样的学习计划由基本原理、目的/目标、内容、学习活动、教师角色、材料/资源、分组、地点、时间和评估等要素构成(Taba,1962)。[②] 巴斯德多(Bastedo,2016)指出,有必要回答一个长期争论的问题:"大学生需要学习什么才能成为受过教育的社会成员?"[③]为了帮助和鼓励学生自愿和主动学习,在整个课程体系中,必须具有均衡且结构化的学习任务设计,但对于诸如艺术和人文学科等结构较浅的专业来说这并不容易实现(Dowling 等,2015)。[④] 在进一步的教学实施上,帮助教师弄清课程间的协作关系很重要,因为对课程设计的理解决定了课程的实施方式(Jonker 等,2016)。[⑤]

会展专业被视为事件管理的重要部分,课程大多被安排在旅游和酒店管理专业的课程中,因此并不能构成独立的学科(Lee 等,2009;Phelan 等,2010)。[⑥⑦] 会展专业曾被认为是一种发展尚不成熟的专业,并且是旅游和酒店业的子集,因此这一专业的课程在早期并未被赏识(Sperstad 等,2011)。[⑧] 就课程体系设计而言,从行业专家视角进行构建是一种思路,基于高校毕业生问卷调查结果分析而提出的课程重要性和学生满意度实际上也越来越受到关注。[⑨] 会展业的快速发展使该

---

① Lim Y M, Lee T H, Yap C S, et al. Employability skills, personal qualities, and early employment problems of entry-level auditors: Perspectives from employers, lecturers, auditors, and students[J]. Journal of Education for Business,2016(4).

② Taba H. Curriculum development: Theory and practice[M]. New York: Harcourt Brace and World, 1962.

③ Bastedo M N. Curriculum in higher education: The historical roots of contemporary issues[M]// Altbach P G, Berdahl R O, Gumport P J. American higher education in the twenty-first century: Social, political, and economic challenges. 2nd. Baltimore: The Johns Hopkins University Press,2005.

④ Dowling D, Rose S, O' Shea E. Reconsidering humanities programmes in Australian universities-embedding a new approach to strengthen the employability of humanities graduates by empowering them as'global citizens'[J]. Social Alternatives,2015(2).

⑤ Jonker H M, März V S C, Voogt J M. Curriculumontwerpteams in(inter)actie: Onderzoek naar de relatie tussen het netwerk van een ontwerpteam en draagvlak in het bredere docententeam[J]. Pedagogische Studiën,2016(4).

⑥ Lee K M, Lee M J, Kim H J. A comparison of student and industry perceptions of the event management curriculum in Korea[J]. Journal of Hospitality, Leisure, Sports & Tourism Education,2009(2).

⑦ Phelan K V, Mills J E. An exploratory study of knowledge, skills, and abilities (KSAs) needed in undergraduate hospitality curriculums in the convention industry[J]. Journal of Human Resources in Hospitality & Tourism,2010(1).

⑧ Sperstad J, Cecil A K. Changing paradigm of meeting management: What does this mean for academia? [J]. Journal of Convention & Event Tourism. 2011(4).

⑨ Chen G, Yang J. The analysis of university curriculum setting based on KNIME[J]. IERI Procedia,2012(1).

领域对人才的需求增加,对会展专业课程设计的研究也不断丰富,会展专业课程的框架结构日趋完善(见表1-3)。

表 1-3 会展专业课程体系设计

框架类型	能力结构	技能要点/课程设计
会展管理国际能力标准(Canadian Tourism Human Resource Council,2011)	战略规划	会议与活动战略计划管理、会议与活动可持续发展计划制订、会议价值评估
	项目管理	会议与活动项目策划、会议与活动项目管理
	风险管理	风险管理策划、风险管理
	财务管理	财务资源开发、预算管理、现金处置与管理
	行政	管理任务执行
	人力资源	人力资源管理策划、员工和志愿者招募、员工与志愿者培训、员工关系管理
	利益相关者管理	利益相关者关系管理
	活动设计	活动流程设计、演艺人员管理、餐饮服务协调、环境设计、生产技术管理、活动参与人管理策划
	网站管理	地点选择、现场设计、网站管理、站点基础结构管理、现场通信管理
	行销	营销管理策划、营销材料管理、会议与活动商品管理、活动促销、公共关系活动实施、销售活动管理
	专业精神	职业行为展示
	沟通	商务沟通执行
会议人员技能支柱(Phelan 和 Mills,2010)	规划技巧	有组织的、客户服务、注重细节、批判性思考、分析能力
	专业精神	口头交流、书面交流
	职业道德	了解行业运作方式、团队合作、在压力下运作良好
	人格特质	外向、积极的人格、良好的社交能力
	自我管理	灵活、创意性、廉洁

续表

框架类型	能力结构	技能要点/课程设计
入门级会展经理能力框架(Jones,2010)①		会展销售与服务、餐饮和宴会服务管理、事件旅游和管理、会议管理、大会及活动专题、会议场地管理、展览管理
会展课程开发框架(Fenich 和 Hashimoto,2010)②	项目规划	规划原理、会议与会议管理、学习环境、成人学习者需求满足、特别活动策划、会展法律与道德规范、协会管理、绿色会议
	执行作业	餐饮管理、展会管理、目的地管理、事件管理、会展设施管理、目的地规划、特殊活动研究、节日管理、会展业技术
韩国活动管理课程(Lee 等,2009)	活动概念与管理	活动行业简介、战略事件管理、活动营销管理和服务、沟通(客户与概念)、活动预算和财务管理、风险与危机管理、活动策划、项目管理、活动赞助、活动人力资源管理、广告与公共关系、整合工具
	活动运作与实务	活动操作、活动启动(投标和提案)、合同谈判艺术与科学、场地管理、活动策划与设计、活动仪式管理、地方餐饮、活动物流、活动创新(音视频制作和活动制作)、活动志愿者、顶岗实习、活动现场评估、整合工具
	重大活动领域	节日管理、会议和会议管理、体育赛事管理、展览和贸易展览管理、公司活动管理、促销活动、娱乐和派对策划、在线活动管理、婚礼策划与咨询、政府和政治活动策划、整合工具
	配套领域	项目和研究方法、艺术和文化、活动信息系统、酒店业简介、旅游业、酒店和住宿管理、法律与道德、管理信息系统、经济学、整合工具

① Jones D L. Developing a convention and event management curriculum in Asia: Using blue ocean strategy and co-creation with industry[J]. Journal of Convention & Event Tourism, 2010(2).

② Fenich G G, Hashimoto K. Towards a framework for development of courses of study in meetings, expositions, events and conventions(MICE)[J]. Journal of Convention & Event Tourism, 2010(4).

续表

框架类型	能力结构	技能要点/课程设计
台湾地区会展培训与认证项目（BOFT，2009）		项目管理、目的地和场地管理、会展策划、项目预算、合同评估和谈判、与会者管理、注册和住宿、演讲者管理、技术要求管理、展览管理、目的地营销、会展招标、英语接待
日本会议与会议管理课程（Defranco等，2005）①	会议行业、组织大会、财务、住房、运输、会议旅游局（CVB）	

综合来看，以策划为中心的会展专业课程体系侧重于活动策划与项目管理，以运营为中心的课程体系则聚焦于会展项目的运行、执行与实施。从具体安排来看，主要有六类课程：一是会展行业介绍与分析，主要包括会展行业概述（历史、法律和政策、环境、文化和社会科学）、会展行业分析（会展统计、经济学、人力资本和行业预测）和产业政策（会展道德规范、国家产业政策、全球产业现状的分析）；二是战略规划与项目管理，包括战略管理（战略管理制定、执行和评估）、项目管理（管理知识、技能、工具、方法以及资源分配）、会展管理系统（与会者管理、注册和会议、展览或活动管理系统）和会展策划（资源分配、预算和财务管理、利益相关者管理、风险和危机管理以及人力资源管理、志愿者管理）；三是通信技术，包含语言和翻译（外语口语、写作和翻译能力）、礼仪（互动式的正式午餐和就餐技巧）、沟通技巧（商务谈判、口头和书面沟通技巧）和职业道德（基于适当的人格特质和自我管理的团队合作）；四是会展运营与实施，包括会议、展览、活动和旅游餐饮的运营与实施（设施管理、工作议程、目的地资源分配、现场实践、专业实践）；五是会展技术，包括数码设计（创建、打包、上传、营销数字产品技能以及展位和网站设计基本应用）和会展管理信息系统（硬件和软件资源、数据库管理系统、网络类型以及业务组织中的信息安全挑战）；六是会展营销，包括公共关系（组织与公众关系管理、核心公共关系程序、公共关系工具）、招展（招展策略、展览营销）、市场营销管理（营销策略、营销业务）、服务与品牌管理（品牌营销、客户关系管理）和大会招标

① Defranco A L, Abbott J L, Ali F. Curriculum development in international convention and conference management at Meio University, Okinawa, Japan[J]. Journal of Convention & Event Tourism, 2005(3-4).

(国际会议竞标策略、目的地营销)。①

三、生利主义教育思想

职业教育发展正处在经济新常态和供给侧结构性改革的历史关键期,陶行知先生百年前对职业教育的思考和探索对新时期职业教育发挥新作为具有重要启示。② 1918 年,陶行知发表《生利主义之职业教育》一文,对职业教育进行了全面和深刻的论述,而后在《教育者之机会与责任》等文中进一步明确指出了技能教育在教育事业中的重要角色和地位。陶行知一贯强调"行是知之始","行知行"而不是"知行知",为职业教育的合理性和必要性提供了理论支撑,生利主义是陶行知职业教育思想的核心。③

在《生利主义之职业教育》一文中,陶行知指出:"衣食主义既多弊窦,生活主义又太宽泛,二者皆不适用于职业教育……职业以生利为作用,故职业教育应以生利为主义。"在陶行知看来,如果不能形成生利主义的教育,就不能称之为真正的职业教育,当然生利既可以是生有利之物,也可以是生有利之事,照此看来,百年前的陶行知就已经考虑到职业教育的人才培养应同时兼顾生产制造和服务领域,"生产虽有事物之不同,然其有利于群则一"。④ 陶行知生利主义职业教育思想包含四大要素:一是具备"生利之经验""生利之学识"和"教授生利之法"的师资,二是来自"职业界"或"自有"的设备,三是以"毕百课生百利"和"充分生利"为标准的课程,四是"才能兴味皆最高"的学生。⑤

作为一所传承和倡导陶行知生活教育理论,弘扬"爱满天下"教育精神的学校,杭州科技职业技术学院也是陶行知职业教育思想研究的骨干单位(见图 1-4)。进一步从陶行知职业教育思想高频词关键词网络图谱来看(见图 1-5),陶行知、职业教育、职业教育思想、生利主义、教学做合一等关键词均是高频主题,其中生利主义词频数达 24,节点中心度 0.24;教学做合一的词频数 18,节点中心度 0.18。陶行知在对生利主义职业教育的解读中,勾勒出以技术为中介,实现个人发展和人民大众幸福生活的职业教育前景⑥,其职业教育思想大群观与传统"道为己任,

---

① Hsieh P F. Curriculum planning of MICE course in continuing education[J]. Journal of Hospitality, Leisure, Sport & Tourism Education, 2013(1).

② 于日锦,张平.历史选择与未来思考[N].光明日报,2016-08-02.

③ 杨常唯.践行陶行知职业教育思想"行知合一"教学模式探索[J].林区教学,2018(9).

④ 江苏省陶行知教育思想研究会,南京晓庄师范陶行知研究室.陶行知文集[M].南京:江苏人民出版社,1981.

⑤ 陶行知.生利主义之职业教育[J].教育与职业,1918(3).

⑥ 李政,庄西真.陶行知思想中的技术文化探析[J].职教论坛,2014(28).

胸怀天下”的“士道”思想一脉相承①。

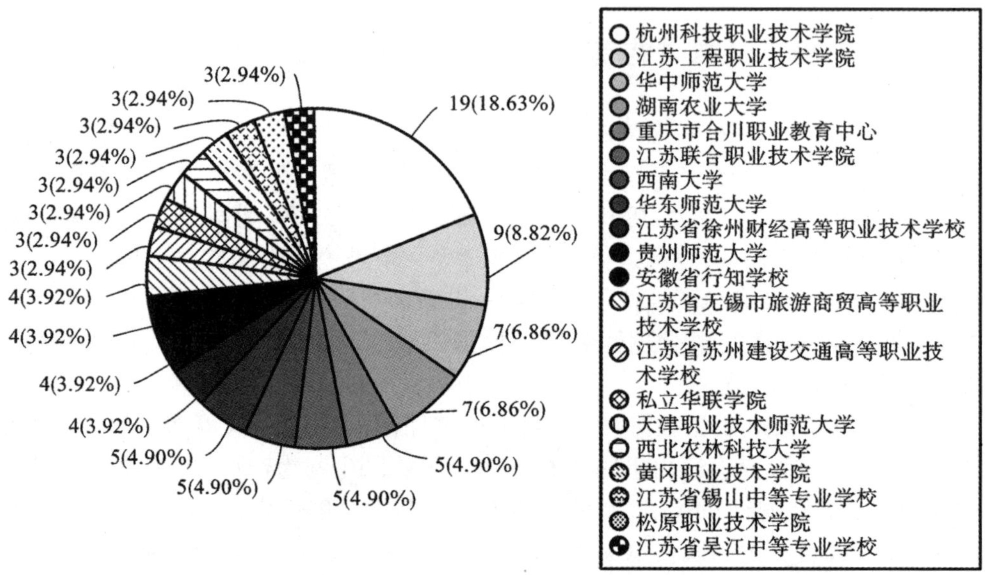

图 1-4 陶行知职业教育思想研究机构分布

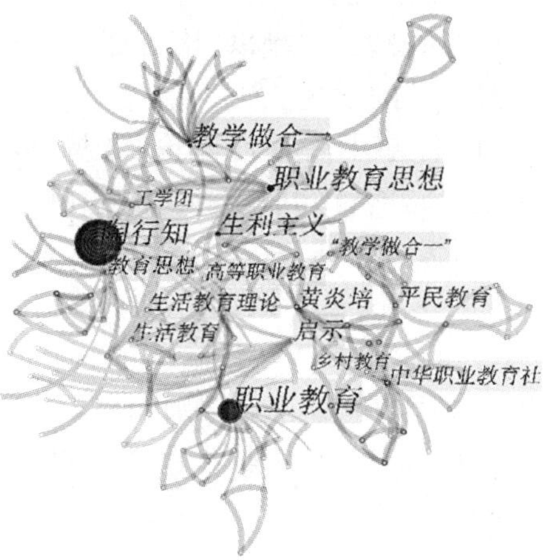

图 1-5 陶行知职业教育思想高频词关键词网络图谱

① 叶锦义.陶行知职业教育大群观思想初探——读《生利主义之职业教育》有感[J].职业技术教育,2012(4).

基于生利主义的职业教育理念,陶行知构建了以“事”为中心、“充分生利”的课程理论,他既不主张传统的理论知识传授,也不赞成某种专门的训练,而是支持以“事”为中心,因事施教,课程以实际生产过程中所必需的理论和技能为根本出发点和基本内容。“以一事之始终为一课”,充分体现了现代课程观中模块化、项目化课程设计的思想。① 陶行知课程理论思想从某种意义上说,有着杜威活动课程的影子,在职业教育课程中以活动课程的形式来组织,陶行知是中国近代职业教育发展史上的开创者。② 需要明确的是,陶行知“教学做合一”教学策略中所言“做”之内涵,并非“仅需会做,不必明理”,更非单纯的技能训练抑或机械的劳动操作,而是强调“劳力上劳心”——行动、思想和新价值之产生。③

与蔡元培“实利主义”职业教育思想④、黄炎培“实用主义”职业教育思想⑤相比,陶行知“生利主义”职业教育思想在思想层面上有了极大提升——职业教育从仅关注个人生计问题逐渐转变为兼顾考虑社会当下的需求,这可以说是职教思想的一次重大进步。⑥ 生利主义职业教育思想为陶行知后期提出的生活教育理念奠定了基础,倡导生利教育与生产劳动相结合以避免空洞的、消耗的教育,充分体现了陶行知职业教育思想中对“把教育与生产劳动结合视为根本”始终如一的坚持。⑦ 高职会展教育既具有职业性又具有社会性,既符合行业对高技能专门人才的要求,又能够满足毕业生的长远发展期待。生利主义职业教育思想为转变当下唯技术主义、技术至上的课程设置倾向带来了有益启示。

第三节　研究框架

一、背景意义

高职院校品牌建设的关键在于专业,高职专业建设的抓手则在于课程。近年来,高职教育课程建设和人才培养模式改革突飞猛进,理论探索与实践操作均取得了令人瞩目的成绩。但高职教育课程与教学依然存在与工作实际相脱离的问

---

① 牛金成.陶行知生利之职业教育思想探微[J].继续教育研究,2011(11).

② 庄西真.陶行知职业教育思想钩沉[J].教育与职业,2008(14).

③ 程道明.陶行知教育思想对当代职业教育的启示[J].中国职业技术教育,2008(33).

④ 实利主义职业教育思想的核心就是实用,强调普通教育和实用知识技能相结合。

⑤ 实用主义职业教育思想的两个重要特征,一是实用教育,二是生活教育。

⑥ 廖忠明.论当代职业教育实现社会本位与个人本位价值取向的统一[J].职教论坛,2010(10).

⑦ 卞放.陶行知的职业教育思想[J].教育与职业,1996(8).

题，表现在：师资配备上，教师对行业发展和技术应用把握不到位、缺乏职业经验的问题仍然存在；设施设备上，实训设备与实训条件跟不上培养规模和质量增长的需要，实训功能设计和运营支持也有待进一步完善；课程与教学上，一些高职课程不仅学科本位的痕迹依然严重，理论与实践脱节，即便大部分院校都引入了“双证书”制度，但学历证书与职业资格证书课程间的衔接依然欠缺。

杭州科技职业技术学院是一所践行陶行知职业教育思想的特色高职学校，该校会展策划与管理专业在陶行知职业教育思想指导下，开展了大量的课程改革与实践，取得了丰硕的成果，为地方现代服务业培养生利之材做出了应有的贡献。学校会展策划与管理专业位列2015年“浙江省高职院校旅游专业核心竞争力排行榜”中该专业的榜首，2016年该校成为三所服务入驻G20峰会核心主场馆——杭州国际博览中心的院校之一，2017年该专业获得浙江省特色专业建设立项，学校还成功举办了三届中国(杭州)会奖旅游教育与产业发展学术研讨会，办学取得了一系列阶段性成果。

本书也是笔者对杭州科技职业技术学院会展策划与管理专业办学特色和办学经验的阶段性总结与反思。全书以学校会展策划与管理专业课程建设为实践蓝本，在陶行知生利主义教育观指导下，对会展职业教育的定位、目标、师资、学生、设备、课程、教学模式与方法等要素重新进行了思考，总结提炼了新时期高职会展专业课程建设的理念、思路、方法与对策，为高职课程建设研究提供了新案例、新思考和新成果。同时，本书对其他高职院校会展专业课程建设有着一定的参考价值，对于弘扬陶行知生利主义职业教育思想和推动高职课程高水平建设也具有积极的现实意义。

二、研究思路

本书从陶行知生利主义职业教育思想解读入手，基于Top30高职会展院校人才培养方案、会展招聘大数据分析以及面向用人单位和在校生的调查研究，结合创新创业教育视角下对高职会展专业人才培养的反思，提出了基于生利主义职业教育思想的高职会展课程建设理念、思路、方法与对策。

全书共分为六章。

第一章为绪论。本章采用文献研究和CiteSpace分析工具，重点梳理了高职课程建设、高职会展课程建设、生利主义职业教育思想的内涵，并阐明了本书的研究背景、意义、思路和方法。

第二章为高职会展专业课程体系比较分析。本章通过文本分析、词频统计的方法，对Top30高职会展院校的会展专业课程体系进行了分析，从理论课程设计、实训环节安排、会展第二课堂和职业资格证书四个方面对这些代表性院校的人才培养方案进行了解构。

第三章至第五章是三个专题研究。第三章采用数据爬虫技术，通过招聘大数据分析明确了会展中心城市和县域会展城市人才需求差异。第四章采用调查分析的方法，基于一项纵贯十年的对比研究，进一步明确了高职会展专业毕业生能力需求演化状况。第五章采用统计分析的方法，结合两个小的创业专题研究，进一步探讨了将高职会展人才培养融入创业教育的理论与实践问题。

第六章是本书的结论章节，即高职会展课程建设的生利路径。本章从高职会展专业课程体系的规范与完善、高职会展专业课程教材与教学实施、高职会展专业课程建设探索与实施保障三个方面提出了建议，指明了基于陶行知生利主义职业教育思想的高职会展课程建设行动路径。

三、主要方法

（一）文献分析与案例研究

本书充分利用中外文献资料对陶行知生利主义职业教育思想和高职会展课程建设的最新实践和研究进展进行梳理，同时以杭州科技职业技术学院的会展专业课程建设实践为对象，聚焦经验、问题与路径，从特殊到一般，归纳总结生利主义职业教育思想指导下的高职会展课程建设策略。

（二）文本挖掘与大数据分析

本书对 Top30 高职会展院校课程设置的文本挖掘和分析（词频统计），有助于理解当下高职会展专业课程设置的特点与问题；而对会展业发达城市会展职位招聘大数据的分析，则有助于明确高职会展人才培养的目标和方向。这些也都为有针对性地完善课程设置方案提供了有力支持。

（三）问卷调查与统计分析

本书基于一项纵贯十年的人才需求调研，明确了高职会展专业毕业生能力需求演化状况。此外，本书基于对大学生创业教育、创业意愿和创业行为的调查与统计分析，为高职会展院校开展创新创业教育提供了方向和思路。

本书还综合使用了包括访谈法、比较分析法、文献计量法和经验总结法等在内的多种质化或量化研究方法，以最大限度地提升研究结论的可靠性和价值。

第二章　高职会展专业课程体系比较分析

第一节　高职会展专业竞争力排行

从已有文献来看,与会展有关的竞争力研究主要集中于产业领域(见图 2-1),而与会展教育有关的竞争力研究较少。在产业竞争力研究上,迈克尔·波特(Michael Porter,1998)的钻石模型、亚当·斯密(Adam Smith,1776)的绝对优势理论、大卫·李嘉图(David Ricardo,1817)的比较优势理论、赫克歇尔-俄林(Heckscher 和 Ohlin,1919)的要素禀赋理论为相关研究提供了理论框架,而从美德等国外的经验来看,在课程设置、教师配备、教材编写、业界合作等方面形成特色则是提升会展教育竞争力的关键。①

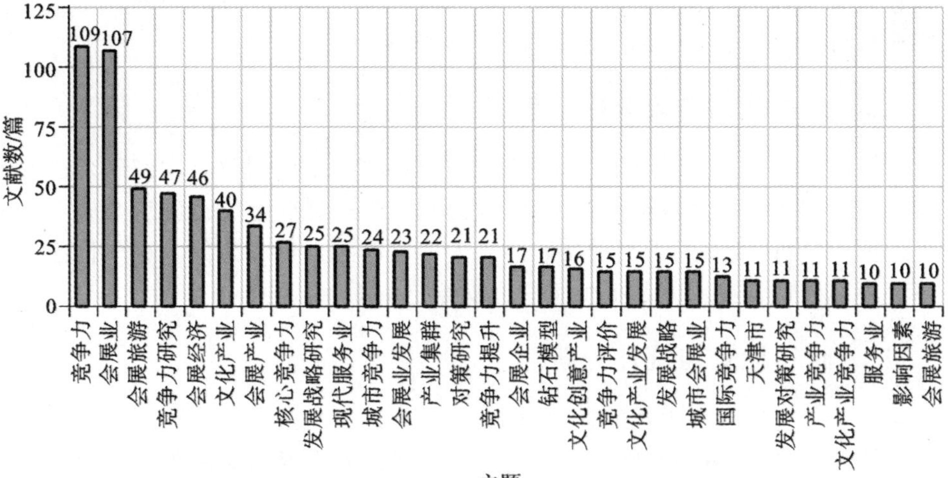

图 2-1　与会展有关的竞争力研究主题分布

---

① 韦文杰.独立学院会展教育竞争力分析[J].商业文化(下半月),2012(6).

2020 年 5 月，金平果排行榜[①]发布了 2020—2021 年中国高职院校竞争力排行榜，针对高职院校的地区(31 个地区)竞争力、类型(11 个类型)、专业大类(19 个专业大类)、专业类(99 个专业类)和专业进行了排名，其中对高职专业的排名系首次发布，共涉及 1429 所高职院校的 19 个专业大类、99 个专业类和 731 个专业。

与中国高职院校综合竞争力评价一致，专业竞争力评价结果也采用排名、等级与位次比相结合的方法予以展示，从而有助于从宏观与微观两个层面更好地把握各院校专业发展状况。专业类等级分为 5 星、4 星、3 星、2 星、1 星，分别对应专业类排名为前 5%、5%—20%、20%—50%、50%—90%、90%—100% 的高职院校。从具体评价指标和指标权重来看，中国高职院校综合竞争力及专业竞争力评价指标体系具有较大差异(见表 2-1)。

表 2-1　中国高职院校综合竞争力及专业竞争力评价指标体系

评价指标体系	一级指标	一级权重	二级指标
中国高职院校综合竞争力评价指标体系	办学条件	0.25	建筑面积、教学仪器、占地面积、图书总量、生均仪器、教育经费、生均图书、教研基地
	师资力量	0.225	杰出人才、生师比、专职教师数、教学团队、高职比、双师比
	科教产出	0.325	在校生数、优势专业、就业率、教学成果、科研项目、专利、科研论文、竞赛获奖
	学校声誉	0.2	学术声誉、社会声誉
中国高职院校专业竞争力评价指标体系	师资队伍	0.2	杰出人才、专任教师、教学团队
	平台基地	0.15	教研基地、教学资源库
	教学水平	0.3	人才培养、学生竞赛、教学成果、教师竞赛
	科研产出	0.15	高质量论文、科研项目、发明专利
	声誉影响	0.2	办学历史、双高建设、优势专业

中国高职院校专业竞争力评价指标体系分为三级，其中一级指标包括师资队伍等 5 个方面，二级指标包括专任教师等 15 个方面，三级指标包括教指委等 32 个方面，共涉及 60 多个数据观测点。通过对 139 所会展类高职院校相关数据进行分

① 金平果排行榜又被称作中评榜、邱均平大学排行榜、评价网大学排行榜，是由中国科教评价网(www.nseac.com)与中国科教评价研究院(杭电 CASEE)、中国科学评价研究中心(武大 RCCSE)共同研发的权威科教排行榜，包括中国大学及学科专业排行榜、世界一流大学及一流学科排行榜、中国研究生教育及学科专业排行榜、中国学术期刊排行榜四大类。

析，研究人员得出金平果2020—2021年会展类高职院校竞争力排行榜(Top30)如表2-2所示。

表2-2 金平果2020—2021年会展类高职院校竞争力排行榜(Top30)

排名	学校名称	星级	学校数/所
1	浙江旅游职业学院	5星	139
2	长沙商贸旅游职业技术学院	5星	139
3	浙江经贸职业技术学院	5星	139
4	上海旅游高等专科学校	5星	139
5	广东交通职业技术学院	5星	139
6	北京财贸职业学院	5星	139
7	顺德职业技术学院	4星	139
8	北京农业职业学院	4星	139
9	广东轻工职业技术学院	4星	139
10	广东酒店管理职业技术学院	4星	139
11	长春职业技术学院	4星	139
12	广州涉外经济职业技术学院	4星	139
13	上海城建职业学院	4星	139
14	广州华南商贸职业学院	4星	139
15	辽宁省交通高等专科学校	4星	139
16	乌鲁木齐职业大学	4星	139
17	包头轻工职业技术学院	4星	139
18	广州东华职业学院	4星	139
19	无锡科技职业学院	4星	139
20	青岛酒店管理职业技术学院	4星	139
21	杭州科技职业技术学院	4星	139
22	广东南华工商职业学院	4星	139
23	广西国际商务职业技术学院	4星	139
24	浙江农业商贸职业学院	4星	139
25	无锡城市职业技术学院	4星	139
26	金华职业技术学院	4星	139
27	石家庄铁路职业技术学院	4星	139

续表

排　名	学校名称	星　级	学校数/所
28	广州城建职业学院	3星	139
29	河北对外经贸职业学院	3星	139
30	重庆工商职业学院	3星	139

与全国旅游高职高专院校核心专业竞争力排行榜①相比，大部分示范性旅游高职高专院校在两个排行榜中均榜上有名，如上海旅游高等专科学校、浙江旅游职业学院、青岛酒店管理职业技术学院等；与国家职业教育会展专业教学资源库项目参建院校名单相比，金平果2020年会展类高职院校竞争力排行榜入围名单也具有代表性，如长沙商贸旅游职业技术学院、浙江经贸职业技术学院等都是该教学资源库的主持院校或共建院校。可以说，就我国高职院校会展专业教育和课程建设而言，上述Top30院校十分具有典型性、代表性和示范性。

第二节　Top30高职会展院校的专业课程体系分析

一、理论课程设计

国外会展管理核心课程多集中于经营管理、市场营销、协调和风险管理四个领域，并充分依托产业经济学(产业分析)、管理学(项目管理)和营销学(营销和策划)为理论支撑②，如会展管理教育著名院校德国瑞文斯堡合作教育大学的会展管理系课程就分为工商管理、展览管理、大型活动管理、会议管理和展台施工五大模块③。国外有些学者也对会展专业(事件管理)的课程设置进行了研究，如佩里等(1996)较早研究发现经济、管理、营销、财务、法律和公共关系等都是会展专业毕业生应具备的知识与技能。④

就国内会展专业课程设置研究而言，王云龙等(2003)较早地提出了面向会展

① 该排行榜由中国旅游协会旅游教育分会委托浙江省旅游发展研究中心、浙江旅游职业学院高职教育研究所发布。

② 王云龙，王家宝. 旅游院校创建会展管理专业的SWOT分析与发展思路——以上海师范大学旅游学院为例[J]. 旅游学刊，2003(S1).

③ 张健康. 德国会展教育体系的考察与思考[J]. 中国会展，2004(17).

④ Perry M, Foley P, Rumpf P. Events management: An emerging challenge in Australian higher education [J]. Festival Management & Event Tourism, 1996(3-4).

"主系统""次系统"和"支持系统"开设培养会展核心人才、辅助性人才和支持性人才课程的大会展人才培养理念。王春雷(2003)研究后认为,会展专业人才必须掌握三大部分的知识——基础知识和技能、专业知识与实践环节,它们都通过对应课程有所体现。① 马勇等(2005)较早提出了会展专业课程设置模块化思想,以实现一项原则、两种能力、三大层面和四个定位。② 而徐红罡和罗秋菊(2007)则进一步探讨了模块式课程体系,构建了基于工商管理、展览、会议和事件四大模块的会展课程体系,以解决课程过度集中于展览领域而导致专业辐射面过窄的问题。③

从 Top30 高职院校会展策划与管理专业主流开设课程及实训情况来看(见表 2-3),相较于 2002 年专业创办之初的课程门类,如今的高职会展专业课程已呈现出百花齐放的局面,理论和实训课程数量已达几百门④。对相似理论课程进行归并后的词频统计显示(见表 2-4),会展设计与布置、会展英语、会展营销、会展策划、会展项目管理、会展概论、会展文案、会展服务与现场管理、会展商务沟通、会展礼仪是 Top30 高职会展院校开设最多的 10 门课程,其中会展设计与布置、会展营销、会展项目管理 3 门课程开设比例均在 90%以上。

表 2-3 高职会展策划与管理专业主流开设课程及实训一览表⑤

院校名称	理论课程	实训安排
浙江旅游职业学院	展览策划与管理、节事与活动策划、博物馆展览策划、会展文案写作、计算机平面设计、计算机三维设计、图形与版面设计、会展英语、会展物流、会展多媒体技术等	会展综合实训周、专业技能竞赛、学生工作室、校办会展企业、校外实习基地等
长沙商贸旅游职业技术学院	交际沟通、湖湘文化与物产、创意思维训练、会展基础、会展政策与法规、会展文案、会展英语、会展礼仪、会展旅游、会展客户、参展管理实务、会展现场服务、会展信息、会展策划、会展营销、会议运营、展览项目管理、节事活动策划、广告策划、商务谈判与推销技巧、展示设计、展示工程与搭建、婚庆策划等	会展综合实训、认知实习、跟岗实习、专业实践与社会调查、顶岗实习等

---

① 王春雷.我国高校会展专业办学模式研究[J].旅游学刊,2003(S1).

② 马勇,肖轶楠.我国会展专业的课程设置与人才培养[J].旅游科学,2005(1).

③ 徐红罡,罗秋菊.国际会展管理专业的教育模式及其启示[J].桂林旅游高等专科学校学报,2007(2).

④ 该数量为对高职会展策划与管理专业主流开设课程的简单词频统计结果,未对内涵相近的课程进行归并。

⑤ 30 所高职会展院校的课程信息均来自院系及招生部门的官方信息,部分引自其他公开资料。感谢浙江经贸职业技术学院钱小轮等老师提供的信息支持。

续表

院校名称	理论课程	实训安排
浙江经贸职业技术学院	会展策划、会展设计、会展营销、会展服务、商务沟通与谈判、商务礼仪、商业多媒体演示技术、会展摄影摄像、会展英语、项目管理、构成学、美术基础、数字会展运营、中国文化概论、会展信息管理、会议运营、媒介艺术与空间创意、艺术鉴赏、展示搭建与材料、广告策划与创意、会展话题等	暑期社会实践、项目管理综合实训、会展实务综合实训、跟岗实习、顶岗实习、校内自办展、技能大赛、产学研合作平台(学会、研究所)等
上海旅游高等专科学校	会展基础、项目管理、会展营销、会展融资、会展专业英语、节事活动策划与管理、会议策划与组织、展览会策划与管理、会展接待与服务、商业展示设计、广告实务、跨文化沟通与谈判技巧、会展场馆管理、会展文案等	毕业实习等
广东交通职业技术学院	会议运营、国际会展实务(双语)、会展策划、会展营销、会展现场服务、展示设计、节事活动策划、会展项目管理、会展心理实务、展馆物流管理、商务谈判、基础会计、会展文案、会展英语、会展法律法规、平面设计软件、经济学基础、管理学基础、应用文写作、商务礼仪、市场营销等	认知实习、理论与实践一体化实训、专项实训、综合实训、顶岗实习、"展中校"校外实训、专业社团、专业竞赛、第二课堂等
北京财贸职业学院	会展政策与法律法规、会展运营管理、会展工程管理、会展市场营销、会展市场调查、会展项目策划与管理、参展策划与管理、设计基础、设计构成、会展展示设计基础、会展展示设计、会展平面设计、会展空间设计等	会展服务实践、全国会展策划大赛、全国会展设计大赛、全国大学生市场调查大赛、会展项目综合业务实训、"会E人"会展实训培训平台、新媒体运营等
顺德职业技术学院	会展概论、会展策划、会展营销、会展文案、会展设计、广告及创意设计、会展英语、会展接待实务、参展商实务、会展项目管理、公共关系、中外会展法规、国际贸易实务、外贸函电、市场调查等	毕业实习等

续表

院校名称	理论课程	实训安排
北京农业职业学院	展览实务、会议运营与管理、大型活动策划与组织、会展展示设计、计算机辅助设计课程(Photoshop CS、AI、SketchUp)、会展营销实务等	展台设计搭建实训、展览策划与组织实训、会议组织与实施实训、大型展会实习、顶岗实习、毕业实习、专业竞赛等
广东轻工职业技术学院	会展服务、策划文案、会展营销、大型活动策划与管理、会展旅游、国际会展实务、美术基础、平面设计、会展信息技术、会展设计与布置、消费者心理与行为、演出市场策划、英语口语与听力、会展英语、会展导论、会展项目管理、节庆文化传播、会展经济、新媒体运营、现代礼仪、公共关系等	会展创新创业训练等
广东酒店管理职业技术学院	会展概论、会展文案写作、会展英语、计算机辅助设计、富媒体广告设计、参展商实务、会展策划、会展设计与布局、会展营销、会展信息管理、会展服务与现场管理、会展政策与法规、公共关系学等	认知实习、社会实习、专业实习、上机设计、会展项目策划与管理综合训练、社会实践等
长春职业技术学院	商务文案、文旅交际实务、会展概论、旅游礼仪、会展服务与现场管理、会展英语实务、新媒体应用技术、新媒体软文写作、商务谈判心理学、会展策划、会展营销、会议组织与服务、展示设计实务、新媒体运营实务、婚礼策划、主题公园活动策划、文旅品牌包装与营销、文旅品牌策划、展示工程与设计、主持技巧等	职业行为习惯养成与训练、会展市场调研、会展项目综合实训、大型展览和会议组织生产性实训、商业项目营销生产性实训、文旅大赛项目策划综合实训、企业岗前培训、会展场馆调研、顶岗实习等
广州涉外经济职业技术学院	会展策划与管理、会展服务与营销、会展设计与布置、会展电子商务、会展旅游、会展物流、会展经济与实务等	模拟会展实训等

续表

院校名称	理论课程	实训安排
上海城建职业学院	市场营销、展览策划实务、展会项目实操基础、会展项目管理、版式设计、三维效果图制作、展示设计、新媒体技术与运营、商务沟通、会展英语等	专业实训、专业竞赛等
广州华南商贸职业学院	会展基础、会展文案、手绘会展空间表现、平面广告设计、管理学基础、会展商务沟通、SketchUp、会展设计与布局、会展营销、参展商实务、会展服务与管理、会展项目管理等	校园会展活动认知实训、校园会展活动技能实训、校外会展活动技能实训、创新创业实践项目等
辽宁省交通高等专科学校	管理学、国际贸易概论、市场营销学、会计学、人力资源管理学、市场调查和预测、展览实务、会议组织和管理、展示设计、计算机辅助设计、场景制作、会展设备管理、会展礼仪、广告学、公共关系学、商务谈判、会展经济与实务、会展概述、会展文案、会展运营与管理、会展营销等	毕业实习等
乌鲁木齐职业大学	展示设计、办公自动化、会展营销、应用文写作、会展旅游实务、会展商务沟通等	展览策划实践、毕业实习等
包头轻工职业技术学院	会展空间基础与表现、会展礼仪、版面设计、会展文案与演示、会展客户服务、外景写生、设计思维与表达、会展设计基础、会展概论、会展节事活动、展示空间设计、会展企业形象设计、AutoCAD、陈列设计、会展策划与创意、3ds Max、会展营销、会展空间辅助图形设计、材料工艺与预算、草图大师等	会展企业项目实践、认识实习、校外展会服务、会展综合项目实践、顶岗实习等
广州东华职业学院	会展基础、会展营销、会展接待与服务、会展文案、会展融资、跨文化沟通与谈判技巧、会展危机管理、会展法规与法律实务、会展策划与实务、会展展示设计与布置实务、会展流程与支持实务、会展专业英语、会展运营管理、会展广告学等	毕业实习等

续表

院校名称	理论课程	实训安排
无锡科技职业学院	会展概论、会展策划文秘、会展旅游、企业年会实务、会展市场调查、会展策划、会展市场调查与研究、电子商务、会展营销、展会项目管理、会展服务与管理、经济法与会展法规、演讲与口才等	会展职业技能实训等
青岛酒店管理职业技术学院	会展概论、会展营销、展览策划与管理、会议策划与管理、节庆策划与管理、会展财务基础、会展设计基础、现场规划与管理、会展英语、会展项目管理、会展文案、会展搭建与管理等	校企联合运营生产性实训、专业竞赛、会展经济研究所实习、会展策划工作室实习、柔性校外实训等
杭州科技职业技术学院	传播实务、会展导论、会展英语、会展调研、会议与展览策划、管理学基础、会展设计基础与实务、会议与展览营销、会展项目运营、参展商实务、新媒体营销实务、会奖旅游实务、会展政策与法规、节庆活动策划与管理、会议速录、财务管理基础、婚庆策划、会展场馆管理等	旅游服务综合技能、展览项目综合实训、会议项目综合实训、酒店服务综合技能、节庆项目综合实训、顶岗实习等
广东南华工商职业学院	会展营销、会展管理实务、会展策划、会展设计、会议接待实务、电子商务实务、展会现场服务与管理、会展英语实务、会展组织与管理、活动策划与执行、会展英语口语、消费者心理与行为、公共关系实务、会展旅游等	创新创业训练、校外实践、专业竞赛、校内展会等
广西国际商务职业技术学院	市场营销学、展览服务与管理、会展营销实务、推销技巧与应用、会展概论、国外会展业概况、会展策划与实务、会展英语听说、商务英语写作、大型节事活动策划与管理、会展信息管理、展位设计与装潢、会展文案实务、商务沟通与客户服务、商务谈判、会展礼仪等	校内自办展、社会展会实训等
浙江农业商贸职业学院	会展策划、会展项目管理、会展视觉设计、会展设计、网络会展、手绘表现技法、会展英语、计算机辅助设计等	校内实训基地、专业竞赛等

续表

院校名称	理论课程	实训安排
无锡城市职业技术学院	会展策划、展会项目管理、会议组织与管理、节事活动组织与管理、会展服务与现场管理、会展市场营销、会展礼仪、会展旅游、广告设计、会展设计、新媒体营销、会展文案、会展英语等	校园综合展会等
金华职业技术学院	管理经济学、企业管理学、国际贸易概论、市场营销学、会计学、人力资源管理学、市场调查和预测、展览实务、会议组织和管理、展示设计、计算机辅助设计、场景制作、会展设备管理、会展礼仪、广告学、公共关系学、商务谈判、会展经济与实务、会展概述、会展文案、会展运营与管理、会展营销等	会展协会实践、自办展会、专业竞赛等
石家庄铁路职业技术学院	铁道概论、会展概论、会展项目策划与管理、会展政策与法规、会展文案、展位设计与装潢、平面图像处理、会展市场营销、会议管理与服务、会展讲解、会展英语、商务谈判、商务礼仪、办公自动化实务、办公室事务管理等	专业竞赛等
广州城建职业学院	会展实务、会展策划、会展营销、会展设计、会展项目管理、会展文案写作、会展英语、会展物流、国际商务礼仪等	会展流程模拟实训、会展公司运营综合实战、“校中展”“展中校”、专业竞赛等
河北对外经贸职业学院	会展英语、会展概论、会展组织与管理、会展心理学、服务礼仪、会展文案、会展策划与实务、会展政策与法规、会展人力资源管理、会展客户关系管理、会展市场营销、手语等	专业展会实训等
重庆工商职业学院	会展概论、会展策划、会展营销、会展服务、节事活动策划、会展英语、会展设计等	展示与陈列设计实训、会展综合实训、毕业顶岗实习等

表 2-4 Top30 高职会展院校的课程设置分布统计

课 程 名 称	频次	相似课程分布
会展设计与布置	70	会展设计与布置(2)、会展设计(7)、展示设计(6)、计算机辅助设计(5)、会展展示设计(2)、会展设计与布局(2)、会展设计基础(2)、展位设计与装潢(2)、计算机平面设计(1)、计算机三维设计(1)、图形与版面设计(1)、展示工程与搭建(1)、展示搭建与材料(1)、商业展示设计(1)、平面软件设计(1)、会展工程管理(1)、会展展示设计基础(1)、会展平面设计(1)、会展空间设计(1)、Photoshop CS(1)、AI(1)、SketchUp(2)、平面设计(1)、展示设计实务(1)、展示工程与设计(1)、三维效果图制作(1)、手绘会展空间表现(1)、广告及创意设计(1)、富媒体广告设计(1)、版式设计(1)、平面广告设计(1)、会展空间基础与表现(1)、版面设计(1)、平面图像处理(1)、广告设计(1)、手绘表现技法(1)、会展视觉设计(1)、会展搭建与管理(1)、会展设计基础与实务(1)、会展展示设计与布置实务(1)、草图大师(1)、材料工艺与预算(1)、会展空间辅助图形设计(1)、3ds Max(1)、AutoCAD(1)、陈列设计(1)、会展企业形象设计(1)、展示空间设计(1)、设计思维与表达(1)
会展营销	27	会展营销(19)、会展市场营销(4)、会展营销实务(2)、会议与展览营销(1)、会展服务与营销(1)
会展项目管理	27	会展项目管理(8)、项目管理(2)、展会项目管理(2)、展览项目管理(1)、会展项目运营(1)、会展管理实务(1)、会展运营管理(2)、会议运营(3)、会展运营与管理(2)、会展组织与管理(2)、会议运营与管理(1)、展会项目实操基础(1)、会展流程与支持实务(1)
会展英语	22	会展英语(16)、会展专业英语(2)、会展英语实务(2)、会展英语听说(1)、会展英语口语(1)
会展策划	21	会展策划(12)、会议与展览策划(1)、会展策划文秘(1)、会展策划与创意(1)、会展策划与实务(3)、会展项目策划与管理(2)、会展策划与管理(1)
会展概论	19	会展概论(10)、会展基础(4)、会展导论(2)、会展概述(2)、国外会展业概况(1)
会展文案	18	会展文案(12)、会展文案写作(3)、策划文案(1)、会展文案与演示(1)、会展文案实务(1)

续表

课程名称	频次	相似课程分布
会展服务与现场管理	17	会展服务与现场管理(3)、会展服务(3)、会展现场服务(2)、会展接待与服务(2)、会展服务与管理(2)、会展接待实务(1)、会议组织与服务(1)、展览服务与管理(1)、展会现场服务与管理(1)、现场规划与管理(1)
会展商务沟通	15	会展商务沟通(2)、商务谈判(5)、跨文化沟通与谈判技巧(2)、交际沟通(1)、商务谈判与推销技巧(1)、商务沟通与谈判(1)、商务谈判心理学(1)、商务沟通(1)、商务沟通与客户服务(1)
会展礼仪	13	会展礼仪(6)、商务礼仪(3)、现代礼仪(1)、旅游礼仪(1)、服务礼仪(1)、国际商务礼仪(1)
会展政策与法规	10	会展政策与法规(5)、会展法律法规(1)、会展政策与法律法规(1)、中外会展法规(1)、经济法与会展法规(1)、会展法规与法律实务(1)
节事活动策划	10	节事活动策划(3)、节事与活动策划(1)、节事活动策划与管理(1)、节事活动组织与管理(1)、大型节事活动策划与管理(1)、节庆活动策划与管理(1)、节庆策划与管理(1)、会展节事活动(1)
会展旅游	8	会展旅游(6)、会展旅游实务(1)、会奖旅游实务(1)
会展市场调查	7	会展市场调查(2)、市场调查和预测(2)、市场调查(1)、会展调研(1)、会展市场调查与研究(1)
会议组织和管理	7	会议组织和管理(2)、会议策划与组织(1)、会议管理与服务(1)、会议组织与管理(1)、会议接待实务(1)、会议策划与管理(1)
新媒体运营	7	新媒体运营(1)、新媒体应用技术(1)、新媒体软文写作(1)、新媒体运营实务(1)、新媒体技术与运营(1)、新媒体营销(1)、新媒体营销实务(1)
展览策划与管理	7	展览策划与管理(2)、展览会策划与管理(1)、展览策划实务(1)、展览实务(3)
会展财务基础	7	会展财务基础(1)、财务管理基础(1)、会展融资(2)、会计学(2)、基础会计(1)
参展商实务	6	参展商实务(4)、参展管理实务(1)、参展策划与管理(1)
公共关系学	6	公共关系学(3)、公共关系(2)、公共关系实务(1)

续表

课程名称	频次	相似课程分布
广告学	6	广告学(2)、广告策划(1)、广告策划与创意(1)、广告实务(1)、会展广告学(1)
会展信息管理	5	会展信息管理(3)、会展信息(1)、会展信息技术(1)
管理学基础	5	管理学基础(3)、管理学(1)、企业管理学(1)
市场营销学	5	市场营销学(3)、市场营销(2)
会展物流	4	会展物流(3)、展馆物流管理(1)
会展经济与实务	4	会展经济与实务(3)、会展经济(1)
国际贸易实务	4	国际贸易概论(2)、国际贸易实务(1)、外贸函电(1)
会展心理实务	4	会展心理实务(1)、会展心理学(1)、消费者心理与行为(2)
婚庆策划	3	婚庆策划(2)、婚礼策划(1)
应用文写作	3	应用文写作(2)、商务文案(1)
大型活动策划与组织	3	大型活动策划与组织(1)、大型活动策划与管理(1)、活动策划与执行(1)
会展电子商务	3	会展电子商务(1)、电子商务实务(1)、电子商务(1)
办公室事务管理	3	办公室事务管理(1)、办公自动化(1)、办公自动化实务(1)
会展人力资源管理	3	会展人力资源管理(1)、人力资源管理学(2)
会展客户关系管理	3	会展客户关系管理(1)、会展客户(1)、会展客户服务(1)
美术基础	2	美术基础(2)
会展场馆管理	2	会展场馆管理(2)
国际会展实务	2	国际会展实务(2)
场景制作	2	场景制作(2)
会展设备管理	2	会展设备管理(2)
会展多媒体技术	2	会展多媒体技术(1)、商业多媒体演示技术(1)
经济学基础	2	经济学基础(1)、管理经济学(1)

续表

课程名称	频次	相似课程分布
传播实务	2	传播实务(1)、节庆文化传播(1)
数字会展运营	2	数字会展运营(1)、网络会展(1)
博物馆展览策划	1	博物馆展览策划(1)
湖湘文化与物产	1	湖湘文化与物产(1)
创意思维训练	1	创意思维训练(1)
会展摄影摄像	1	会展摄影摄像(1)
构成学	1	构成学(1)
中国文化概论	1	中国文化概论(1)
媒介艺术与空间创意	1	媒介艺术与空间创意(1)
艺术鉴赏	1	艺术鉴赏(1)
会展话题	1	会展话题(1)
双语	1	双语(1)
设计基础	1	设计基础(1)
设计构成	1	设计构成(1)
演出市场策划	1	演出市场策划(1)
英语口语与听力	1	英语口语与听力(1)
文旅交际实务	1	文旅交际实务(1)
主题公园活动策划	1	主题公园活动策划(1)
文旅品牌包装与营销	1	文旅品牌包装与营销(1)
文旅品牌策划	1	文旅品牌策划(1)
主持技巧	1	主持技巧(1)
外景写生	1	外景写生(1)
会展危机管理	1	会展危机管理(1)

续表

课程名称	频次	相似课程分布
企业年会实务	1	企业年会实务(1)
演讲与口才	1	演讲与口才(1)
会议速录	1	会议速录(1)
推销技巧与应用	1	推销技巧与应用(1)
商务英语写作	1	商务英语写作(1)
铁道概论	1	铁道概论(1)
会展讲解	1	会展讲解(1)
会展实务	1	会展实务(1)
手语	1	手语(1)

注:括号内为该课程在 Top30 高职会展院校课程体系中的频次。

具体来看,会展设计与布置类课程成为高职会展专业的大热课程,Top30 高职会展院校开设此类课程均超过 2 门,常见的课程名称有会展设计与布置、会展设计、展示设计、会展设计与布局等近 50 种。不过跟踪各院校会展团队师资情况可以发现,不少高职会展院校会展设计方向的教师数量相对而言是比较少的,此类课程之所以广受欢迎可能与其具有较高的外显技术含量有关:学生不仅要掌握常规的理论知识,还需要结合一些科技元素和设计软件不断实践才能达成学习目标,这与高职会展专业高素质技能型人才培养定位相吻合。① 但值得注意和反思的是,一些技术相当复杂或者过于艺术化和商业化的设计课程,对课时的占用也严重影响了其他专业主干课程的学习和专业认知(技能)框架的形成。②

会展营销类课程是高职会展专业开设的又一类热门课程。超过 90%的高职会展院校开设了与会展相关的专业营销课程,课程名称包括会展营销、会展市场营销、会展营销实务、会议与展览营销、会展服务与营销等,不仅如此,有些高职会展院校甚至同时开设了市场营销学这样的营销基础课程,其对营销技能的重视程度可见一斑。从学生实习和就业岗位情况来看,高职会展专业学生接触的职业岗位多数与营销密切相关,这也是众多高职会展院校将会展营销列为核心主干课程的原因。③ 在自媒体和移动互联网环境下,会展营销也迎来了巨大的变革和红利

① 仲菊芳.浅析驳样技术如何运用在服装结构设计教学中[J].西部皮革,2018(22).

② 胡伟.论视觉传达专业学生设计思维的培养[J].中国民族博览,2018(8).

③ 陈谊.高职会展营销课程企业实习的问题与改进[J].职业技术,2012(4).

期，新媒体在会展营销上的运用随着互联网技术的发展成熟而不断深化。[①②③]

高职会展专业另一类热门课程是会展项目管理类课程，具体课程包括会展项目管理、项目管理、展会项目管理等10多种。会展项目管理作为一种实践性较强的课程，课程内容涵盖启动、计划、执行、控制和收尾这五大项目管理阶段，涉及包括立项、展前、展中和展后在内的会展运营完整流程，是培养高职会展专业学生就业能力和综合素养的典型专业核心课程。[④⑤] 从会展专业学生的角度来看，会展项目管理也被认为是有助于培养创新能力的最佳专业课程（认同度为85%），其效用高于制图、外语、商业文本写作等技能型课程。[⑥] 结合项目管理软件工具（Project等），该课程对学生更好地理解会展活动的流程与结构，形成整体、系统的专业认知有着积极作用。[⑦]

为应对应用型人才培育的环境变革，Top30高职会展院校在课程设置中也紧跟行业发展和技术进步，注重贴合实际，及时根据社会需求调整课程设置，实现课程设置的与时俱进。[⑧] 在新媒体运营类课程方面，包括新媒体运营、新媒体应用技术、新媒体软文写作、新媒体运营实务、新媒体技术与运营、新媒体营销和新媒体营销实务等在内的一批课程纷纷开设，数字会展运营、网络会展等前沿课程的开设，更是紧跟行业发展前沿，回应了市场对新型会展人才的迫切需求。

会展从业人员需要有广博的知识、深厚的专业理论、熟练的业务操作和丰富的实践经验[⑨]，Top30高职会展院校的课程设置充分体现了"博、深、精、富"的人才培养理念（见图2-2、图2-3）。除上述提及的高频专业技能课程以外，诸如管理学基础、经济学基础、公共关系学、广告学、传播实务、市场营销学等专业基础课程也开始成为专业课程体系的重要支撑。此外，包括专业技能竞赛、顶岗实习、毕业实习、校内自办展会实训等在内的实践实训环节充分发挥了学生作为学习主体的作用，在激发学习兴趣和增加学习乐趣的同时也提升了综合职业能力，有力地推动

---

① 王杏丹. 试论自媒体时代会展整合营销[J]. 中国集体经济，2016(18).

② 张静. "互联网＋"背景下会展企业新媒体营销策略优化分析[J]. 特区经济，2020(12).

③ 张梓园. 互联网时代背景下会展营销策略研究——评《市场营销：互联网时代的营销创新》[J]. 中国广播电视学刊，2020(9).

④ 胡兵，屠欧阳颖. 本科会展专业实践教学改革研究——基于创新创业能力提升的视角[J]. 创新与创业教育，2019(5).

⑤ 南伟. 会展项目管理课程教学模式探讨[J]. 中外企业文化，2020(10).

⑥ 胡凌霞，肖圣飞. 创新型人才培养模式改革与对策研究——以会展策划与管理专业为例[J]. 职教论坛，2017(11).

⑦ 郭涛. CDIO理念在会展项目管理课程中应用研究[J]. 教育现代化，2016(29).

⑧ 郭雅洁，刘颖. 国外应用型人才培养模式的启示与借鉴[J]. 职业教育研究，2021(2).

⑨ 王冬梅. 浅析我国会展人才供需错位的成因[J]. 商业经济，2007(11).

了会展专业人才的培养。①②

图 2-2　Top30 高职院校会展专业理论课程词云

另一个值得关注的现象是，结合地方特色、院校特色、专业特色的课程也在高职会展策划与管理专业中有所体现。例如，专注服务于杭州会奖旅游业的杭州科技职业技术学院，就针对性地开设了会奖旅游实务课程；秉承“立足轨道交通、发展轨道交通、赢在轨道交通”发展思路的石家庄铁路职业技术学院则开设了铁道概论课程；而浙江农业商贸职业技术学院的会展专业设立于艺术设计系，该校以设计为特色的会展专业则开设了手绘表现技法课程。

二、实训环节安排

校内综合实训和校外项目跟训是 Top30 高职会展院校较常采用的实训组织方式。以专业自办展会及校内活动承办为主体的校内综合实训，不仅拓展了会展

① 乔小燕.基于行动导向的高职会展专业实训课程开发与实践[J].中国轻工教育，2016(5).

② 魏仁兴.会展策划与管理专业人才培养模式初探[J].福建商业高等专科学校学报，2016(5).

图 2-3　Top30 高职院校会展专业实训课程词云

专业学生的职业视野,更为重要的是,其提供了包括活动立项、策划、筹备、宣传、设计、执行和运营等环节在内的全过程岗位体验,为学生专业技能的学习、整合和提升带来了可能,同时也内化了学生的职业素养,提升了学生的就业能力。[①] 包括校内商品展、文具展、淘宝节、乐游节等在内的丰富多彩的校内展会项目实训,让学生专业实操能力获得极大锻炼和提升。从项目创意到方案撰写,从宣传招展到观众邀请,从视觉设计到工程搭建,从活动筹备到现场管理,从开闭幕式到各项配套活动,“真设备、真项目、真环境”营造了真实的职业氛围。以浙江经贸职业技术学院为例,该校会展专业构建了校内三阶段递进式综合实训,即以校园展销会为载体的项目管理综合实训、以校园会展文化节为载体的会展实务综合实训和以下沙高校电商展为载体的项目实操。

校外项目跟训较为常见的有三种形式——参观体验、志愿服务和顶岗实习。这不仅是将会展理论知识落到工作实践的最佳平台,更是认识行业、开阔眼界、接轨行业需求的大好契机。学校通过组织学生走进身边知名展会现场,可让学生充

---

① 校内综合实训大多以模型展会为载体,虽然在活动规模、管理难度、复杂程度等方面与真实展会有差距,但其解决了校外展会实训中无法全流程体验的弊端(即便是专业顶岗实习,由于实习周期短于展会项目周期或因岗位精细化分工,学生也难以有机会体验项目从立项到落地完成的全过程)。

分感受职业魅力，对学生进一步加深专业认知和理解、把握行业发展现状与趋势、明确未来职业选择（发展方向）等方面也大有裨益。从“走马观花”到“下马赏花”，志愿服务让学生在真实展会中获得深度体验，从而有效弥补理论教学的不足，并使实践操作水平得到提升。① 顶岗实习不仅仅是教学效果的检验②，以“2＋1”“1＋0.5＋1＋0.5”“3＋2＋1”等模式为代表的顶岗实习，更是学生进一步领会会展项目运营过程和实践操作要领，收集毕业论文（毕业设计）素材和数据，完成从学校到社会平稳过渡的重要环节。③④

在高职会展专业人才培养的三年学制中，结合学校及地方会展项目资源，有计划、分步骤地组织中低年级学生到会展企业、会展场馆和展会现场观摩学习，配合相关展会展期安排，积极提供会展志愿服务，组织高年级学生自办展会，加强策划、设计、营销、搭建和现场管理等能力的锻炼，以及组织开展毕业前为期半年以上的准员工式顶岗实习，这些都是提升高职会展专业人才培养质量的有效路径。⑤广东交通职业技术学院会展专业“双展交替、三层跨越”的人才培养模式实际上就是一个很好的实践探索（见图 2-4）。“双展交替”是指三年学制中利用“校内展”和“校外展”开展实训，实现时间交替、内容衔接、“双展”互促；“三层跨越”是指在“双展”中交替实施岗位专门能力训练，利用课堂知识传授、校内展技能训练、校外展综合素质提升到会展企业顶岗，推动“从知识向一般操作技能跨越”，再“从一般操作技能向综合素质跨越”，进而实现“从综合素质向全面职业化跨越”——借助三个层面上的跨越式提升培养出操作娴熟、素质过硬、技能优异的高素质技能型会展人才。⑥

三、会展第二课堂

会展第二课堂是相对于第一课堂而言的。第一课堂是指依据教材与教学大纲，在规定教学时间内进行的课堂教学活动（也包含纳入教学计划的实践教学环节），与其相对应的第二课堂则是指在第一课堂以外的时间开展的教学活动。第二课堂是“以人为本”教育理念和人才培养模式实现的新形式、新途径，在加深学

---

① 李万鹏，霍永洲. 专业特色志愿服务的创新探索与实践——以海口经济学院旅航学院为例[J]. 现代营销（经营版），2019(4).

② 丁萍萍. 谈高职新设专业实践性教学体系的构建[J]. 中国高等教育，2008(Z3).

③ 唐颖. “泛会展”背景下的会展专业课程体系构建[J]. 教育与职业，2014(30).

④ 杨文明. 会展专业学生顶岗实习问题及对策[J]. 教育与职业，2014(21).

⑤ 罗润来. 校企合作高职会展设计人才培养模式的多维构建[J]. 教育与职业，2012(12).

⑥ 广东交通职业技术学院.【专业介绍】会展策划与管理：会展策划师的摇篮[EB/OL].（2021-01-27）[2021-02-07]. http://wlysxy.gdcp.cn/DocHtml/339/2021/1/27/2869977653896.html.

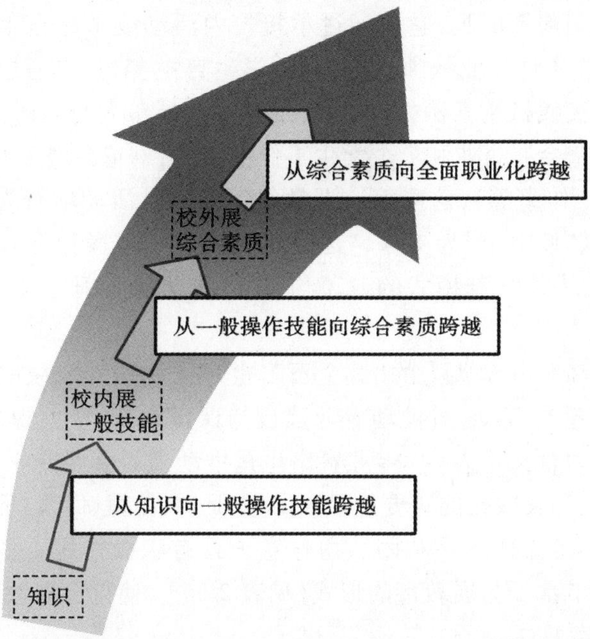

图 2-4　广东交通职业技术学院“双展交替、三层跨越”会展人才培养模式

生基础知识理解，拓宽知识领域视野，培养科技与文体等兴趣，培养创新精神、团队协作和实践能力，强化专业知识和与综合素质匹配等方面意义重大。第二课堂与第一课堂联系密切，但其在内容、形式和空间等方面表现出更为显著的延展性——生动活泼、丰富多彩且更易于接受。

自设会展企业、会展社团和学生工作室是常见的第二课堂组织载体①②，而专业竞赛、专题讲座、主题活动、模拟实践、志愿服务、社团活动、文化节事等都是重要的开展形式③。近 20 年的会展教育发展历程表明，高职会展教育正从基于课堂教学和理论教学的“显性会展教育”模式向以第二课堂与校园文化活动相结合的“隐性会展教育”模式转变，在帮助学生形成正确专业认知，激发专业学习兴趣，锻炼会展专业技能，提高获得感和成就感，培养职业道德、职业精神和职业素养上，第二课堂都发挥着积极作用。

---

① 张萌. 基于“工作室制”的职业化能力培养研究[J]. 职业教育研究，2019(8).

② 邹卒，孔雪燕. 基于高校学生社团平台下高职会展专业项目化实践教学创新探索——以重庆财经职业学院会展专业为例[J]. 知识经济，2013(21).

③ 蔡梅良. 论会展旅游人才培养中本土文化的渗透[J]. 湖南第一师范学院学报，2013(1).

从第二课堂承接主体的发展来看，组建校内会展专业社团、会展工作室乃至正式注册会展公司都不鲜见，它们通过承接校内活动或举办自主活动推动“教学做一体化”①，最终实现专业教师指导为辅，学生自主参与、自适运营、自我管理为主的双课堂互动实践机制。例如，国内首批开设会展策划与管理专业的浙江旅游职业学院拥有1家会展企业和7个学生工作室（包括卓越会展工作室、墨客数媒工作室、活动策划工作室等），这些第二课堂组织载体以活动项目为引领、志愿服务为辅助，实现了以“校中企”为支撑，“边经营、边教学、边操作、边掌握”的“工学一体化”教学过程中人才培养模式的改革与创新，有力地提升了学生的专业能力和职业素养。②

技能竞赛是高职办学实力的“试金石”，也是人才培养成果的“阅兵场”，实现课程与竞赛的衔接与互动，对推动专业建设与课程改革，全面提升院校教学质量与学生就业竞争力意义重大。③ 专业赛事也是推动高职会展专业学生创新实践活动项目化、专业化和长效化的重要途径④，以赛促学、促教、促改、促建，对提升学生创新创业能力、实务操作水平和团队协作意识具有积极作用。多元化、灵活化的各类赛事也极大丰富了会展教育的形式（见表2-5）⑤，使得会展教育更加符合会展业发展的人才培养需求。

表2-5 国内重要会展赛事一览表

	大赛名称	主办机构	创办年份	届数	举办地	类别
全国性赛事	全国商科院校会展策划、展示设计大赛	中国商业联合会等	2006	14	轮办	本专科
	全国会展专业创新创业实践竞赛	中国国际贸易促进委员会商业行业委员会等	2006	14	轮办	本专科

---

① 胡凌霞，肖圣飞. 创新型人才培养模式改革与对策研究——以会展策划与管理专业为例[J]. 职教论坛，2017(11).

② 毛近菲. 基于“工作室制”的旅游类人才培养模式的探索与实践[J]. 中国职业技术教育，2013(11).

③ 曹小敏. “以赛促教”视域下高职实践教学改革与创新——以环境监测与评价专业为例[J]. 课程教育研究，2016(23).

④ 耿松涛，刘柯好，严荣. 会展专业“双螺旋上升式”教学模式及其实施路径研究[J]. 实验技术与管理，2020(9).

⑤ 黄鹂，王玲洁. “以赛促教”的会展专业教学创新改革研究[J]. 西部素质教育，2018(11).

续表

	大赛名称	主办机构	创办年份	届数	举办地	类别
全国性赛事	“华远杯”全国大学生会展创意大赛	教育部高校旅游管理类专业教学指导委员会、中国会展经济研究会	2011	9①	轮办	本专科
	全国大学生“会展未来之星”演讲赛	中国会展经济研究会等	2015	5②	轮办	本专科
	全国大学生会展创新大赛	上海大学新闻传播学院、上海会展研究院	2017	4	上海	本专科及研究生
	全国大学生绿色会展创新创意挑战赛	江西省商务厅、江西省教育厅	2018	3	南昌	本专科
	中国会展院校大学生辩论赛	《中国会展》杂志社、杭州国际博览中心	2018	3	轮办	本专科
省级大赛	浙江省高职高专院校技能大赛会展管理竞赛	浙江省教育厅	2013	7③	杭州	专科
	浙江省会展策划创意大赛	浙江省教育厅、浙江省商务厅④	2011	10	杭州、绍兴、嘉兴	本专科及从业人员
	湖南省职业院校技能竞赛高职组会展营销与策划大赛	湖南省教育厅等	2020	1	长沙	专科

① 2020 年“远华杯”全国大学生会展创意大赛因受新冠肺炎疫情影响停办一届。

② 2020 年全国大学生“会展未来之星”演讲赛因受新冠肺炎疫情影响停办一届。

③ 2020 年浙江省高职高专院校技能大赛会展管理竞赛因受新冠肺炎疫情影响停办一届，之前均在杭州举办。

④ 第一届至第八届浙江省会展策划创意大赛由浙江省高等学校公共管理类、旅游管理类专业教学指导委员会和浙江省国际会议展览业协会及浙江省会展学会主办，2019 年后该赛事升格为省级一类赛事。

四、职业资格证书

（一）“双证书”与“1＋X”资格证书体系

“双证书”的提法是 1993 年我国职业资格证书制度开始推行时产生的，最初是针对“职技高师”毕业生应获得毕业证书和职业资格证书而言的。① 2002 年，国家劳动和社会保障部（现人力资源和社会保障部）、教育部和人事部（现人力资源和社会保障部）联合下发的《关于进一步推动职业学校实施职业资格证书制度的意见》明确了这一制度②。强化课程教学与技能证书对接，重视职业资格证书与毕业证书的“双证书”培养，有力地提高了高职院校及其毕业生在服务地方经济社会发展和助推产业升级进步上的适应力。③④ 2019 年 1 月，国务院在《国家职业教育改革实施方案》中提出了启动“1＋X”证书制度试点，这实际上是对“双证书”制度的深入，两项制度中都包含了毕业证书（学历证书）这一要素，也都强调职业技能鉴定和多元评价的重要性，但“1＋X”证书制度中不同种类、不同等级的灵活性设计，将技能提升教育、学生个人兴趣爱好、就业倾向及可持续发展有效衔接起来。⑤

高职会展教育的“双证书”模式在强化学生会展实务操作技能、增加求职与就业成功率、提升理论教学的实用性和有效性上发挥了重要作用⑥，但由于证书标准及考核内容更新慢，会展专业的“双证书”教育也同样面临着因证书滥发而造成的信誉滑坡的窘境⑦。在会展国家职业资格证书取消和“1＋X”证书制度大力推行的背景下，如何在课程体系设计、课程标准制定和专业课程考核中更好地与职业技能鉴定标准衔接，实现课证合一、无缝对接，是新时期高职会展教育需要直面的一大挑战。

（二）会展专业毕业生职业资格证书要求

2004 年 12 月 2 日，国家劳动和社会保障部（现人力资源和社会保障部）在上海发布了第二批 10 种新职业，会展策划师位列其中。2007 年 1 月 11 日，在国家劳动和社会保障部（现人力资源和社会保障部）在上海召开的第八批新职业信息

---

① 曹晔. 我国职业教育“双师型”师资的内涵及发展趋势[J]. 教育发展研究，2007(19).

② 该意见明确提出“在全社会实行学业证书、职业资格证书并重制度”。

③ 周建松. 基于类型特色的高等职业教育高水平建设方略[J]. 现代教育管理，2018(4).

④ 范真维. 高职院校校内实训基地建设与发展的探索[J]. 实验技术与管理，2018(7).

⑤ 张伟，李玲俐. 职业院校“1＋X”证书制度实施策略研究[J]. 职业技术教育，2019(20).

⑥ 庚为. 我国高校会展学历教育的现状与思考[J]. 中国市场，2007(31).

⑦ 郭建如，杨钋，田志磊. 职教 X 证书制度的财政支持政策探析[J]. 职业技术教育，2020(27).

发布会上，会展设计师名列10种新职业的第一位。会展策划师和会展设计师国家职业资格证书为从事或打算从事会展经营、策划和设计的在校学生及社会人员提供了权威资格认证，这也成为较长时间内高职会展策划与管理专业毕业生不可或缺的双证之一。[①] 但自会展设计师2016年12月公告取消后，会展策划师也同样未进入2017年9月人力资源和社会保障部公布的《国家职业资格目录》中(共计140项)，这对各高职会展院校人才培养方案中的“双证书”制度产生了极大的冲击。

从Top30高职会展院校最新人才培养方案的证书要求来看，在高等学校，除英语应用能力等级证书、全国计算机应用技术证书(NIT)等与英语、计算机相关的能力证书之外，纳入毕业资质审定的职业资格证书主要有会展业职业经理人资质证书、会展设计师证、陈列展览设计员证书、会展设计师证书、会展服务师证、会展策划与实务职业能力证书、全国导游员资格证书、新媒体运营师证书、演艺经纪人证书、讲解员证书等。这些证书中既有包括会展业职业经理人资质证书在内的全国性职业资格证书，也有如会展策划与实务职业能力证书等在内的地方或区域性职业资格证书[②]，但从目前各院校公布的职业资格证书情况来看，由中国商业联合会颁发的会展业职业经理人资质证书纳入人才培养方案的比例相对较高。

实际上，中国商业联合会早在2006年起就陆续开展了会展相关的标准、证书和竞赛工作[③]，其发布的《会展业职业经理人》协会标准(CGCC/Z 0003—2007)于2007年6月15日实施。会展业职业经理人资质证书体系划分为三个等级，分别为初级会展业职业经理人、中级会展业职业经理人和高级会展业职业经理人，其认证工作归口中国商业联合会统一管理，由中国商业联合会商业职业技能鉴定指导中心负责具体实施。凡获得会展业职业经理人资质证书的人员都将同时被纳入中国会展业人才库。

值得注意的是，像国际展览管理协会(International Association for Exhibition Management，简称IAEM)颁发的注册会展经理证书(CEM)、美国项目管理协会(Project Management Institute，简称PMI)发起的项目管理专业人员资格认证(Project Management Institute，简称PMP)等在国际上享有盛名的证书，即便在高职教育国际化不断深化的背景下，我们几乎仍未触及。不过令人欣喜的是，有一些高职院校教师已经获得了诸如注册会展经理证书等在内的国际职业资

---

① 一般来说，高职会展策划与管理专业学生毕业时应至少获得两本证书，一本是毕业证书，另一本是职业资格证书。

② 有些区域性会展职业资格证书也像会展策划师、会展设计师这类国家职业资格证书一样退出了历史舞台，如长三角区域的“现代会展岗位能力证书”。

③ 佚名. 商会动态[J]. 中国商贸，2010(Z1).

格认证证书，还有一些教师也积极参与诸如国际专业会议组织者协会（The International Association of Professional Congress Organisers，简称 IAPCO）所组织的专业培训课程，这为高职会展教育未来国际化发展带来了可能。另一个值得关注的动态是，以杭州市会议展览业协会为代表的协会组织正在积极组织实施包括会展策划职业技能（能力）证书、场馆运营职业技能（能力）证书、会议运营职业技能（能力）证书、会奖管理职业（能力）技能证书和会展融媒体营销职业（能力）技能证书等在内的“1＋X”证书开发计划，这将有助于解决困扰浙江及全国高职会展教育界数年的“证书荒”问题。

第三章　基于招聘大数据的会展人才需求分析

第一节　高职院校会展专业人才培养定位

高职教育的人才培养定位与培养科学研究人才的学术型本科高校和培养专业人才的应用型本科高校有着本质区别①，为行业和企业培养所需的技术技能型人才才是高职院校人才培养和办学的定位与宗旨②。就高职院校会展专业人才培养定位而言，仍然存在着定位欠准、目标泛化、针对性不强的问题，这也造成了较为严重的人才培养定位同质化的弊病——在培养目标与就业方向、课程体系与课程内容、教学组织与评价标准等方面大同小异。③

从理论上说，高职院校会展专业本应培养适应区域经济发展的，具有明显行业属性、地域性及区域特色的高素质技术技能人才，但专业和区域经济与文化融合上的不足，导致了人才培养与区域行业需求间出现"两张皮"的问题，这也是困扰会展行业多年的悖论——用工荒和对口就业难并存的症结所在。缺乏"为己治生""为群服务""为社会生利"的会展人才培养意识④，自然就缺乏自我发展的动力和解决区域行业发展问题的能力。所以，要开展会展专业课程建设研究，首先要明确人才培养中的两个根本性问题，即为谁培养人和培养什么人的问题，之后才能有的放矢地讨论如何培养人的问题，为谁培养人和培养什么人是决定人才培养

---

① 高葵芬. 新时代高职院校教育科学研究转型发展思考——基于类型教育特征的分析[J]. 中国职业技术教育，2020(27).

② 王纪安. 新时代高职院校企业文化育人的科学化水平提升略论[J]. 学校党建与思想教育，2020(12).

③ 唐文. 立德树人视域下高职人才培养目标的任务及实现策略[J]. 教育与职业，2020(17).

④ 成思危. 为己治生 为群服务 为社会生利——纪念中华职业教育社成立 90 周年[J]. 教育与职业，2007(10).

方向的重大问题。①②③④

一、就业领域

（一）区位意识

从 Top30 高职院校会展专业的人才培养方案的描述来看，大多数院校还是有着比较明晰的专业办学区域定位，立足地方产业发展专业。例如，广东交通职业技术学院会展策划与管理专业的定位是面向粤港澳展览、会议和节事活动行业企业；北京财贸职业技术学院会展策划与管理专业的定位是面向京津冀地区的会展公司、会展中心等企事业单位；广州华南商贸职业学院的定位是适应珠三角会展城市中小型会展企业、展览/会议中心、旅行社会展服务部门和涉外星级酒店会务部需要；长春职业技术学院的定位是面向东北地区展览、会议和活动等商业领域；广东轻工职业技术学院的定位是植根琶洲国际会展商务区，面向广东会展产业；杭州科技职业技术学院的定位是对接杭州市打造“国际会议目的地城市”“会展之都”“赛事之城”的发展战略，面向杭州市及长三角地区的 PCO（专业会议公司）、DMC（目的地管理公司）等会展公司和企事业单位会展服务与管理一线；等等。

此外，有些高职院校会展专业还有较强的行业细分和专业特色意识，形成了自己独特的专业定位。例如，浙江农业商贸职业技术学院会展策划与管理专业依托艺术设计系，根据行业需求确定了与其他院校旅游管理类、外语类、国际贸易类会展方向错位发展的人才培养方向，该校会展策划与管理专业注重会展视觉设计与制作、展示设计与制作、布展与搭建等技能培养，这与其他会展院校侧重会展策划、会展管理、会展服务、招商招展、会展礼仪等方向的人才培养方案形成了鲜明的对比。正因为走发挥自身优势的特色发展道路，该校会展策划与管理专业成为“十二五”期间浙江省内唯一的会展类优势专业建设项目。

（二）就业方向

从就业领域来看，高职会展策划与管理专业主要培养会议、展览、节庆、赛事、

---

① 李彬．高校学科专业结构与大学生就业问题研究——以江苏省为例[J]．清华大学教育研究，2010(2)．

② 向文，温跃强，华伟康．2017’全国普通高等院校音乐教育专业人才培养研讨会综述[J]．黄钟(武汉音乐学院学报)，2018(2)．

③ 闫广芬，李文文．新中国成立 70 年来职业教育人才培养目标的“中国特色”[J]．中国职业技术教育，2019(36)．

④ 王洪才，吴日明，杨兴林．立德树人与高校思想政治理论课建设(笔谈)[J]．重庆高教研究，2019(4)．

演艺、活动、奖励旅游等方面的专业人才，在 Top30 高职院校会展专业人才培养定位中提及较多的十个就业方向为会展公司、会展场馆、广告公司、酒店、大中型企事业单位、旅行社、婚庆公司、文化创意公司、宣传公共部门和会展行业协会（见图 3-1）。

图 3-1　Top30 高职院校会展专业人才培养就业领域词云

具体来看（见表 3-1），会展公司是 Top30 高职院校会展专业人才培养方案中提及最多的就业方向，包含会展公司、会展服务公司、会议展览企业等 20 多种。虽然有学者强调，将会展策划与管理视为一种主要为会议与展览企业培养人才的专业是先入为主的观点[①]，但这毫不影响会展公司成为高职院校会展专业人才培养的首要就业方向。实际上，如果从生利主义职业教育思想来看，这可以被视作是否“充分生利”和保障“基本生利”间的博弈：将会展公司作为会展专业首要的就业方向，实际上是最大化发挥专业优势的生利之举，也是陶行知所认为的最合适的择业。

① 林海榕. 职业教育的教学改革研究——以高职会展专业为例[J]. 学术评论，2016(2).

表 3-1　Top30 高职院校会展专业人才培养就业领域分布情况

就业方向	词频	名称内涵
会展公司	52	会展公司、会展服务公司、会议展览企业、会展企业、会展业企业、境外展览代理公司、专业会议公司、会展设计公司、专业展览公司、会议与展览公司、专业活动公司、会议公司、节事活动公司、会展专业公司、会展搭建设计企业、大型活动策划企业、专业会展公司、会展主办公司、活动策划公司、中小型会展企业、会展策划公司、展览展示设计公司、大会展企业、展览公司、展览展示器材推广中心
会展场馆	28	会展场馆、会展中心、展览场馆、会议中心、展览中心、大型会展场馆、文化场馆、大型展馆、会展公寓、文博馆、博览中心、博物馆
广告公司	18	广告公司、广告设计公司、广告传媒、广告业企业、设计公司、广告策划公司、广告传媒企业
酒店	15	酒店、会议型酒店、会议酒店、高星级酒店会务部门、酒店会议接待部门、高星级会展酒店、涉外星级酒店会务部、高星级酒店、饭店
大中型企事业单位	15	大中型企事业单位、大中型企业销售部、商业会议活动部门、商业企业会议活动部门、企事业单位广告策划部、大中型商业机构、企事业单位、大型企业、物流公司、电商网络设计公司、企事业单位宣传策划部
旅行社	12	旅行社、旅游业企业、会展旅行社、旅行社会议接待部门、国际旅游公司、旅行社会展服务部门、旅游公司、会奖旅游公司
婚庆公司	11	婚庆公司、婚庆礼仪公司、婚庆策划公司、婚庆策划工作室
文化创意公司	11	文化创意公司、文化传播公司、文化公司、文化活动公司
宣传公共部门	9	宣传公共部门、政府宣传部门、网络服务宣传部门、政府部门节庆策划办、政府机构
会展行业协会	6	会展行业协会、行业协会、会展专业组织
媒体机构	6	媒体机构、媒体单位、媒体中介、传播机构、传媒机构、电视广播文化媒体公司
营销策划公司	6	营销策划公司、公关策划公司
参展企业	4	参展企业、品牌参展企业、参展商企业
主题乐园	3	主题乐园、大型游乐园、主题游乐园
科研和咨询机构	3	科研和咨询机构、咨询公司、高端策划咨询公司、会展教育机构

续表

就业方向	词频	名称内涵
教育培训公司	2	教育培训公司、培训公司
体育表演公司	1	体育表演公司
商业综合体	1	商业综合体

会展场馆是Top30高职院校会展专业人才培养方案中提及频次仅次于会展公司的就业方向，包括会议中心、展览中心、博览中心、博物馆等多种形态。近些年来，我国各地会展场馆如雨后春笋般出现，主要有以下特点：一是场馆数量越来越多，截至2019年，全国纳入统计的运营、在建和待建会展场馆总数已达332座，可供使用的办展面积达1628.9万平方米，呈现出显著的增长态势(见图3-2)①；二是展馆规模越来越大，世界十大展馆中我国有两个②，且在深圳国际会展中心和济南绿地国际博览城会展中心建成后，中国会展场馆将刷新世界净展面积最大的纪录③；三是中小城市(包括县域城市)的会展场馆建设方兴未艾，并呈现出由东部地区向中西部地区扩散之势④⑤。会展场馆及相关展出场地(如文化馆、博物馆、体育馆等)的快速发展不仅有力推动了当地会展公司、会展项目的发展，同时也为高职会展学生提供了参与场馆服务与管理的职业机会。

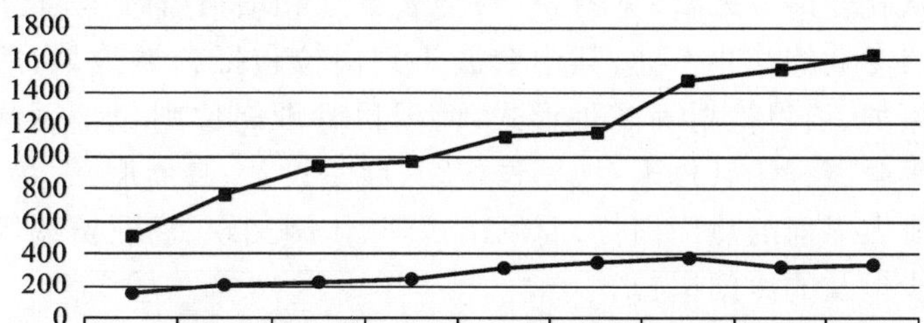

	2011年	2012年	2013年	2014年	2015年	2016年	2017年	2018年	2019年
—●— 总数/座	153	203	224	246	312	340	376	323	332
—■— 总面积/万平方米	504.3	764.3	934.0	964.1	1121.2	1150.0	1474.0	1537.1	1628.9

—●— 总数/座　—■— 总面积/万平方米

图3-2　2011—2019年全国展馆数量及室内可供展览面积情况

① 数据来源：《2019年度中国展览数据统计报告》。

② 分别为国家会展中心(上海)和中国进出口商品交易会展馆。

③ 截至2021年6月，济南绿地国际博览城会展中心正在建设中，其净展面积51万平方米，建成后将成为全球之最。

④ 韩蕾，王晓静，杨恬．中国会展行业发展现状纪实[J]．才智，2016(36)．

⑤ 张凡．怎样建设中小型会展中心[J]．中国会展，2018(7)．

广告公司是 Top30 高职院校会展人才培养方案中排名第三的就业方向。一方面,可能是因为广告与会展同为营销沟通手段,同属促进信息沟通互动和资源交换配置的服务业,二者本就交融共生,难以分割①②;另一方面,众多高职院校会展专业均开设了设计、营销、策划和文案类的课程,这与广告公司的主营业务形成了天然的耦合。对于设立在艺术学院的会展专业而言,其毕业生选择广告公司就业的比例则更加高。③

除了这三大就业方向以外,其他就业领域主要有三类:一是旅游行业,包括酒店、旅行社和主题公园;二是文化行业,包括文化创意公司、媒体机构、营销策划公司等;三是大中型企事业单位,包括企业的市场部、营销部、销售部、策划部、宣传部及参展企业。值得注意的是,不少高职院校会展专业开始增开企业参展、参展商实务等课程,瞄准的就是大中型企事业单位中与会展相关的就业机会,但目前参展商方向的会展专业人才培养尚处于起步阶段。④⑤

二、就业岗位

(一)主要岗位

从就业岗位来看(见图 3-3),会展策划和项目管理类岗位成为 Top30 高职院校会展专业的核心专业,其中会展策划岗位包括会展策划、活动策划、会议策划、婚庆策划、项目策划等多种形式,而项目管理岗位则包含运营、组织、实施、督导、管理等全流程。具体来看(见表 3-2),展示设计、会展服务、会展营销、公关传播等也是排名靠前的热门岗位,而场馆管理、休闲文娱、商业贸易等则是人才培养方案中极少提及的冷门岗位。

值得注意的是,如果将主要岗位进行大类归并,我们就可以发现 Top30 高职院校会展专业人才培养就业岗位设定主要有三类:第一类是策划类岗位,包括会展策划、品牌策划等;第二类是项目运营管理类岗位,包括项目管理、会展服务、活动执行等;第三类是营销传播类岗位,包括展示设计、会展营销、公关传播等。

---

① 付晓.产业发展 人才先行——会展行业专家谈人才培养[J].中国会展,2019(23).

② 李慧君.浅谈会展与广告[J].全国商情(经济理论研究),2009(17).

③ 万红珍.高职高专会展专业实践教学体系构建探讨——以广东轻工职业技术学院会展专业为例[J].学理论,2013(20).

④ 华洁.进出口商品交易会高职院校专业人才加入的思考——以第 123 届中国进出口商品交易会为例[J].现代营销(经营版),2019(4).

⑤ 华洁.校企合作框架下高职院校会展专业加入参展商方向人才培养研究[J].产业科技创新,2020(13).

图 3-3　Top30 高职院校会展专业人才培养就业岗位词云

表 3-2　Top30 高职院校会展专业人才培养就业岗位分布情况

岗　　位	词频	岗 位 内 涵
会展策划	42	会展策划、会展策划管理师、活动策划、会展活动策划、策划文员、展览策划与管理、会展项目策划、会议策划与组织、项目策划、活动策划与组织、活动组织策划、小型婚礼策划、策划岗、会议与展览活动设计、展览及会议策划、婚礼策划、婚庆策划、开发
项目管理	36	项目管理、活动组织、运营管理、会展项目管理、运营、会展项目经理、会展组织与策划、会展管理、会展项目初级管理、会议组织与服务、组织策划、项目管理岗、会展运营管理、管理岗位、会展活动组织、会展活动运营、实施、督导

续表

岗　　位	词频	岗位内涵
展示设计	27	展示设计、展览设计、平面及三维设计、设计助理、会展设计师、平面设计、设计岗、展区设计、商业展示设计与管理、会展设计、平面设计与制作、服务设计
会展服务	22	会展服务、服务接待、客户服务、客服文员、会展服务管理、会展项目服务、客服岗、会展管理服务、项目服务、会展接待与服务、接待、现场服务与管理、客户关系管理、物流管理、内勤
会展营销	19	会展营销、国际会展营销、电话销售专员、会议营销、会展项目营销、销售岗、会展销售、展会营销、推广、招展
公关传播	11	公关传播、公关活动、信息传播、采编与运营、企业形象宣传与推广、公关、编辑、广告传播、文化传播、公关营销
活动执行	8	活动执行、会展项目现场执行、活动现场执行及管理、执行、现场管理
品牌策划	7	品牌策划、营销策划、会展品牌管理、企业品牌建设、品牌调研
新媒体运营	5	新媒体运营、新媒体策划、会展项目新媒体运营
文秘	2	文秘
会展业管理	2	会展业管理、宣传公共管理
会展搭建	2	会展搭建、音响及视频操作
企业参展	2	企业参展、参展策划
商业贸易	1	商业贸易
休闲文娱	1	休闲文娱
场馆管理	1	场馆管理

（二）岗位能力

对高职院校会展专业学生所需具备的岗位能力而言，提及较多的五大岗位能力分别是会展策划能力、项目管理能力、会展设计能力、会展营销能力和会展服务能力（见图 3-4），提及较少的岗位能力有会展搭建工程和会展调研能力。从整体上看，Top30 高职院校会展专业人才培养方案中主要就业岗位和能力要求大致是匹配的。

对排名前三的岗位能力要求进行具体分析（见表 3-3），高职院校会展专业人才培养方案对会展策划能力的要求包括会议策划、展览策划、节事活动策划、节庆活动策划、营销策划、商业策划、会奖策划、会展策划等多个方面，对项目管理能力的要求体现在项目组织与实施、协调与执行、运营与管理等诸多环节，而对会展设计能力的要求则较为宽泛，集中于展示设计和平面设计等方面。

图 3-4　Top30 高职院校会展专业人才培养能力要求词云

表 3-3　Top30 高职院校会展专业人才培养能力要求分布情况

能力项目	词频	能力内涵
会展策划	21	会展策划、策划、商业策划、会展项目策划、会议策划、节事活动策划、会展活动策划、展览策划、节庆活动策划、会奖策划、市场分析与营销策划、方案策划
项目管理	20	项目管理、组织、运营管理、会展项目运作、组织管理、会展活动协调与组织、运营、会议组织、大型会展场馆运营管理、会展活动组织管理、展览管理、会展项目管理、会展实施、活动组织、执行能力
会展设计	14	会展设计、展示设计、设计能力、平面设计、会展视觉设计与制作、展示设计与制作、服务设计
会展营销	10	会展营销、专业展览营销与设计、奖励旅游销售、销售、广告宣传及品牌推广、项目营销

续表

能力项目	词频	能力内涵
会展服务	7	会展服务、现场服务、会展现场服务、会展接待、会展服务接待、现场管理
组织和沟通	5	组织和沟通、英语表达、沟通能力、协作能力、职场商务礼仪
传播	5	传播、商务文案写作、新媒体文案策划、影音编辑、办公软件应用
会展调研	3	会展调研、调研、会展市场调研
会展搭建工程	3	会展搭建工程、布展与搭建、布展

三、职业前景

（一）职业成长路径

除了对就业领域、主要岗位和岗位能力进行设定，部分 Top30 高职院校会展专业人才培养方案还对学生职业成长路径进行了规划。例如，广东交通职业技术学院将毕业初期的任职人员界定为策划文员、电话销售专员、客服文员、设计助理等，将毕业 6—8 年的任职人员界定为高级策划师、项目总监、客服总监、设计/创意总监等(见图 3-5)；无锡城市职业技术学院将会展策划与管理专业学生毕业的初始岗位职责设定为从事展览、会议、节庆活动、奖励旅游、体育赛事、大型庆典、景区活动等文化创意产业活动的立项与推广、组织和运营，将其发展岗位设定为会展项目经理、会展项目运营总监、会议经理、会展职业经理人。

基于 297 名行业专家和企业一线工作人员、341 名会展专业毕业生的问卷调查，以及面向 14 家重点会展企业 25 名中高层管理人员的访谈研究结果显示(见表 3-4)，粤港澳大湾区内的高职院校会展专业毕业生的职业生涯发展路径从毕业 0—0.5 年的首岗开始，经过 2—4 年目标岗位的锻炼，6 年后到达未来发展岗位，其中目标岗位是会展策划与管理专业人才培养方案制定时需要着重对接的岗位群，也是锻炼学生职业生成能力、突破职业瓶颈达到未来发展岗位的关键所在。①

① 文晓立.粤港澳大湾区背景下高职会展策划与管理专业人才培养方案研究与探索[J].乌鲁木齐职业大学学报,2019(3).

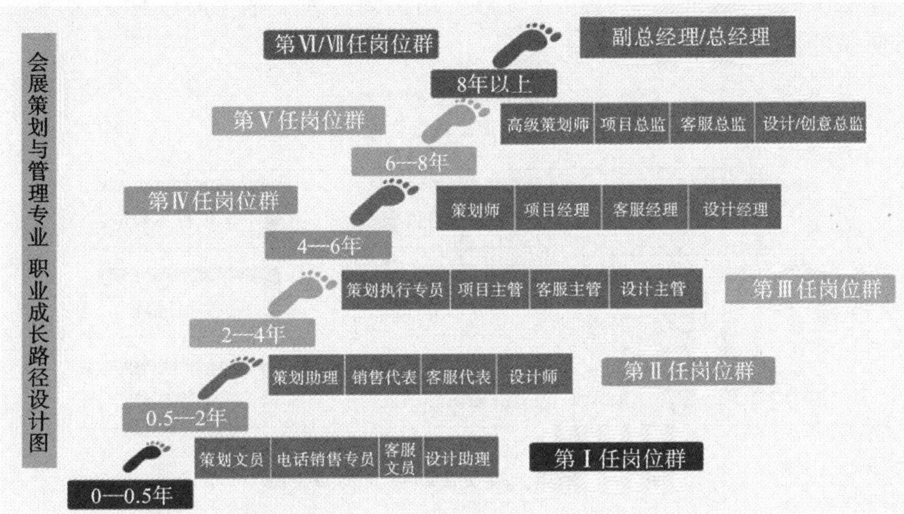

图 3-5　广东交通职业技术学院会展策划与管理专业人才培养定位

表 3-4　粤港澳大湾区会展专业毕业生职业生涯发展路径

岗位分类	发展阶段	就业岗位				发展年限
		会展策划	会展营销	会展服务	会展设计	
首岗	1	策划文员	销售专员	客服文员	设计助理	0—0.5 年
	2	策划助理	销售代表	客服代表	设计师	0.5—2 年
目标岗	3	策划执行专员	项目主管	客服主管	设计主管	2—4 年
	4	策划师	项目经理	客服经理	设计经理	4—6 年
发展岗	5	高级策划师	项目总监	客服总监	设计/创意总监	6—8 年
	6	副总经理及以上				8 年以上

与 Top30 高职院校会展专业规划的职业前景及上述调研结果有所差异，作为“中国会展第一股”①的米奥会展也曾为入职公司的会展专业学生提供了一条从展会销售代表岗位出发，逐级发展的职业发展路径（见图 3-6）。这实际上与国内会展界知名人士张凡先生的观点相吻合，即学习会展专业的大学生，切莫过度重视学校听来的策划。如果有志于策划，你可以先在会展公司“蛰伏”三到五年，从销售代表、客服代表到营销专员，再到项目经理，经过一个又一个岗位的历练和一个

① 浙江米奥兰特商务会展股份有限公司成立于 2010 年，并于 2019 年 10 月 22 日在深交所创业板挂牌，是目前国内在境外办展规模最大、自办展数量最多、办展质量最高、服务体系最全的专业展览公司，也是全球展览业协会（UFI）成员单位。

又一个层级的升职，最后就有机会参与公司策划。到了那个时候你定会明白，在学校听来的策划的用处是有限的。

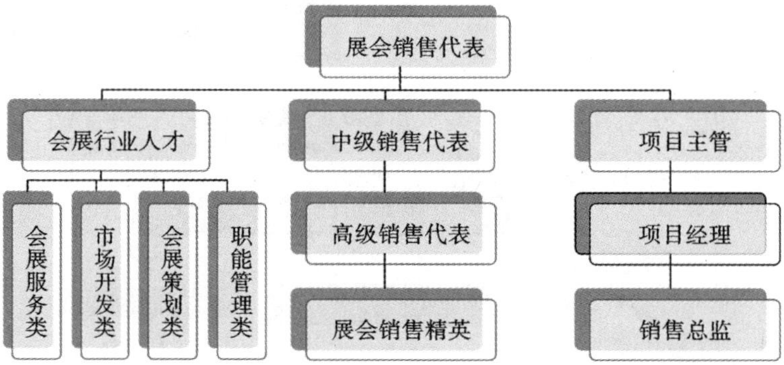

图 3-6　米奥会展员工职业发展路径图①

（二）培养定位反思

1. 人才培养目标与课程设置错位

对比 Top30 高职院校会展专业的课程设置情况（见表 2-4）和人才培养方案中的就业领域（见表 3-1）、就业岗位（见表 3-2）、能力要求（见表 3-3）可以发现，高职院校会展专业的课程设置与人才培养目标间存在一定的错位，因此有必要明确究竟是人才培养目标定位上存在问题还是课程设置上存在偏差，这对进一步深化高职院校会展专业人才培养改革，提升人才培养质量至关重要。对广大学生和家长而言，由于缺乏对专业的充分认识，他们很容易将高职院校会展专业的特色和人才培养目标理解为培养会展策划师和会展管理者②，而不少高职院校会展专业则心照不宣地主动迎合这一受众心目中"高大上"的专业形象，将会展策划和会展管理岗位和能力摆在专业介绍和人才培养方案的突出位置，但实际上许多高职院校会展专业的课程设置并不能有力地支撑这一目标定位。

2. 就业岗位定位与表达仍不清晰

会展策划是提及最多的就业岗位，但这实际上与行业需求并不一致。在杭州科技职业技术学院主办的中国（杭州）会奖旅游教育与产业发展学术研讨会上，高职院校间交流得出的结论是营销类岗位仍是目前学生实习和就业最为集中的岗位，部分院校这一方向的就业比例甚至高达 70%以上，而应届高职院校会展专业

---

① 该图为米奥会展发展早期制订（上市前），随着公司规模及业务变化，员工职业发展路径会有所调整。

② 黄绍华. 现行研究生推免政策对行业性院校的影响——基于农林院校的多案例分析[J]. 高等农业教育，2020(3).

毕业生从事会展策划相关工作的比例则十分不乐观，这与基于 Top30 高职院校会展专业人才培养方案的文本分析结论不相符。值得注意的是，大部分高职院校会展专业人才培养方案中的岗位表述和毕业生的能力要求表述混杂在一起，存在着表述不够清晰和准确的问题。当然，我们也不能排除“岗位名称和能力名称相似”“使用概括性岗位表述”的可能性。就业岗位定位与表述不清晰容易造成毕业生眼高手低、认知混淆的问题。①

3. 基于小样本的调研结论存在偏差

职业院校人才培养全过程贯穿着产教融合和校企合作，无论是制定合理的人才培养方案还是进行课程设置和开发，都离不开对企业实际需求的调研。② 与通过汇总实际需求而制定出培训包的澳大利亚 TAFE 教育模式不同③，我国高职会展院校人才培养方案中的企业需求调研不是由政府或行业协会主导，而是由各个院校独立开展。确切地说，调研通常由一个小于 10 人(专业教学团队人员)的调研团队完成。对一些工作标准化程度较高的理工类专业来说，小规模的抽样调查结果不至于发生太大偏差(因为岗位异质性低)，但对于会展专业而言，结果可能有天壤之别。由于会展业存在产业链长、覆盖面广和利益相关者众多的特点④，以几十为量级的问卷调查结果实际上置信度极低，从统计角度看，这种调研结果的方差可能过大，从而导致一家会展主办方和一家展台搭建商对会展专业毕业生的要求可能天差地别。

职业教育要让学生满意、家长满意、教师满意、学校满意、社会满意，“生利”是核心，明确“生利”的方向和定位是起点，帮助学生选择最合适的职业是路径。学农者归农，学商者归商，如此方能促成学以致用，造福社会。⑤ 解决人才培养目标与课程设置错位、就业岗位定位与表述不清晰等问题都迫切需要进一步全面、准确了解会展行业真实的人才需求状况，这对会展人才供给侧和需求侧都意义重大，也是从根本上解决会展行业“对口就业难”和“用工荒”悖论的关键环节。值得庆幸的是，我们通过会展人才招聘的大数据分析可以有效弥补之前小样本调查研究的不足，这在一定程度上可有效解决小样本研究结论的简单、模糊和机械的认知偏差问题。⑥

---

① 孙虹.高职院校“特质选拔、分类复合”的人才培养模式探析——以商务管理专业为例[J].职教通讯，2019(16).

② 崔发周.职业院校行政管理绩效困境：表层征象、深层原因与突破路径[J].职业技术教育，2020(28).

③ 郭雅洁，刘颖.国外应用型人才培养模式的启示与借鉴[J].职业教育研究，2021(2).

④ 佚名.刘海莹：智慧时代会展业应借势混搭风[J].中国会展，2019(9).

⑤ 田虎英.陶行知生利主义职业教育思想的启示[J].现代教育，2012(8).

⑥ 张红春，王胜梅.大数据背景下英国公务员数据能力建设的路径与启示——一项制度文本分析[J].贵州大学学报(社会科学版)，2020(6).

第二节　会展中心城市人才需求状况分析

2020 年 10 月，四川成都举办了 2020 中国城市会展业竞争力指数发布会。中国会展经济研究会发布了《2019 年中国城市会展业竞争力指数报告》，该报告综合反映了包括 4 个直辖市、15 个副省级城市、16 个省会城市及 90 个地级市城市在内的 125 个城市会展业的城市整体环境竞争力、城市会展专业竞争力、会展教育竞争力状况和城市会展主管部门服务竞争力。在 2019 年的榜单中，上海、北京、广州、成都、深圳、杭州、南京、厦门、武汉、重庆十座城市位列 2019 年中国城市会展业竞争力指数排行榜前十（见表 3-5）。

表 3-5　2019 年中国城市会展业竞争力指数排行榜前十

排名	城市	城市整体环境竞争力指数（$F1$）				城市会展专业竞争力指数（$F2$）						会展教育竞争力（$F3$）	城市会展主管部门服务竞争力（$F4$）	城市会展业竞争力指数（Y）
		综合经济竞争力指数（$X1$）	宜居竞争力指数（$X2$）	可持续竞争力指数（$X3$）	整体环境竞争力指数（$F1$）	展览业发展综合指数（$X4$）	展览业国际合作指数（$X5$）	展览业价格指数（$X6$）	举办大型会议指数（$X7$）	国际会议指数（$X8$）	会展专业竞争指数（$F2$）			
1	上海	60.919	92.072	94.062	24.266	393.650	94.444	100.000	16.409	95.604	69.726	100.000	82.346	113.944
2	北京	37.801	73.297	100.000	20.776	173.480	100.000	84.346	94.854	100.000	53.843	64.948	83.398	92.777
3	广州	44.277	98.085	80.324	21.640	197.300	46.164	78.718	6.861	18.681	33.513	91.753	77.979	73.881
4	成都	24.438	93.918	78.867	19.035	94.620	25.810	63.166	45.895	36.264	25.162	58.763	73.441	60.275
5	深圳	100.000	95.197	80.852	27.294	89.200	40.476	80.036	—	27.473	21.361	—	66.005	60.126
6	杭州	24.989	100.000	78.359	19.161	40.030	39.683	59.959	60.206	41.758	22.393	34.021	75.263	56.974
7	南京	22.885	97.435	79.423	19.242	76.750	11.905	55.883	100.000	30.769	26.504	9.278	49.958	54.951

续表

排名	城市	城市整体环境竞争力指数(*F*1)				城市会展专业竞争力指数(*F*2)						会展教育竞争力(*F*3)	城市会展主管部门服务竞争力(*F*4)	城市会展业竞争力指数(*Y*)
		综合经济竞争力指数(*X*1)	宜居竞争力指数(*X*2)	可持续竞争力指数(*X*3)	整体环境竞争力指数(*F*1)	展览业发展综合指数(*X*4)	展览业国际合作指数(*X*5)	展览业价格指数(*X*6)	举办大型会议指数(*X*7)	国际会议指数(*X*8)	会展专业竞争指数(*F*2)			
8	厦门	20.189	91.807	68.487	17.333	60.500	11.243	59.735	48.599	18.681	18.315	12.371	56.503	46.166
9	武汉	23.535	94.602	67.812	17.864	65.780	9.259	47.650	46.312	14.286	17.284	50.515	40.872	45.101
10	重庆	23.600	92.342	70.134	17.488	80.990	6.481	55.143	17.439	—	14.690	24.742	52.678	43.663

一、数据采集

(一) 数据来源

同为企业人力资源间接供应商,相较于人力市场、人力中介公司等渠道,招聘网站在数据跟踪上有着天然的优势:数据面广、更新及时、统计方便。[①] 从国内招聘网站的市场份额和影响力来看,虽然招聘网站数量众多,但是大型招聘网站已经牢牢占据了垄断地位。[②] 以前程无忧、中华英才网、智联招聘等为代表的招聘网站在国内拥有很大市场份额,其中,前程无忧作为国内领先的具有广泛影响力的人力资源服务供应商,2019 年 1 月其活跃用户已超过 1000 万,位居国内招聘网站第一。[③]

为进一步掌握会展中心城市的会展企业人才需求状况,本书以位列 2019 年中国城市会展业竞争力指数排行榜首位的上海作为研究对象,在招聘网站上将搜索城市限定为上海、职位限定为会展,其他不做限定进行搜索,结果显示前程无忧招聘网站上的数据信息是最丰富和完整的(见表 3-6),所以后续职位分析就基于

① 闫志俊.企业人力资源供应链构建与管理研究[J].山西财政税务专科学校学报,2012(6).

② 张洋.三大招聘网站对比分析探究[J].中国外资,2013(2).

③ 袁晓丽,湛军.网络招聘哪家强?——前程无忧和BOSS直聘商业模式比较[J].企业管理,2020(8).

该网站搜索结果展开。本次职位搜索的时间为2021年2月19日。

表3-6 招聘网站会展相关岗位职位数排名

排　　名	招聘网站	职位数/个
1	前程无忧	7939
2	中华英才网	3308
3	猎聘网	1000+
4	智联招聘	358
5	数字英才网	98

从基于前程无忧招聘网站数据的中国会展业竞争力十强城市会展招聘职位数(见图3-7)来看,上海作为样本城市具有典型性和代表性,其招聘数据显示出极大的丰富性。

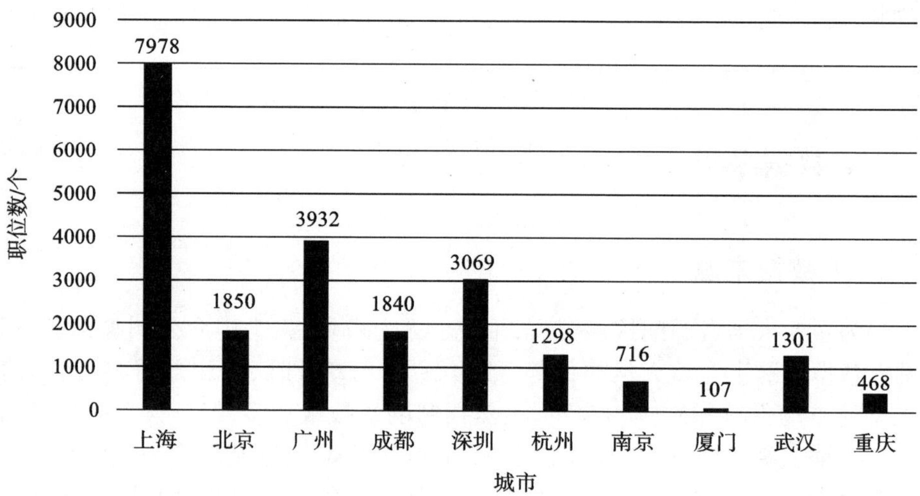

图3-7 中国会展业竞争力十强城市会展招聘职位数

(二)采集方法

可用于网页数据抓取的软件较多,Python、R、Stata甚至Excel等软件都具备了相关的功能,但相较而言,谷歌浏览器插件Web Scraper作为网页数据抓取工具在功能和易用的平衡性上表现较好,是一种相对高效的网页数据提取工具。[①] 在确定数据采集网站与检索条件后,本书使用版本号为0.3.8的Web Scraper插件,

① 黄余,黄欣彬.电商评论文本情感分析在品牌认知中的研究[J].电子技术与软件工程,2020(18).

对检索到的职位信息进行批量数据采集，采集内容包括公司名称(Company)、公司类型(Type)、公司规模(Scale)、所处领域(Field)、职位名称(Position)、薪资水平(Salary)和招聘摘要(Summary)，招聘摘要主要包括所在城区(District)、经验要求(Experience)、学历要求(Education)、招聘数量(Quantity)、招聘日期(Date)和其他条件(Condition)。具体操作步骤和流程如下。

1. 软件安装与启动

首先可以在 Chrome 网上应用店下载 Web Scraper 网络爬虫插件，然后在 Chrome 浏览器的网址输入框内输入 Chrome://extensions/打开浏览器的插件管理后台，在页面右上方开启“开发者模式”，然后点击“加载已解压的扩展程序”，选定刚刚下载解压后的后缀名称为 Crx 的插件，即可完成插件安装。需要注意的是，基于 Chrome 内核的浏览器都可以安装此款爬虫插件，包括 360 安全浏览器、搜狗浏览器等在内，安装方法也非常简单，只需将下载并解压后的 Crx 文件拖拽进浏览器窗口内即可完成安装。一般而言，安装出现问题基本是由于浏览器版本过低，重新安装浏览器即可。

该爬虫插件的启动也十分方便，打开需要抓取的网址页面后，右键点击“检查”，或选择“Ctrl + Shift + I”，又或直接点击“F12”便可找到 Web Scraper 工具(见图 3-8)。值得注意的是，以学术研究为目的的数据批量爬取，应遵守网站所有者制定的各项数据使用规则，并尽量选择普通用户访问较少的时段进行，以最大化减少对正常访问用户的资源占用，规避恶意网络爬虫行为。[①]

图 3-8　Web Scraper 工具启动页面

2. 数据爬取与清洗

通过 Selector Graph 可查看抓取结构，本次案例抓取结构呈二级结构(见图 3-9)：第一级为 Link 的抓取，主要是解决链接提取问题；第二级为子页面抓取，通过 Text 抓取所有目标信息。具体抓取程序如下：{"_id":"sh-job","startUrl":["https://search.51job.com/list/020000,000000,0000,00,9,99,%25E4%25BC%259A%25E5%25B1%2595,2,[1-160].html? lang=c&postchannel=0000&workyear=99&cotype=99&degreefrom=99&jobterm=99&companysize=99&ord_field=0&dibiaoid=0&line=&welfare="],"selectors":[{"id":"Info","type":"SelectorLink","parentSelectors":["_root"],"selector":"a. el","multiple":

① 张一献.从技术到犯罪：恶意网络爬虫行为入罪的类型认定与裁判思路探索[J].时代法学,2020(4).

true,"delay":0},{"id":"Company","type":"SelectorText","parentSelectors":["Info"],"selector":"a.com_name p","multiple":false,"regex":"","delay":0},{"id":"Type","type":"SelectorText","parentSelectors":["Info"],"selector":"p.at:nth-of-type(1)","multiple":false,"regex":"","delay":0},{"id":"Scale","type":"SelectorText","parentSelectors":["Info"],"selector":"p.at:nth-of-type(2)","multiple":false,"regex":"","delay":0},{"id":"Field","type":"SelectorText","parentSelectors":["Info"],"selector":"p.at a","multiple":false,"regex":"","delay":0},{"id":"Position","type":"SelectorText","parentSelectors":["Info"],"selector":"h1","multiple":false,"regex":"","delay":0},{"id":"Summary(District;Experience;Education;Quantity;Date)","type":"SelectorText","parentSelectors":["Info"],"selector":"p.msg","multiple":false,"regex":"","delay":0}]}。

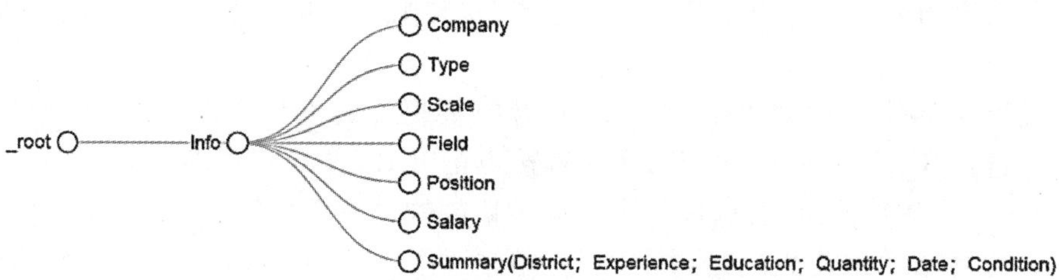

图 3-9 上海市会展招聘职位数据抓取结构图

抓取完毕的数据利用 Excel 软件进行数据清洗,主要操作如下:

(1) 用数据分列(使用“|”等符号分列)和字符替换,对异常值进行检查;

(2) 校对分类后的每行数据,防止错列(部分公司 Summary 数据信息发布不全,造成错列);

(3) Salary 数据处理,使用查找替换方式提取数值;如工资为区间形式则取均值;统一工资单位为万元/月;

(4) District 数据处理,全部改为城区名(用批量替换的方式);

(5) Experience 数据处理,使用查找替换的方式提取数值;不需要工作经验、应届生、实习生的取值为 0,如经验要求为区间形式则取均值;

(6) Quantity 数据处理,使用查找替换的方式提取数值;招若干人以 4 人计①;

(7) Date 数据使用替换的方式留下时间;

① 此处采用均值替换的方法,对所有列明招聘人数的公司数据求均值为 3.79 人,四舍五入取 4 人。

(8) Company、Type、Field、Scale、Position、Condition、Education 数据不做额外清洗。

此外,本书对少量职位信息有较多缺失值、以小时计算工资的临时性职位进行了删除处理,而以天为计算单位的职位由于样本数较多,采用每月 22 天的标准进行月薪标准化处理以保留这些样本数据。同理,工资为年薪形式的除以 12 计算月薪。同时,对明显不属于会展相关职位的职位信息进行删除,最终获得有效样本 6945 个。

二、研究结论

(一) 数据描述性统计

从清洗后的数据来看,除薪资水平(Salary)、公司规模(Scale)和学历要求(Education)仍有部分值缺失外,其他观测变量数据基本完整,上海市会展人才需求描述性统计如表 3-7 所示。本书对上海市会展业人才需求的分析基于励展博览集团、中青旅(上海)国际会议展览有限公司、德马吉国际展览有限公司等 1314 家企业发布的 6945 个相关职位进行。

表 3-7　上海市会展人才需求描述性统计

变量名	样本量	均值	标准差	最小值	最大值
Salary	6854	10.45177	6.24681	1	85
Experience	6945	2.390641	2.144704	0	10
Quantity	6945	2.917927	5.362993	1	200
Company	6945			1	1314
Type	6945			1	11
Scale	6912			1	7
Field	6945			1	57
Position	6945			1	4282
District	6945			1	63
Education	6539			1	7

（二）会展人才需求分析

1. 招聘职位数Top50企业情况

从上海市会展招聘职位数Top50的企业情况来看(见表3-8),平均每家企业招聘人数约为37人,50家企业(占比3.81%)的招聘职位数占总职位数的26.51%,会展岗位需求在企业层面显示出一定的集中度。整体来看,进入会展招聘职位数Top50的企业大部分为会展及与会展相关度较高的企业,如广告、文旅、传媒类企业。

表3-8 上海市会展招聘职位数Top50企业

排名	公司名称	职位数/个	占比/(%)
1	上海特迈特广告有限公司	83	1.20
2	上海国企商务会展服务有限公司	68	0.98
3	上海和煦文旅集团有限公司	63	0.91
4	上海诚唐展览展示(集团)股份有限公司	61	0.88
5	上海景桥文化传播有限公司	54	0.78
6	北京优诺斯德广告有限公司	49	0.71
7	上海迈醍文化传媒有限公司	47	0.68
8	上海智汀建筑装饰有限公司	46	0.66
9	上海飞来飞去展览设计工程有限公司	45	0.65
10	和记黄埔(中国)商贸有限公司	44	0.63
11	上海艾博思川力企业形象策划有限公司	43	0.62
12	上海凌立健康管理股份有限公司	42	0.60
13	上海拓原企业服务有限公司	42	0.60
14	上海部落美公共关系咨询有限公司	40	0.58
15	捷升企业管理(惠州)有限公司	40	0.58
16	上海智享会商务服务有限公司	39	0.56
17	迪思传媒集团上海公司	39	0.56
18	上海博华国际展览有限公司	38	0.55
19	上海士研管理咨询有限公司	37	0.53
20	上海华好会展有限公司	36	0.52
21	上海博讯会展有限公司	35	0.50
22	上海捷希体育文化传播有限公司	35	0.50

续表

排名	公 司 名 称	职位数/个	占比/(%)
23	恒润博雅应急科技有限公司	35	0.50
24	上海榕智市场营销策划股份有限公司	34	0.49
25	上海囿团科技有限公司	34	0.49
26	上海承赫市场营销有限公司	34	0.49
27	上海轩昶商务服务中心(有限合伙)	33	0.48
28	瑞德尔建筑科技(上海)有限公司	33	0.48
29	上海卓昕文化传播有限公司	32	0.46
30	上海妙文会展服务有限公司	32	0.46
31	上海童涌贸易有限公司	32	0.46
32	上海舜联会展有限公司	32	0.46
33	上海励展展览设计工程有限公司	31	0.45
34	协同共享企业服务(上海)股份有限公司	31	0.45
35	上海建腾文化科技有限公司	30	0.43
36	上海曼朗网络科技有限公司	30	0.43
37	上海森麦文化传播有限公司	30	0.43
38	上海品端展览有限公司	28	0.40
39	广州市天诺营销策划有限公司	27	0.39
40	上海决策者经济顾问股份有限公司	26	0.37
41	上海万耀企龙展览有限公司	26	0.37
42	上海嵩穆迪公关策划有限公司	26	0.37
43	北京中嘉空间展示设计有限公司	26	0.37
44	上海创幸文化创意展示有限公司	25	0.36
45	上海四个石头广告有限公司	25	0.36
46	先邦品牌策划(上海)有限公司	25	0.36
47	引力传媒股份有限公司	25	0.36
48	索伦(上海)广告有限公司	25	0.36
49	上海奥维思市场营销服务有限公司	24	0.35
50	点意空间(上海)展览设计工程有限公司	24	0.35
	合计	1841	26.51

2. 公司类型

对会展专业人才需求最大的公司类型是民营公司(见表 3-9),提供了 4628 个会展职位,占总职位数的 66.64%;合资公司是排名第二的需求主体,提供了 847 个会展职位,占比 12.20%。值得注意的是,政府机关、非营利组织和事业单位对会展人才的需求量极少,这三类主体合计需求量仅占总职位数的 0.30%。

表 3-9 上海市会展人才需求主体类型

序号	公司类型	职位数/个	占比/(%)
1	上市公司	247	3.56
2	事业单位	12	0.17
3	创业公司	62	0.89
4	合资公司	847	12.20
5	国企	248	3.57
6	外企代表处	39	0.56
7	外资(欧美)公司	436	6.28
8	外资(非欧美)公司	417	6.00
9	政府机关	1	0.01
10	民营公司	4628	66.64
11	非营利组织	8	0.12
	总计	6945	100

3. 公司规模

500 人及以下规模的公司成为会展岗位的主要提供者(见表 3-10),其中公司规模少于 50 人的公司提供了 2131 个职位,占总职位数的 30.83%,50—150 人规模的公司提供了 2482 个职位,占总职位数的 35.91%,151—500 人规模的公司提供了 1538 个职位,占总职位数的 22.25%,500 人及以下规模的公司合计提供了 6151 个职位,占总职位数的 88.99%,成为绝对的需求主力。

表 3-10 上海市会展人才需求主体规模

序号	公司规模/人	职位数/个	占比/(%)
1	10000 以上	154	2.23
2	5001—10000	45	0.65
3	1001—5000	204	2.95
4	501—1000	358	5.18

续表

序号	公司规模/人	职位数/个	占比/(%)
5	151—500	1538	22.25
6	50—150	2482	35.91
7	少于 50	2131	30.83
	总计	6912	100

4. 所处领域

如果从整合营销传播角度来看，会展、广告不分家①，那么我们可以认为，上海市会展职位提供的主体还是集中在会展核心领域，公关/市场推广/会展和广告领域的企业一共提供了 4555 个职位，占总职位数的 65.59%。如果加上影视/媒体/艺术/文化传播、酒店/旅游等会展产业链领域的就业机会，会展核心领域和产业链领域的企业提供了超过 70%的就业机会。整体来看(见表 3-11)，会展人才需求主体分布于 57 个不同领域，其中互联网、金融和房地产这三大毕业生就业热门领域②，对会展人才的需求相对有限。

表 3-11 上海市会展人才需求主体所处领域

序号	所处领域	职位数/个	占比/(%)
1	专业服务(咨询、人力资源、财会)	372	5.36
2	中介服务	4	0.06
3	互联网/电子商务	338	4.87
4	交通/运输/物流	8	0.12
5	仪器仪表/工业自动化	13	0.19
6	会计/审计	1	0.01
7	信托/担保/拍卖/典当	3	0.04
8	公关/市场推广/会展	3234	46.57
9	制药/生物工程	49	0.71
10	办公用品及设备	5	0.07
11	医疗/护理/卫生	42	0.60
12	医疗设备/器械	29	0.42

① 张健康.智慧会展的技术解构与人文关怀[J].理论探索，2017(4).

② 智联招聘.创业比例翻番 求职需要经验——2015 年应届毕业生就业力调研报告[J].职业，2015(28).

续表

序号	所处领域	职位数/个	占比/(%)
13	印刷/包装/造纸	10	0.14
14	原材料和加工	4	0.06
15	多元化业务集团公司	37	0.53
16	奢侈品/收藏品/工艺品/珠宝	4	0.06
17	娱乐/休闲/体育	10	0.14
18	学术/科研	3	0.04
19	家具/家电/玩具/礼品	20	0.29
20	家居/室内设计/装潢	81	1.17
21	广告	1321	19.02
22	建筑/建材/工程	172	2.48
23	影视/媒体/艺术/文化传播	403	5.80
24	快速消费品(食品、饮料、化妆品)	72	1.04
25	房地产	24	0.35
26	批发/零售	10	0.14
27	政府/公共事业	5	0.07
28	教育/培训/院校	36	0.52
29	文字媒体/出版	45	0.65
30	新能源	5	0.07
31	服装/纺织/皮革	30	0.43
32	机械/设备/重工	27	0.39
33	检测/认证	3	0.04
34	汽车	18	0.26
35	汽车零配件	1	0.01
36	法律	3	0.04
37	物业管理/商业中心	80	1.15
38	环保	5	0.07
39	生活服务	15	0.22
40	电子技术/半导体/集成电路	41	0.59
41	电气/电力/水利	3	0.04

续表

序号	所处领域	职位数/个	占比/(%)
42	石油/化工/矿产/地质	21	0.30
43	租赁服务	2	0.03
44	网络游戏	1	0.01
45	美容/保健	8	0.12
46	航天/航空	1	0.01
47	计算机服务(系统、数据服务、维修)	15	0.22
48	计算机硬件	2	0.03
49	计算机软件	78	1.12
50	贸易/进出口	76	1.09
51	通信/电信/网络设备	9	0.13
52	通信/电信运营、增值服务	17	0.24
53	酒店/旅游	72	1.04
54	金融/投资/证券	35	0.50
55	银行	1	0.01
56	非营利组织	1	0.01
57	餐饮业	20	0.29
	总计	6945	100

5. 主要职位

虽然 Top100 职位包含了 2549 个职位信息(见表 3-12),但无论是 Top100 以内还是 Top100 以外的职位,其职位名称从内涵来说,重复比例极高,因此可以说,人才需求职位 Top100 中的职位几乎涵盖了会展人才就业的所有高频职位。显而易见的是,设计类(如序号 1、序号 6、序号 14 等对应的职位)、营销类(如序号 2、序号 3、序号 7 等对应的职位)、运营管理类(如序号 5、序号 8、序号 12 等对应的职位)、策划类(如序号 4、序号 36、序号 39 等对应的职位)四大类岗位是重中之重,这与之前的调研结果一致。①

① 康年,瞿立新,宋波.会展行业人才需求与职业院校专业设置匹配分析[J].中国职业技术教育,2020(29).

表 3-12　上海市会展人才需求职位 Top100①

排序	职位名称	职位数/个
1	平面设计师	158
2	客户经理	131
3	销售经理	81
4	文案策划	81
5	项目经理	75
6	资深平面设计师	62
7	销售代表	58
8	项目助理	54
9	Account Executive(客户执行)	53
10	Account Manager(客户经理)	47
11	电话销售	44
12	会务专员	43
13	客户执行	42
14	3D 设计师	42
15	三维设计师	38
16	Senior Account Executive(资深客户执行)	38
17	销售	37
18	销售助理	36
19	市场专员	36
20	空间设计师	34
21	高级客户经理	34
22	美术指导	32
23	会展销售	30
24	新媒体运营专员	30
25	新媒体运营	30
26	大客户销售	28
27	客户主任	27

① 由于职位名称分布较广(共有 4727 种),本书词频统计基于企业提供的原始职位名称,未对近似职位作合并处理,排序时对实习类职位进行了剔除,以下同。

续表

排序	职 位 名 称	职位数/个
28	总经理助理	27
29	展览设计师	27
30	活动执行	27
31	市场经理	27
32	平面设计	27
33	展会销售	26
34	销售顾问	24
35	销售专员	24
36	策划经理	23
37	项目执行	23
38	客户总监	23
39	活动策划	23
40	主管	22
41	销售总监	22
42	市场助理	21
43	采购助理	21
44	高级客户主任	19
45	策划	19
46	Senior Account Manager(资深客户经理)	19
47	文案	18
48	广告客户经理	18
49	行政助理	17
50	资深文案策划	17
51	客服专员	17
52	设计总监	17
53	会务经理	17
54	销售主管	17
55	市场主管	17
56	活动执行专员	16

续表

排序	职 位 名 称	职位数/个
57	招聘专员	16
58	商务助理	16
59	项目主管	16
60	经理	15
61	创意总监	15
62	活动策划经理	15
63	主案设计师	14
64	客户助理	14
65	管理培训生	14
66	资深三维设计师	14
67	会议销售	13
68	文案编辑	13
69	资深 3D 设计师	13
70	展览业务员	13
71	室内设计师	13
72	设计师	13
73	编辑	12
74	资深文案	12
75	展览销售	12
76	高级平面设计师	12
77	资深美术指导	12
78	资深活动策划	12
79	产品经理	12
80	新媒体编辑	12
81	视频剪辑	12
82	行政专员	12
83	媒介经理	11
84	市场总监	11
85	会议策划	11

续表

排序	职位名称	职位数/个
86	摄影师	11
87	客户专员	11
88	行政前台	11
89	创意文案策划	10
90	课程顾问	10
91	公关经理	10
92	大客户经理	10
93	媒介专员	10
94	商务经理	10
95	客户主管	10
96	大客户销售代表	10
97	市场活动策划	10
98	活动策划执行	10
99	运营专员	10
100	会务接待	10
	总计	2549

从设计类职位来看(见表 3-13),职位名称主要有平面设计师(词频数 158)、资深平面设计师(词频数 62)、3D 设计师(词频数 42)等,职位涵盖了平面、三维、UI、舞美、创意、多媒体等诸多细分方向。

表 3-13　上海市会展设计类人才需求职位 Top50

排序	职位名称	职位数/个
1	平面设计师	158
2	资深平面设计师	62
3	3D 设计师	42
4	三维设计师	38
5	空间设计师	34
6	美术指导	32
7	展览设计师	27
8	平面设计	27

续表

排序	职 位 名 称	职位数/个
9	设计总监	17
10	主案设计师	14
11	资深三维设计师	14
12	资深 3D 设计师	13
13	室内设计师	13
14	设计师	13
15	高级平面设计师	12
16	资深美术指导	12
17	设计助理	9
18	资深设计师	8
19	UI 设计师	8
20	视觉设计师	8
21	平面设计助理	8
22	展示设计师	7
23	展览展示设计师	7
24	展厅设计师	7
25	资深平面设计	7
26	展台设计师	6
27	效果图设计师	6
28	施工图设计师	5
29	完稿设计师	5
30	会展设计师	4
31	资深三维设计	4
32	施工图深化设计师	4
33	广告平面设计师	4
34	建筑设计师	4
35	电商设计师	4
36	展台 3D 设计师	4
37	高级设计师	3

续表

排序	职 位 名 称	职位数/个
38	高级3D设计师	3
39	设计经理	3
40	3D设计	3
41	展会设计师	3
42	多媒体设计师	3
43	产品设计师	3
44	舞美设计师	3
45	创意设计师	3
46	首席设计师	3
47	3D展台设计师	3
48	平面设计主管	3
49	软装设计师	3
50	CAD设计师	3
	总计	689

从会展营销类职位来看(见表3-14),客户经理(词频数131)、销售经理(词频数81)和销售代表(词频数58)是招聘需求最多的三大职位名称。从外企招聘情况来看,Account Executive(词频数53)、Account Manager(词频数47)、Senior Account Executive(词频数38)也都是高频职位。从职位发展趋势来看,新媒体运营专员(词频数30)、SEO专员(词频数7)等新兴职位也开始初露端倪。同时,我们也可以看到,在企业实际招聘中,营销类职位较少以招展、招商之类的专业术语来命名。

表3-14　上海市会展营销类人才需求职位Top50

排序	职 位 名 称	职位数/个
1	客户经理	131
2	销售经理	81
3	销售代表	58
4	Account Executive(客户执行)	53
5	电话销售	50
6	Account Manager(客户经理)	47

续表

排序	职 位 名 称	职位数/个
7	客户执行	42
8	Senior Account Executive(资深客户执行)	38
9	销售	37
10	市场专员	36
11	销售助理	36
12	高级客户经理	34
13	新媒体运营专员	30
14	会展销售	30
15	大客户销售	28
16	客户主任	27
17	展会销售	26
18	销售顾问	24
19	销售专员	24
20	客户总监	23
21	销售总监	22
22	市场助理	21
23	高级客户主任	19
24	Senior Account Manager(资深客户经理)	19
25	广告客户经理	18
26	市场主管	17
27	销售主管	17
28	客服专员	17
29	商务助理	16
30	客户助理	14
31	会议销售	13
32	展览业务员	13
33	展览销售	12
34	客户专员	11
35	媒介经理	11

续表

排序	职位名称	职位数/个
36	大客户销售代表	10
37	大客户经理	10
38	客户主管	10
39	媒介专员	10
40	公关经理	10
41	商务经理	10
42	高级客户执行	9
43	展览销售经理	8
44	国际会议销售	8
45	市场营销经理	7
46	高级销售经理	7
47	广告客户总监	7
48	资深客户经理	7
49	公关专员	7
50	SEO 专员(搜索引擎优化专员)	7
	总计	1222

项目经理(词频数 75)、项目助理(词频数 54)和会务专员(词频数 43)是运营类职位中出现最多的三类职位名称(见表 3-15)。项目、会务、展览、活动等是运营类职位涉及的高频关键词,而从职位需求的整体来看,执行和接待工作成为这类职位的聚焦环节。

表 3-15　上海市会展运营类人才需求职位 Top50

排序	职位名称	职位数/个
1	项目经理	75
2	项目助理	54
3	会务专员	43
4	活动执行	27
5	项目执行	23
6	会务经理	17
7	活动执行专员	16

续表

排序	职 位 名 称	职位数/个
8	项目主管	16
9	行政专员	12
10	项目执行专员	10
11	运营专员	10
12	会务接待	10
13	会展专员	9
14	专员	8
15	高级项目经理	8
16	展览项目经理	7
17	会展项目经理	7
18	会务主管	7
19	广告制作执行	6
20	电商运营专员	6
21	会务助理	6
22	会展活动执行	5
23	项目管理专员	5
24	数据专员	5
25	项目管理	5
26	执行	4
27	会务执行	4
28	项目执行助理	4
29	项目执行经理	4
30	社群运营专员	4
31	项目经理	4
32	项目总监	4
33	多媒体项目经理	4
34	会务服务	4
35	展览展示	4
36	活动执行经理	3

续表

排序	职位名称	职位数/个
37	展览项目执行	3
38	AE 活动执行	3
39	活动专员	3
40	活动运营专员	3
41	活动项目经理	3
42	展览项目主管	3
43	助理项目经理	3
44	财经公关项目助理	3
45	会务领班	3
46	前台会务	3
47	展览事业部总监	3
48	会议执行	2
49	会议执行专员	2
50	活动执行主管	2
	总计	479

从策划类职位来看(见表 3-16),文案策划(词频数 81)、策划经理(词频数 23)和活动策划(词频数 23)是出现最多的三种职位名称。策划类的职位涉及面也较广,包含文案、活动、创意、展厅、多媒体、项目、营销等不同方向。

表 3-16 上海市会展策划类人才需求职位 Top50

排序	职位名称	职位数/个
1	文案策划	81
2	策划经理	23
3	活动策划	23
4	策划	19
5	资深文案策划	17
6	活动策划经理	15
7	创意总监	15
8	资深活动策划	12
9	资深文案	12

续表

排序	职 位 名 称	职位数/个
10	会议策划	11
11	创意文案策划	10
12	市场活动策划	10
13	活动策划执行	10
14	创意策划	9
15	活动策划专员	9
16	策划总监	8
17	会展策划	6
18	会议策划经理	6
19	市场策划	6
20	活动策划主管	6
21	活动策划运营	6
22	策划助理	5
23	资深策划	5
24	新媒体文案策划	5
25	展馆文案策划	5
26	品牌策划总监	4
27	展馆策划	4
28	国际峰会策划	4
29	高级活动策划	4
30	多媒体策划	3
31	媒介策划经理	3
32	广告文案策划	3
33	展厅策划	3
34	婚礼策划师	3
35	市场策划经理	3
36	策划专员	3
37	展览策划	2
38	文案策划主管	2

续表

排序	职位名称	职位数/个
39	项目策划	2
40	主案策划	2
41	影视策划	2
42	媒介策划	2
43	营销策划经理	2
44	新媒体策划专员	2
45	文案策划专员	2
46	策划文案	2
47	产品内容策划	2
48	活动策划助理	2
49	营销策划	2
50	展项策划	2
	总计	399

从不同类别会展人才需求职位的数量对比来看(见表 3-17),会展营销类职位数量和集中度最高,会展设计类职位次之。与人们对会展策划与管理专业望文生义的理解不同,会展策划类和会展运营类(项目管理类)的职位需求量并不是最大的——两者人才需求总量稍高于会展设计类人才需求量,但仅为会展营销类人才需求量的 71.85%。

表 3-17　不同类别的会展人才需求职位的数量对比

排序	职位类别	职位数/个
1	会展营销类	1222
2	会展设计类	689
3	会展运营类	479
4	会展策划类	399

6. 薪资水平

从会展人才招聘薪资分布来看(见表 3-18),绝大多数会展职位的月薪在 2 万元以内,占总职位数的 90%以上。会展招聘高薪职位整体较少,月薪 3 万元及以上的职位数只有109个,仅占总职位数的1.59%。①

表3-18　上海市会展人才招聘薪资分布

薪资/(万元/月)	职位数/个	均　值	标准差	最小值	最大值
薪资≥5	22	61.89379	11.44656	50	85
4≤薪资<5	19	41.84211	2.462354	40	45.83333
3≤薪资<4	68	33.20833	2.704393	30	37.5
2≤薪资<3	358	22.63622	2.603144	20	29.16667
1≤薪资<2	2501	13.05709	2.324232	10	19.5
薪资<1	3886	6.809588	1.919756	1	9.7

从月薪3万元及以上的会展相关高薪职位分布来看(见表3-19),职级基本为总监及公司副总级别以上,除公司运营管理职位外,与会展相关的高薪岗位基本为市场总监、客户总监、销售总监、业务总监、媒体总监、公关经理等营销传播类职位,其他还包括创意总监、设计总监、策略总监等职位。

表3-19　上海市会展相关高薪职位分布

企　业	职位名称	薪资/(万元/月)
上海瑞柯恩激光技术有限公司	市场总监	3.75
上海鸿论商务咨询有限公司	公关总监(PR Director)	4.50
上海特迈特广告有限公司	市场总监/品牌总监	5.00
北京西科盛世通酒店会展设备制造有限公司	市场公关	3.75
上海特迈特广告有限公司	销售总监	3.75
上海艾博思川力企业形象策划有限公司	创意总监/艺术总监 (Creative Director/Art Director)	3.75
上海特迈特广告有限公司	内容运营总监	4.00
励展博览集团	资深销售经理(Sr. Sales Manager)	3.75
德商优尼博览咨询(上海)有限公司	财务总监(Finance Director)	5.83
上海特迈特广告有限公司	渠道高级经理	5.50
上海邑盟市场营销服务有限公司	创意总监/副总监	4.00
上海鸿论商务咨询有限公司	董事总经理(Managing Director)	8.50
天联广告有限公司上海分公司	创意总监/副创意总监	5.50

① 王敏.浅析个人所得税改革[J].中国集体经济,2020(4).

续表

企　业	职位名称	薪资/(万元/月)
上海承赫市场营销有限公司	客户群总监 (Group Account Director)	4.00
上海特迈特广告有限公司	内容运营总监	4.00
上海承赫市场营销有限公司	创意总监	4.00
灵智精实广告有限公司上海分公司	电子商务规划(Ecommerce Planning)	6.00
奥美集团	业务总监	6.00
奥美集团	创意总监	6.00
天之勤(广州)品牌策略有限公司	大区总监(全国、医药保健品)	4.58
上海承赫市场营销有限公司	执行创意总监 (Executive Creative Director)	4.00
天之勤(广州)品牌策略有限公司	副总经理	5.83
北京绮丽营销策划有限公司	视觉总监/设计总监	4.00
上海睿祎广告有限公司	客户总监 (Social Engagement Director)	4.00
北京中嘉空间展示设计有限公司	广告创意总监	4.00
上海诚唐展览展示(集团)股份有限公司	科技馆设计总监	4.58
上海睿祎广告有限公司	创意总监(Creative Director)	4.50
北京绮丽营销策划有限公司	公关经理	4.50
英富曼信息技术(上海)有限公司	首席医药行业顾问 (Principal Consultant-Healthcare)	6.00
北京绮丽营销策划有限公司	策略总监	4.00
九富公关顾问(上海)有限公司	客户总监	3.75
上海乐拜网络科技有限公司	大客户销售顾问	5.83
上海傲圣会展服务有限公司	销售经理	8.50
上海特迈特广告有限公司	媒体营销总监	8.50
广州市天诺营销策划有限公司 上海勤正营销策划分公司	商务拓展总监(奢侈品、酒类、体育)	5.00
上海乐拜网络科技有限公司	销售总监(人力资源领域)	6.00
上海国际文化装备产业园 管理(集团)有限公司	产业地产项目总监	5.50
上海闻谛市场营销服务中心	经销商(代理)	8.33

7. 城区分布

从会展人才需求主体地理分布来看(见表 3-20),徐汇区、静安区、普陀区、浦东新区、长宁区、闵行区六区的职位需求数量较大,分别为 809 个、781 个、698 个、622 个、598 个和 590 个,崇明区、金山区、奉贤区会展人才需求岗位数较少,分别为 3 个、11 个和 27 个。

表 3-20 上海市会展人才需求主体地理分布

所在区域	职位数/个	占比/(%)
嘉定区	211	3.04
奉贤区	27	0.39
宝山区	197	2.84
崇明区	3	0.04
徐汇区	809	11.65
普陀区	698	10.05
杨浦区	231	3.33
松江区	89	1.28
浦东新区	622	8.96
虹口区	133	1.92
金山区	11	0.16
长宁区	598	8.61
闵行区	590	8.50
青浦区	130	1.87
静安区	781	11.25
黄浦区	470	6.77
上海市(不分区域)	1240	17.85
其他	105	1.51
合计	6945	100

8. 经验要求

从招聘单位对会展人才的经验要求来看(见表 3-21),要求四年以下经验的招聘职位数大体均衡,其中无须经验要求的职位数达 1333 个,占总职位数的 19.19%,而要求 8 年及以上工作经验的职位只有 208 个,仅占总职位数的 3.00%。

表 3-21 上海市会展职位招聘的经验要求

经验要求/年	职位数/个	占比/(%)
0	1333	19.19
1	1567	22.56
2	1426	20.53
3—4	1665	23.97
6	746	10.74
8—9	133	1.92
10	75	1.08
总计	6945	100

9. 招聘数量

从上海市会展人才职位招聘的数量分布来看(见表 3-22),单个职位招聘 1—5 人的职位数最多,累计职位数达 6618 个,占总职位数的 95.29%。其中,单个职位招聘 1 人的职位数有 2935 个,占总职位数的 42.26%;单个职位招聘 2 人的职位数有 1286 个,占总职位数的 18.52%;单个职位招聘 3 人的职位数有 416 个,占总职位数的 5.99%;单个职位招聘 4 人的职位数有 1690 个,占总职位数的 24.33%;单个职位招聘 5 人的职位数有 291 个,占总职位数的 4.19%。总体而言,会展人才职位招聘的数量整体还是偏少。

表 3-22 上海市会展人才职位招聘的数量分布

单个职位招聘数量/人	职位数/人	占比/(%)
1—5	6618	95.29
6—10	227	3.27
11—15	12	0.17
16—20	47	0.68
20 以上	41	0.59
总计	6945	100

10. 学历要求

从学历要求的角度来看(见表 3-23),大专生和本科生成为会展人才市场需求的主力,两者职位数合计 6090 个,占总职位数的 93.13%。高中及以下、硕士及以上学历的人才需求较少,整体呈现出两端人才需求较小、中端人才需求最大的“纺锤形"会展人才需求结构。①

表 3-23　上海市会展人才招聘的学历要求

学 历 层 次	职位数/个	占比/(%)
中专	207	3.17
中技	26	0.40
初中	11	0.17
高中	154	2.36
大专	3630	55.51
本科	2460	37.62
硕士及以上	51	0.78
总计	6539	100

11. 其他条件

在招聘的其他附加条件中提及较多的主要是两方面的要求:一是语言要求,二是专业要求。在语言要求方面,提及较多的是对英语和普通话的要求,也有部分对小语种的要求;在专业要求方面,提及较多的专业是会展、市场营销、工商管理、艺术设计等专业。

(三) 基于多元线性回归的进一步分析

基于已有数据的多元线性回归分析结果(见表 3-24)显示(采用稳健标准误回归),工作经验对会展人才薪资水平有着显著的正向影响($p<0.01$),工作经验每增加 1 年,薪水将提升 1667 元。学历层次对会展人才的薪资影响也十分显著($p<0.01$),接受过大学教育的人才的薪资水平与对照组(中专学历)相比,学历有着显著的薪资提升效应,以大专学历为例,与对照组(中专学历)相比,其薪资提升效应大概为 2690 元。

表 3-24　工作经验、学历层次与会展人才薪资水平

题　项	(1)	(2)	(3)
	Salary	Salary	Salary
Experience		1.656***	1.667***
		(32.18)	(31.91)

① 潘昱州,彭荔.非遗文创人才的供需矛盾及其对策[J].文化遗产,2019(1).

续表

题　项	(1)	(2)	(3)
	Salary	Salary	Salary
2. Education			0.534
			(0.53)
3. Education			−2.226
			(−1.61)
4. Education			1.100***
			(3.92)
5. Education			2.690***
			(9.16)
6. Education			5.900***
			(6.77)
7. Education			1.560***
			(3.00)
_cons	10.815***	7.387***	5.394***
	(16.50)	(13.39)	(8.78)
Quantity	−0.015	0.074***	0.088***
	(−1.15)	(4.58)	(3.80)
公司类型	Yes	Yes	Yes
公司规模	Yes	Yes	Yes
所处领域	Yes	Yes	Yes
N	6824	6824	6425
adj. R-sq	0.062	0.362	0.403

注：*** 表示 $p<0.01$（双尾）；因参与回归的变量有缺失值，故最终样本数有所不同（取非空交集）。

第三节　县域会展城市人才需求状况分析

作为中国会展经济的重要组成部分，县域会展经济伴随着县域城市化和信息化的变革而快速发展，形成了政府主导型、产业带动型、资源整合型、综合驱动型四种特色发展模式，在促进县域城市治理、商贸发展和民生福祉等方面发挥着重要作用。①②③ 在《中国会展》杂志刊登的“2020 中国会展业十大热词”榜单中，县域会展荣登榜单，成为会展业关注的焦点，并在国家脱贫攻坚和会展产业结构优化上被寄予厚望。为传播我国县域会展优秀案例，提升会展人和社会各界对县域会展的关注度，中国会展经济研究会县域会展经济研究工作委员会与中国经济网・会展中国频道联合在“中经网会展”微信公众号上开设了“县域会展”专栏，进一步推动了县域会展经济的理论与实践的互动。

一、县域会展样本城市选择

中国会展经济研究会发布的《2018 年度中国展览数据统计报告》中，进入排行榜的县域会展城市达到 27 个，其中昆山市以 55 场展览、65.65 万平方米展览面积列全国会展城市第 43 位、县域会展城市第二位(见表 3-25)。2019 年，由于义乌并入金华市域统计，昆山由此成为中国城市展览业发展综合指数排行中排名第一的县域会展城市(见表 3-26)。参照本章第二节的方法，本书对前程无忧招聘网站数据进行了探索性检索、分析，基于数据的可得性和代表性，最终确定以昆山市为样本城市开展县域会展城市人才需求的分析。

表 3-25　2018 年全国县域会展城市办展数量排行榜(前十)④

序号	排名	城市	展览数量/场	展览数量全国占比/(%)	展览面积/万平方米	展览面积全国占比/(%)
1	33	义乌市	64	0.59	104.02	0.72
2	43	昆山市	55	0.51	65.65	0.45
3	63	永康市	15	0.14	39.30	0.27
4	77	余姚市	17	0.16	26.00	0.18
5	91	慈溪市	19	0.17	19.50	0.13
6	95	常熟市	39	0.36	17.50	0.12
7	99	温岭市	14	0.13	16.49	0.11
8	103	延吉市	3	0.03	14.30	0.10
9	107	诸暨市	6	0.06	12.05	0.08
10	108	晋江市	3	0.03	12.00	0.08

① 粟其峰，陈国庆.县域会展产业高质量发展路径及策略研究[J].商展经济，2020(4).

② 吕鹏.宁波会展业转型升级路径探析[J].宁波经济(三江论坛)，2021(1).

③ 苏永华.县域会展经济发展研究：经验、模式与路径[M].武汉：华中科技大学出版社，2020.

④ 数据来源：中国会展经济研究会《2018 年度中国展览数据统计报告》。

表 3-26　2019 年中国县域城市展览业发展综合指数排行榜(前十)①

序号	排名	城市	展览数量/场	展览总面积/万平方米	综合指数
1	50	昆山市	48	45.40	10.74
2	64	常熟市	43	18.60	7.26
3	69	海宁市	11	20.20	6.22
4	71	余姚市	14	24.70	5.87
5	72	温岭市	6	12.60	5.06
6	74	寿光市	6	12.00	5.00
7	76	永康市	6	24.40	4.34
8	91	惠安县	3	6.00	2.00
9	93	宁海县	7	5.80	1.88
10	94	石狮市	3	11.80	1.88

二、县域会展人才需求的主要特点

（一）昆山市会展人才需求分析

1. 数据描述性统计

从清洗后的数据来看,除经验要求(Experience)、公司规模(Scale)和学历要求(Education)仍有部分缺失值外,其他观测变量的数据基本完整,昆山市会展人才需求描述性统计如表 3-27 所示。

表 3-27　昆山市会展人才需求描述性统计

变量名	样本量	均值	标准差	最小值	最大值
Salary	94	7.777713	3.917123	2.5	22.92
Experience	93	1.370968	1.193058	0	6
Quantity	94	5.361702	8.098654	1	50
Company	94			1	30
Type	94			1	6
Scale	93			1	7

① 数据来源:中国会展经济研究会《2019 年度中国展览数据统计报告》。

续表

变量名	样本量	均值	标准差	最小值	最大值
Field	94			1	18
Position	94			1	80
Education	81			1	5

2. 招聘职位数 Top10 企业情况

从昆山市会展招聘职位数 Top10 企业的情况来看(见表 3-28),虽然招聘职位仍较集中于广告会展、文化传播等领域,但是与会展中心城市相比较,专业会展公司人才需求占比显著下降。这也意味着,县域会展城市就业的专业人才更应主动在大会展视角下选择用人单位。

表 3-28 昆山市会展招聘职位数 Top10 企业

排名	公司名称	职位数/个	占比/(%)
1	昆山市尚策广告策划有限公司	19	20.21
2	上海约盾展览有限公司	8	8.51
3	昆山越界终端展示有限公司	7	7.45
4	苏州马六甲网络科技有限公司(现已注销)	7	7.45
5	苏州晨胜康企业管理服务有限公司	6	6.38
6	昆山粟米文化广告传媒有限公司	5	5.32
7	上海和煦文旅集团有限公司	4	4.26
8	昆山斯普兰德广告有限公司	4	4.26
9	江苏城事信息广告传媒有限公司	4	4.26
10	无锡珍岛数字生态服务平台技术有限公司	3	3.19

3. 公司类型

与会展中心城市需求结构相类似,民营公司也是县域会展城市人才需求最大的公司类型,其提供了超过 70%的会展职位,而合资公司同样是排名第二的需求主体(见表 3-29)。与会展中心城市对比来看,事业单位、外企代表处、外资(欧美)公司、政府机关、非营利组织等几类人才需求主体未出现在县域会展的样本城市中。

表 3-29 昆山市会展人才需求主体类型

序号	公司类型	职位数/个	占比/(%)
1	上市公司	1	1.06

续表

序号	公司类型	职位数/个	占比/(%)
2	创业公司	5	5.32
3	合资公司	15	15.96
4	国企	1	1.06
5	外资(非欧美)公司	4	4.26
6	民营公司	68	72.34
	总计	94	100

4. 公司规模

150 人及以下规模的公司成为县域城市会展职位的主要提供者(见表 3-30),其中公司规模少于 50 人的公司提供了 36 个职位,占总职位数的 38.71%,50—150 人规模的公司提供了 46 个职位,占总职位数的 49.46%,两者合计提供 82 个职位,占总职位数达 88.17%,成为绝对的需求主力。相较而言,县域会展城市人才需求主体规模结构与会展中心城市略有不同——在 151—500 人规模量级上出现显著分异。

表 3-30 昆山市会展人才需求主体规模

序号	公司规模/人	职位数/个	占比/(%)
1	10000 以上	1	1.08
2	5001—10000	2	2.15
3	1001—5000	4	4.30
4	501—1000	2	2.15
5	151—500	2	2.15
6	51—150	46	49.46
7	少于 50	36	38.71
	总计	93	100

5. 所处领域

整体来看(见表 3-31),公关/市场推广 /会展和广告领域的企业一共提供了 53 个职位,占总职位数的 56.38%。与会展中心城市人才需求主体分布于 57 个不同行业领域有所不同,县域会展城市的人才需求主体所处领域仅为 18 个,所涉行业领域相对较窄,当然这也可能与职位样本量较少有一定的关系。

表 3-31 昆山市会展人才需求主体所处领域

序号	所 处 领 域	职位数/个	占比/(%)
1	专业服务(咨询、人力资源、财会)	5	5.32
2	互联网/电子商务	14	14.89
3	交通/运输/物流	1	1.06
4	仪器仪表/工业自动化	1	1.06
5	公关/市场推广/会展	22	23.40
6	医疗设备/器械	1	1.06
7	多元化业务集团公司	1	1.06
8	家居/室内设计/装潢	1	1.06
9	广告	31	32.98
10	建筑/建材/工程	1	1.06
11	影视/媒体/艺术/文化传播	4	4.26
12	快速消费品(食品、饮料、化妆品)	1	1.06
13	教育/培训/院校	2	2.13
14	机械/设备/重工	3	3.19
15	法律	2	2.13
16	物业管理/商业中心	1	1.06
17	计算机软件	2	2.13
18	餐饮业	1	1.06
	总计	94	100

6. 主要职位

未对近似职位进行合并处理的原始招聘职位信息显示(见表 3-32),县域会展城市排名 Top10 的岗位需求均为销售类(序号 1、序号 2、序号 4、序号 7、序号 10 对应的职位)和设计类(序号 3、序号 5、序号 6、序号 8、序号 9 对应的职位)职位,若拓展至 Top10 以外的职位,几乎也是如出一辙。这与会展中心城市的人才需求结构有较大不同,主要体现在项目运营管理和会展策划人才需求的不足。这也从某种程度上反映出会展中心城市和县域会展城市在产业链上的地位差异。

表 3-32 昆山市会展人才需求职位 Top10[①]

排序	职位名称	职位数/个
1	销售	5
2	销售代表	5
3	平面设计师	3
4	销售精英	2
5	普工(设计、印刷辅助工作)	2
6	资深平面设计师	2
7	销售专员	2
8	3D 设计师	1
9	CAD 设计师	1
10	业务助理	1

7. 薪资水平

从县域城市会展人才的薪资分布来看(见表 3-33),绝大多数会展职位的薪资水平在月薪 1 万元以内,占总职位数的 81.91%,而月薪超过 3 万元的职位未出现在样本城市中。整体来看,县域城市和会展中心城市在薪资水平上还有一定差距。

表 3-33 昆山市会展人才招聘薪资分布

薪资(万元/月)	职位数/个	均值	标准差	最小值	最大值
2≤薪资<3	3	21.53	1.203776	20.835	22.92
1≤薪资<2	14	13.0475	2.018437	10.415	17.5
薪资<1	77	6.283766	1.788476	2.5	9

8. 经验要求

从招聘单位对会展人才的经验要求来看(见表 3-34),县域会展城市与会展中心城市需求结构基本一致,经验要求大部分都在 4 年以下,且各经验值段分布大体均衡,其中无须经验要求的职位数也占一定比重,而有较高经验要求的会展职位极少。

① 由于职位名称分布较广(共有 80 种),本书词频统计基于企业提供的原始职位名称,未对近似职位做合并处理,排序时对实习类职位进行了剔除。

表 3-34　昆山市会展职位招聘的经验要求

经验要求/年	职位数/个	占比/(%)
0	24	25.81
1	31	33.33
2	26	27.96
3—4	11	11.83
6	1	1.08
总计	93	100

9. 招聘数量

从会展人才职位招聘的数量分布来看(见表 3-35),县域城市会展人才单个职位招聘 1—5 人的职位数是最多的,累计职位数达 80 个,占总职位数的 85.11%,这与中心城市会展人才职位招聘的数量分布相似。

表 3-35　昆山市会展人才职位招聘的数量分布

单个职位招聘数量/人	职位数/个	占比/(%)
1—5	80	85.11
6 及以上	14	14.89

10. 学历要求

在县域会展城市,大专生成为会展人才市场需求的主力(见表 3-36),职位数为 54 个,占总职位数的 66.67%。与会展中心城市对本科学历人才需求的力度不同,县域会展城市对会展人才的学历要求相对较低。

表 3-36　昆山市会展人才招聘的学历要求

学 历 层 次	职位数/个	占比/(%)
中专	7	8.64
初中及以下	4	4.94
高中	7	8.64
大专	54	66.67
本科	9	11.11
总计	81	100

(二) 县域城市会展人才需求差异

总的来看,与会展中心城市相比,县域会展城市对会展人才需求主体的专业化程度的要求相对更低，150 人及以下规模的民营公司成为会展人才需求的主力，主要需求集中于月薪 1 万元以内的销售类和设计类岗位。对应聘者而言，大专学历就能够在县域会展城市中具备有效的职业竞争力，但拥有 3—4 年的工作经验是比学历更为有利的竞争优势(见表 3-37)。

表 3-37　工作经验、学历层次与会展人才薪资水平(县域城市)

题　项	(1)	(2)	(3)
	Salary	Salary	Salary
Experience		1.331***	1.252**
		(3.96)	(2.64)
2. Education			−0.104
			(−0.05)
3. Education			−0.374
			(−0.32)
4. Education			0.793
			(0.46)
5. Education			2.348
			(1.66)
_cons	16.818***	16.276***	12.005***
	(6.57)	(6.68)	(2.77)
Quantity	−0.095	0.055	0.124
	(−1.24)	(0.79)	(0.83)
公司类型	Yes	Yes	Yes
公司规模	Yes	Yes	Yes
所处领域	Yes	Yes	Yes
N	93	92	80
adj. R-sq	0.651	0.750	0.741

注：*** 表示 $p<0.01$(双尾)；因参与回归的变量有缺失值，故最终样本数有所不同(取非空交集)。

第四章　高职会展专业毕业生能力需求演化

第一节　高职会展专业毕业生能力需求调研(2011—2021年)

对大多数行业而言,人才流失率一般为5%—10%[①],合理的人才流动有助于企业的转型升级和社会的整体创新发展[②③],但基于毕业生的跟踪调研数据显示,会展行业人才流失率要远高于此[④]。较早的相关统计显示,包括会展在内的旅游行业人才流失率甚至高达20%以上。会展业人才流失率高虽然与薪资待遇、职业预期、工作压力、工作强度、企业文化等因素息息相关,但其与员工的专业能力和岗位适应水平也有着紧密的联系。[⑤]

一、调研背景

高职会展专业毕业生对口就业和行业发展人才需求两难窘境产生的原因众多,但其根本原因还是专业人才培养与企业需求之间存在不匹配的问题。为从根源上探究高职会展专业毕业生对口就业难和用工荒悖论的症结所在,解决会展人才培养和职业发展稳定的问题,提升高职会展人才培养和企业人才需求的耦合程度,本书基于全国高职高专旅游管理类教育科研"十二五"规划2011年度课题《基于就业力提升的高职会展专业人才培养模式研究》(编号GLJKT201102002)和杭州市哲学社会科学规划课题基地项目《生利主义视域下的高职会展专业课程建设

---

① 孟铁鑫.以人才开发促进旅游业产业升级[J].中国人才,2011(3).

② 彭都君,邓智团.高新技术产业发展的城市人口规模效应研究[J].城市观察,2020(6).

③ 刘锴,周雅慧,王嵩.城市科技创新效率与网络结构特征——对国家级创新型城市的实证分析[J].科技进步与对策,2020(23).

④ 姜晨凌.构建基于就业力提升的高职会展专业人才培养管理模式研究[J].亚太教育,2016(24).

⑤ 史晋娜,樊丹.四川省会展业人才现状调查及需求预测研究[J].产业与科技论坛,2017(15).

研究》(编号 2018JD68)两项课题研究,开展了一个历时十年的高职会展专业毕业生能力需求调研,从企业视角把握高职会展专业毕业生能力需求的动态演变。

2011 年 7 月至 8 月课题组组织了第一次大规模的实地问卷调查。该次调研由杭州科技职业技术学院 2010 级会展策划与管理专业近百名学生执行,共实地走访浙江省内会展相关企业 296 家,回收问卷 258 份,问卷回收率为 87.2%。剔除无效答卷后共获得有效问卷 244 份。

2021 年 1 月至 2 月课题组组织了第二次问卷调查。本次调研基本沿用了 2011 年的原始问卷,但结合行业发展变化对部分题项进行了表述上的完善。由于受到新冠肺炎疫情管控政策的影响,本次调研依托社交网络,面向浙江省内会展企业,采取随机抽样的方式(微信),共获得 69 份有效答卷。

经 SPSS 统计分析,问卷的整体克朗巴哈系数大于 0.7,内部一致性比较好,问卷具有较高的有效性,满足了问卷设计的要求。

二、企业视角下高职会展专业毕业生能力需求调研

(一)受访企业基本情况

1. 受访企业类型

从 2011 年受访企业分布来看(见图 4-1),会展承办方(39.34%)和展会代理商(28.28%)是主要调研对象,两者占比合计达 67.62%。相对而言,场馆、租赁与物流企业(5.33%)占比较少,但整体来看,该受访结构与 2011 年浙江省会展业市场主体分布情况大体吻合。

至 2021 年,会展承办方(34.78%)、设计与搭建商(26.09%)成为主要调查对象(见图 4-2),两者占比合计达 60.87%。会展主办方(17.39%)数量排名第三,而展会代理商占比从 2011 年的 28.28%下降至 4.35%,此受访结构在一定程度上反映了近些年浙江省会展业市场主体的变化。从早期来看,受益于世界会展市场东移[①]和国际展览企业的外向国际化进程[②],一大批境外展会代理公司得以快速发展。但随着代理竞争的日趋激烈和环境变化,这些展会代理商在积累了一定的展商资源后,纷纷开始了向展会主办方角色的转型。[③] 市场主体的这一变化在 2021 年受访企业结构中有所体现。

---

① 董蕴琳,徐虹,刘定军. 天津市发展会展旅游的 SWOT 分析及战略选择[J]. 旅游科学,2003(1).

② 张静. 信息化时代我国会展企业国际化行为模式及路径探索[J]. 现代商贸工业,2020(2).

③ 境外展会主办方掌握着国内代理商的命脉,对于展会代理商而言,其业务存在着较大不稳定性,而自办展会则不同,企业拥有项目的控制权,这也是展会代理商选择自己主办会展项目的主要原因之一。

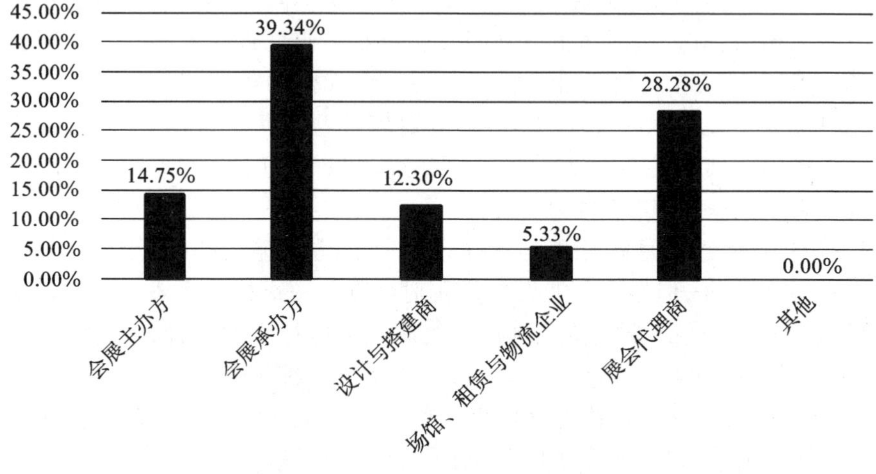

图 4-1　2011 年受访企业类型

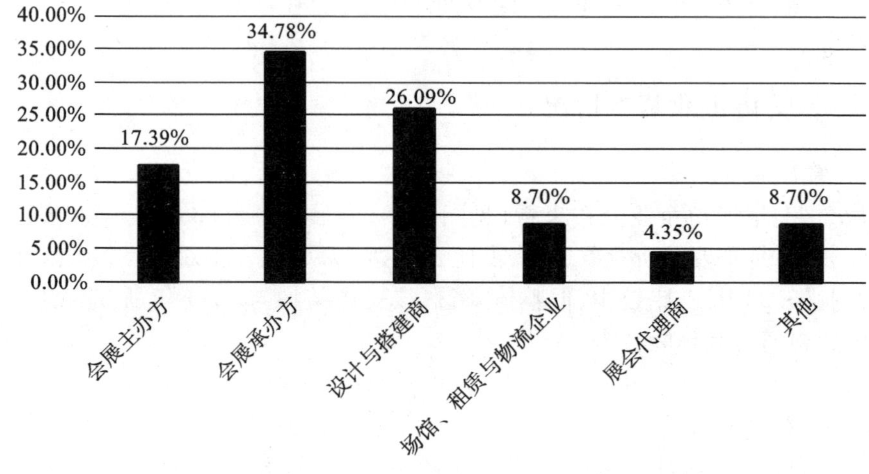

图 4-2　2021 年受访企业类型

2. 受访企业营业规模

就营业规模而言(见图 4-3),2011 年营业额小于 500 万元的小型会展企业占据了较大份额,占比为 45.90%。营业额 2000 万元及以上的大型会展公司数量较少,而营业额在 1200 万元以下的中小型会展公司总数占受访企业总数的 79.92%,成为受访的主要对象。

至 2021 年,营业额小于 500 万元的小型会展企业的所占份额(见图 4-4),仅为受访企业总数的 13.04%。营业额 2000 万元及以上的大型会展公司数量显著增长,营业额在 1200 万元及以上的大中型会展公司总数占受访企业总数的

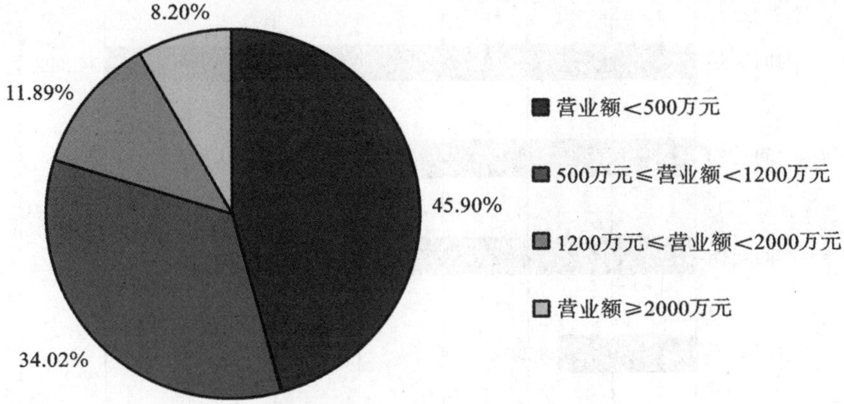

图 4-3　2011 年受访企业营业规模

65.21%,成为受访的主要对象。应该说,自 2011 年以来,一批小规模会展公司在行业竞争和发展进程中不断成长,成为大浪淘沙后的精品,这对办展效率与发展后劲都带来有益提升。①②

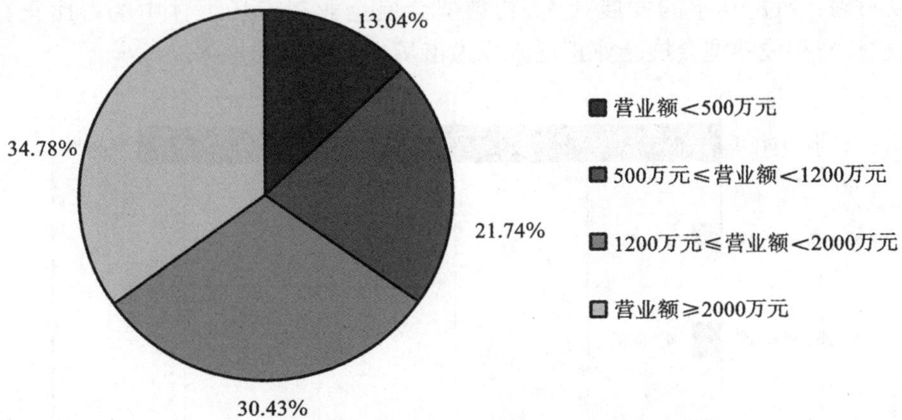

图 4-4　2021 年受访企业营业规模

3. 受访企业从业历史

从开展会展业务的年份来看(见图 4-5),2011 年,56.97%的受访企业拥有 1—5 年的会展从业历史,有 20 家企业会展业务开展不到一年,占总受访企业数的 8.20%。

---

① 白星星.回顾 2019,展望 2020 从主、承办视角看 2019 国内 MICE 痛难点及解决方案[J].中国会展(中国会议),2019(24).

② 刘向红.广州产业升级背景下高职会展英语人才培养对策研究[J].南方职业教育学刊,2019(2).

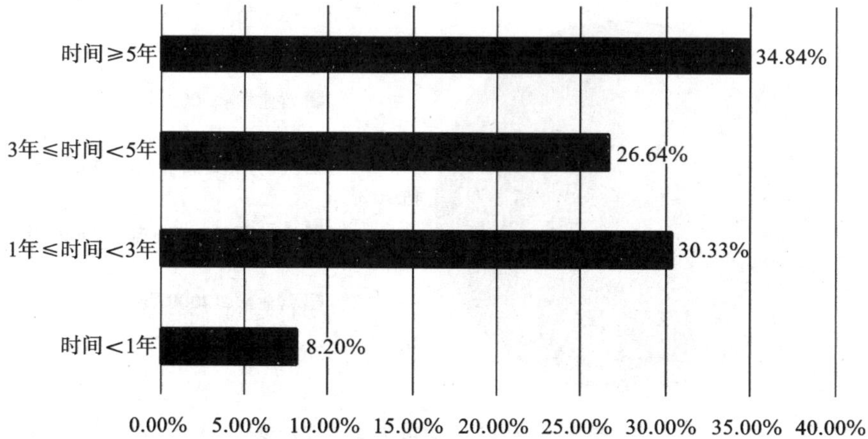

图 4-5　2011 年受访企业从业历史

至 2021 年，86.96％的受访企业拥有 5 年及以上的会展从业历史（见图 4-6），只有 9 家企业会展业务开展时间不到 5 年，约占总受访企业数的 13.04％。由此可以看到，经过 10 年的发展壮大，初创型会展企业在市场主体中的占比正在下降，成长型和成熟型会展企业正逐步成为市场人才需求的主体。

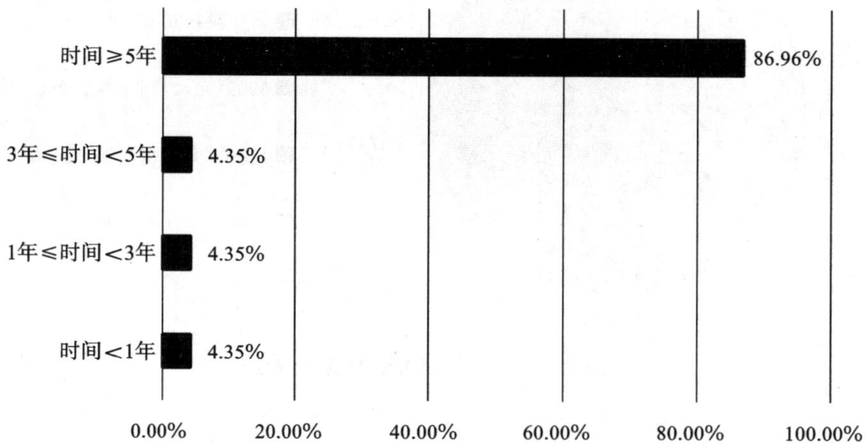

图 4-6　2021 年受访企业从业历史

4. 受访企业人员规模

从受访企业的人员规模来看（见图 4-7），2011 年浙江省会展业企业整体上规模还是偏小，人数在 14 人以下的企业占比为 57.79％，人数在 18 人以下的企业占比则达到 79.10％。

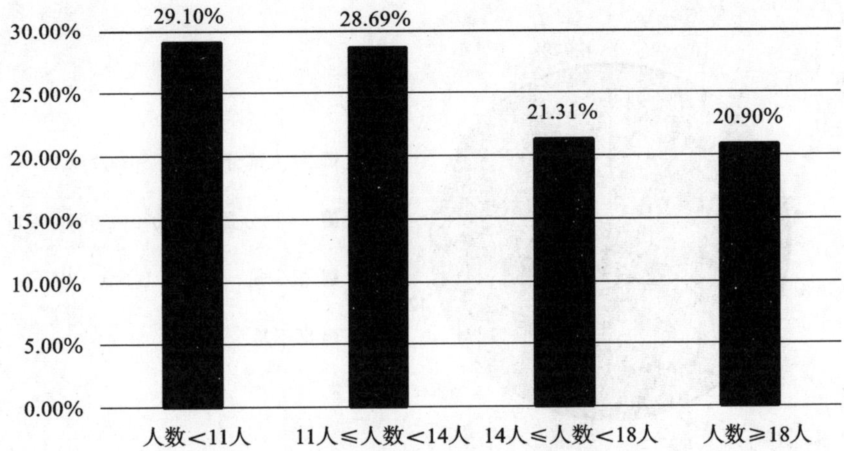

图 4-7　2011 年受访企业人员规模

至 2021 年，受访企业人员规模结构发生了较大变化（见图 4-8），52.17%的受访企业人员规模为 18 人及以上，与此同时，人员规模在 11—18 人的企业占比下降较多，从 2011 年 50.00%的占比下降至 21.74%。回顾来看，原先问卷调查所设计的人员规模阈值过于保守，以致未能反映出当下人员规模超百人的会展企业分布状况。

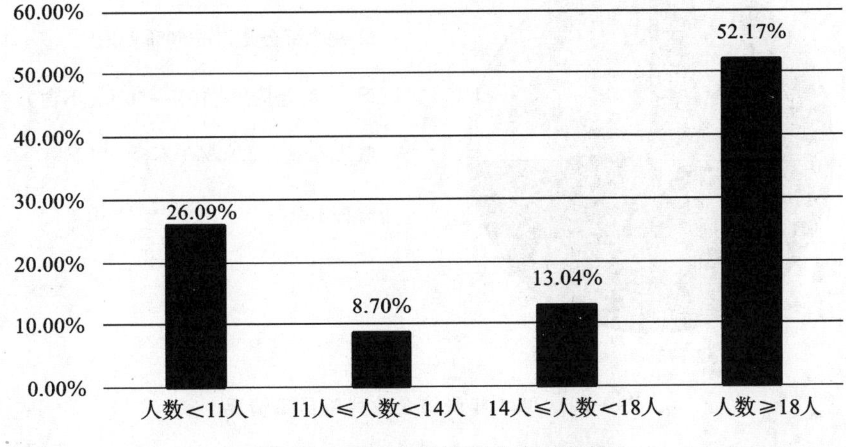

图 4-8　2021 年受访企业人员规模

5. 受访企业科班员工情况

调研将接受过会展高等教育的从业者界定为科班员工。在被问及多少员工是会展专业毕业的科班员工时，2011 年仅有 17 家企业（6.97%）表示绝大部分员工都是科班出身，而有 25 家受访企业明确表示所有员工均非科班出身，占比达

10.25%(见图 4-9)。

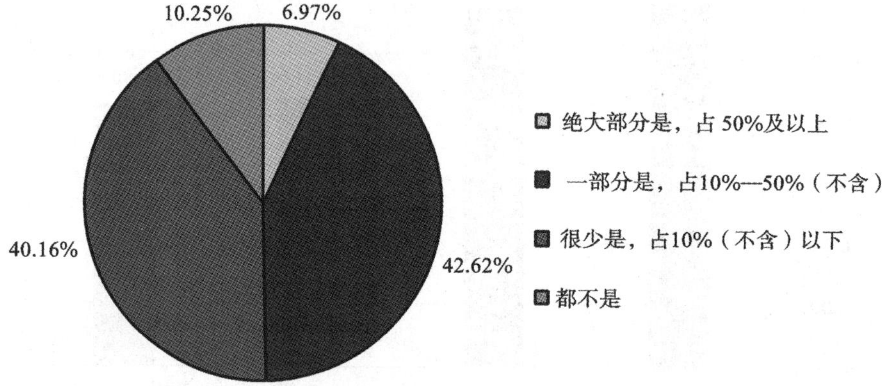

图 4-9　2011 年受访企业科班员工情况

至 2021 年,受访企业的员工专业背景发生了较大变化(见图 4-10),所有员工均非科班出身的样本数降为 0,而绝大部分员工都是科班出身的企业数量从 2011 的占比6.97%攀升至 26.09%。会展人才专业化程度较低一直是行业发展专业化程度低的三大主要原因之一①,如今看来,这一状况正在得以改善。

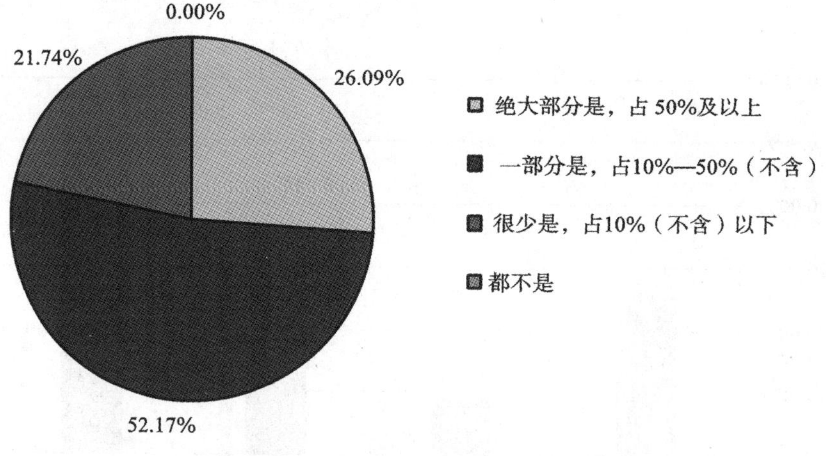

图 4-10　2021 年受访企业科班员工情况

6. 受访企业员工专业背景

市场营销(51.64%)、酒店管理(34.02%)、广告(31.97%)、会展(31.15%)、设计类专业(29.92%)和旅游管理(28.69%)是 2011 年受访企业员工专业背景排

① 王永开.浅析我国会展经济发展存在的问题与对策[J].现代经济信息,2014(22).

名前六的专业(见图 4-11)。整体来看,从事会展行业的员工以人文社科类专业为主。

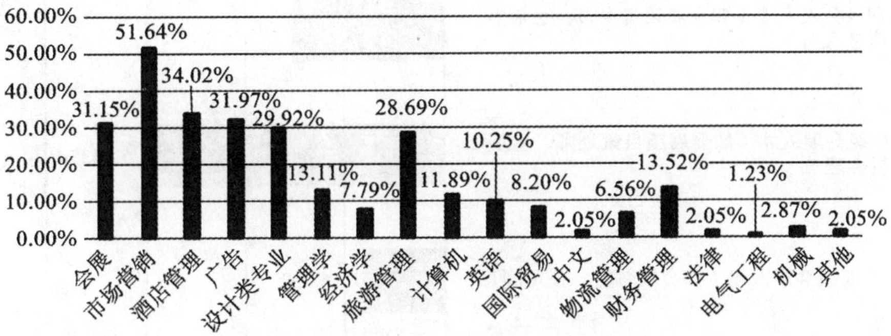

图 4-11　2011 年受访企业员工专业背景

至 2021 年,会展专业(73.91%)成为受访企业员工专业背景排名第一的专业(见图 4-12),员工所学专业较集中的其他专业依次有:旅游管理(60.87%)、市场营销(47.83%)、设计类专业(39.13%)、广告(30.43%)、酒店管理(21.74%)和管理学(21.74%)。整体来看,会展企业员工专业背景排名靠前的专业并未发生太多变化,核心变化来自排名结构——会展和旅游管理专业所占份额越来越大。

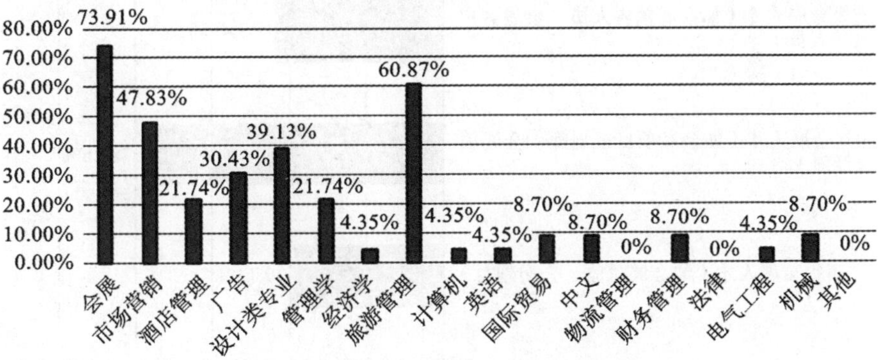

图 4-12　2021 年受访企业员工专业背景

(二)受访企业人才需求情况

1. 受访企业急需岗位类别

从 2011 年调查数据来看(见图 4-13),受访企业认为急需高级会展人才(如会展总监、公司副总)的占 16.39%,认为急需中级会展人才(如会展项目策划师、会展项目经理)的占 59.43%,认为急需初级会展人才(如会展销售人员、会展客户服务人员)的占 30.33%。由此可见,受访企业对初级会展人才的需求较大,对中级会展人才的需求明显更大。

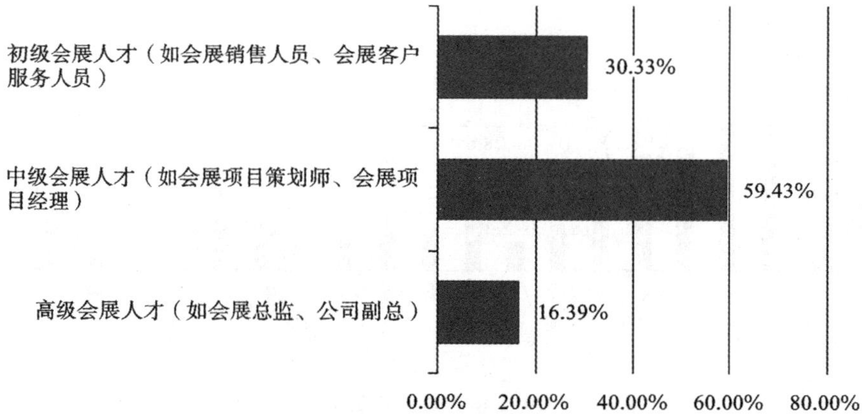

图 4-13　2011 年受访企业急需岗位类别

至 2021 年，受访企业急需岗位类别发生了两个主要变化(见图 4-14)：一是急需中级会展人才的受访企业比例大幅上升至 78.26%；二是高级会展人才的需求上升较快，与初级会展人才需求的比例差距从 13.94%下降至 4.35%。

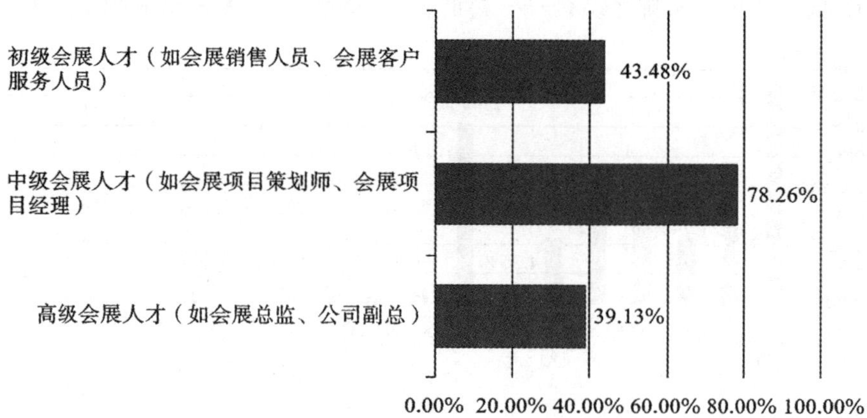

图 4-14　2021 年受访企业急需岗位类别

2. 受访企业会展人才需求前景预测

2011 年受访企业对未来会展人才需求前景预测的数据显示(见图 4-15)：43.03%的受访企业认为未来会展业人才需求大，就业容易，且待遇高；32.79%的被访企业认为未来会展业人才需求大，就业容易，但待遇低；17.62%的受访企业认为未来会展业人才需求饱和，就业难，但待遇高；6.56%的受访企业认为未来会展业人才需求饱和，就业难，且待遇低。进一步来看，受访企业对未来会展业人才需求的预测,75.82%的企业认为会展业人才需求大,就业容易,但同时有60.65%的企业对未来会展业职位待遇持有乐观期待。

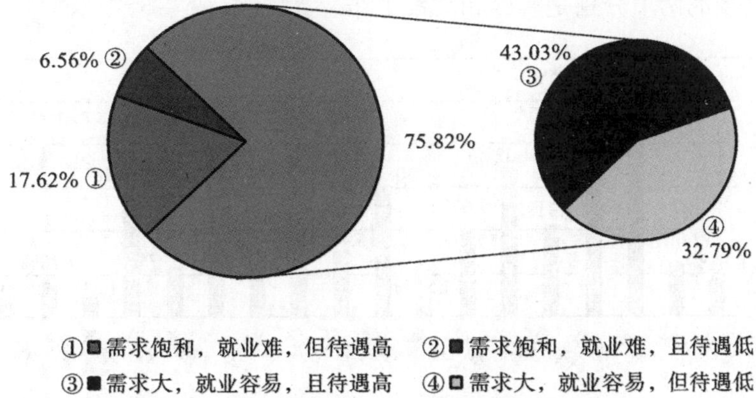

图 4-15　2011 年受访企业会展人才需求前景预测

至2021年,受访企业对未来会展业人才需求预测大致延续了之前的看法(见图4-16),86.89%的被访企业认为会展业人才需求大,就业容易,但关于待遇低的认同比例出现显著上升,从2011年的39.35%上升至65.58%。

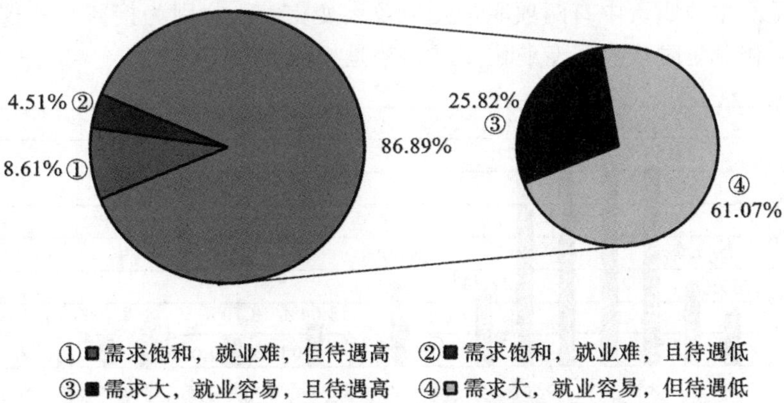

图 4-16　2021 年受访企业会展人才需求前景预测

（三）受访企业对高职会展毕业生能力期待

1. 受访企业新招聘员工的主要工作职责

从2011年数据来看(见图4-17),新招聘员工的主要工作职责有策划(52.05%)、营销(52.05%)、项目管理(21.31%)、设计(34.02%)、销售(30.33%)、电话(20.49%)、接待(36.48%)、礼仪(28.69%)等。排在前六位的主要职责分别是策划(52.05%)、营销(52.05%)、接待(36.48%)、设计(34.02%)、销售(30.33%)、礼仪(28.69%),营销与策划成为核心的职责。在其他职责选项中,提及较多的两项分别是客服和文案工作。

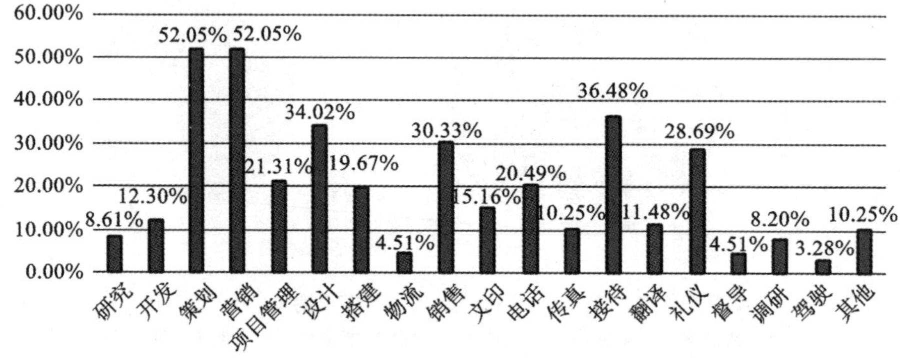

图 4-17　2011 年受访企业新招聘员工的主要工作职责

至 2021 年,新招聘员工的主要工作职责发生了较大变化——高频任务点(岗位)越来越集中于专业核心事务(见图 4-18),排名前四的主要职责分别是项目管理(69.57%)、营销(65.22%)、设计(60.87%)和策划(60.87%)。对比来看,2011 年前六位的主要职责中有两项职责发生较大变化——分别为接待和礼仪,这与会展业差异化竞争时代的高专业化要求趋势是相吻合的。①

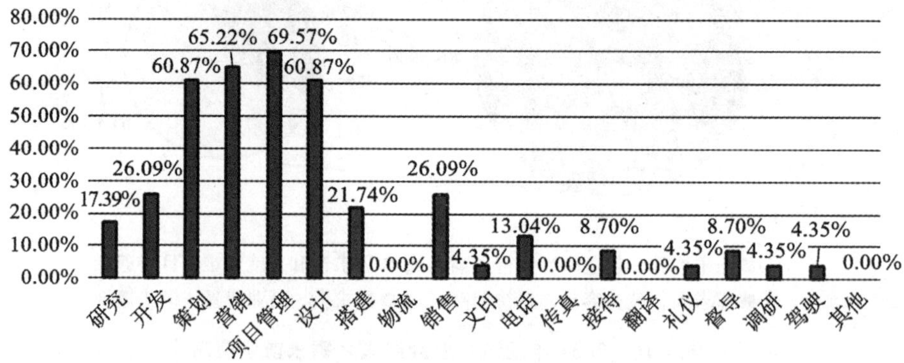

图 4-18　2021 年受访企业新招聘员工的主要工作职责

2. 高职会展专业毕业生应具备的专业能力

从 2011 年调查数据来看(见图 4-19),受访企业对高职会展专业毕业生应具备的专业能力的认同度排名前六位的分别是:会展立项策划能力(59.84%)、会展

① 吴恺.湖北会展文化发展的困境与对策[J].安徽商贸职业技术学院学报(社会科学版),2014(2).

会务服务能力(45.49%)、会展招展招商能力(45.08%)、会展项目管理能力(42.21%)、会展信息服务能力(39.34%)和会展研究分析能力(30.33%)。此外，认同高职会展策划与管理专业毕业生应具备会展整合营销能力(10.25%)和会展品牌推广能力(23.36%)的受访企业共占 33.61%。在其他被提及的能力要求中，设计搭建和会展英语两项能力被提及较多，但综合来看，立项策划、会务服务、招展招商和项目管理是会展企业较希望毕业生具备的核心专业能力。

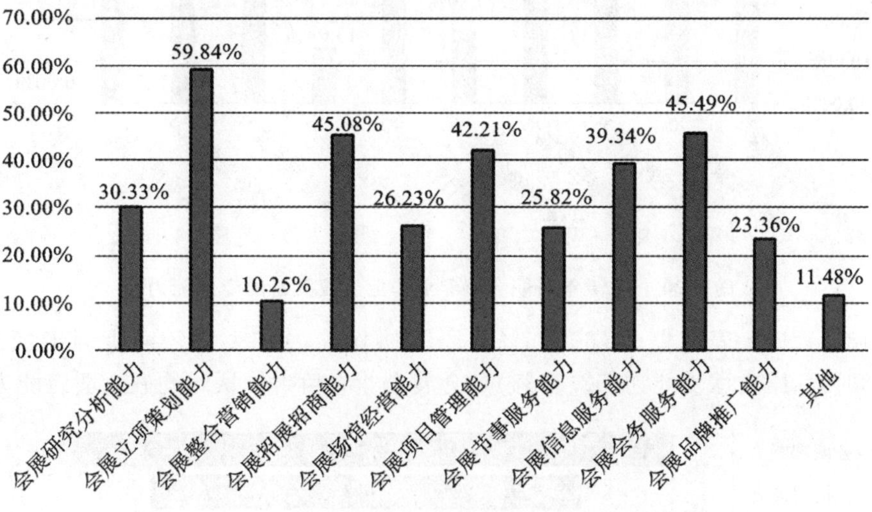

图 4-19　2011 年高职会展专业毕业生应具备的专业能力

至 2021 年，高职会展专业毕业生应具备的专业能力整体延续了 2011 年的能力框架(见图 4-20)，最核心的变化是对营销和传播能力的重视——会展整合营销能力和会展品牌推广能力均从六名开外进入专业能力的前六。“营销即传播，传播即营销”①，在信息传播从单项到互动、一次到多次、单一到多元、大众到分众变革的趋势下②，会展活动策划中重视传播环节、注意传播手段的选择和注重传播效果最大化是必然选择③。

3. 高职会展专业毕业生应具备的适应能力

2011 年调查结果显示(见图 4-21)，受访企业对高职会展专业毕业生应具备的适应能力的认同度在 50%以上的有商务谈判能力、压力承受能力、口头表达能力、问题解决能力、协调组织能力、团队协作能力、积极主动性。其中，问题解决能力

① 卫军英. 整合营销传播观念及其理论构架[D]. 杭州：浙江大学，2005.

② 苏永华. 城市形象传播理论与实践[M]. 杭州：浙江大学出版社，2013.

③ 北京广播学院广告主研究课题组，黄升民，丁俊杰，等. 2003—2004 广告主会展活动研究全报告[J]. 市场观察，2004(7).

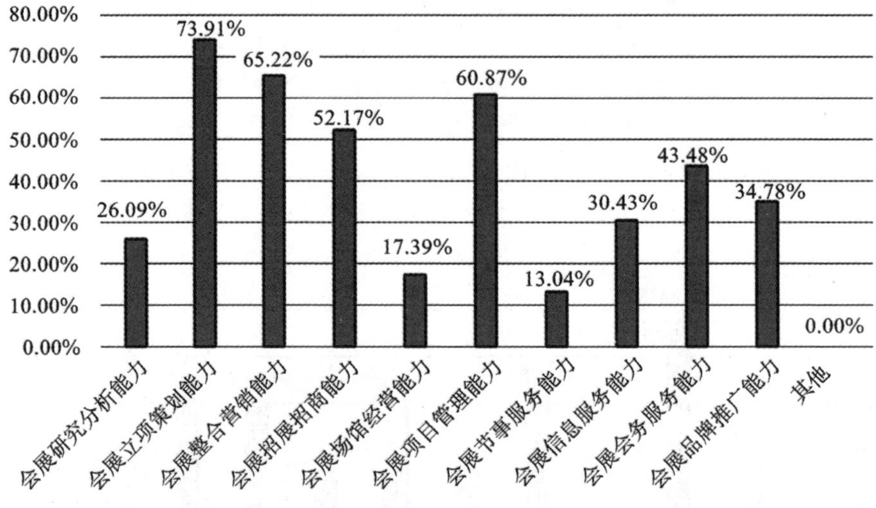

图 4-20　2021 年高职会展专业毕业生应具备的专业能力

(61.48%)、口头表达能力(60.25%)、团队协作能力(58.20%)、协调组织能力(55.33%)、压力承受能力(52.69%)是会展企业心目中较认同的五大适应能力。

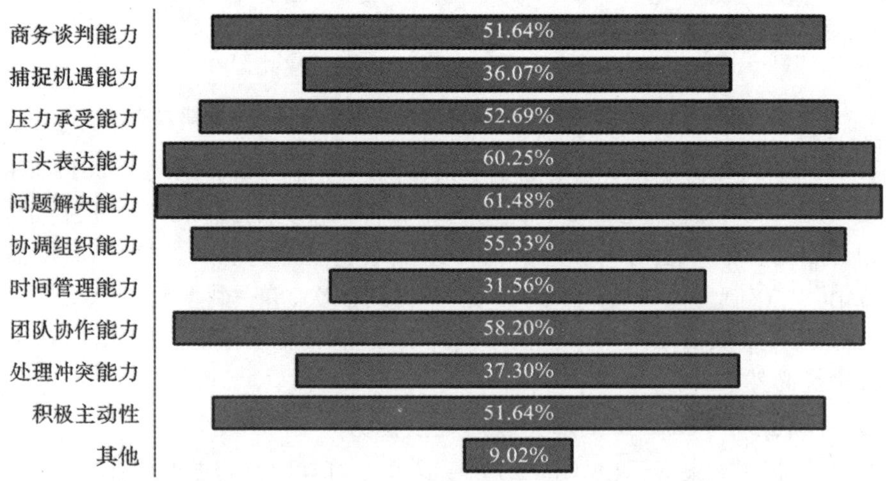

图 4-21　2011 年高职会展专业毕业生应具备的适应能力

至 2021 年,认同度较高的五大适应能力分别为协调组织能力(86.96%)、压力承受能力(86.96%)、商务谈判能力(69.57%)、问题解决能力(65.22%)和口头表达能力(60.87%)(见图 4-22)。与 2011 年的认同度相比较,高职会展专业毕业生应具备的适应能力呈现出两个主要特点:一是协调组织能力和压力承受能力几乎得到一致认可(认可度均超过 85%),二是商务谈判能力相对而言获得更多关注。

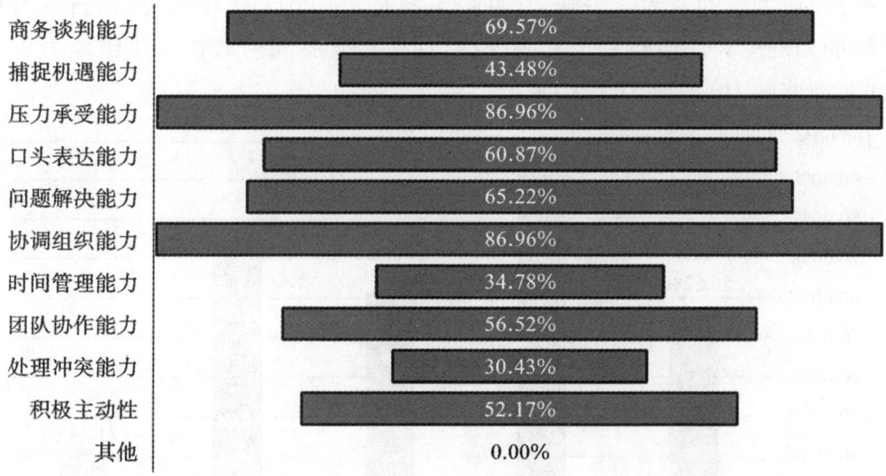

图 4-22 2021 年高职会展专业毕业生应具备的适应能力

4. 高职会展专业毕业生应具备的竞争能力

2011 年高职会展专业毕业生应具备的竞争能力(见图 4-23)的评价情况如下:57.38%的受访企业认为应具备思维能力;62.70%的受访企业认为应具备自我营销能力;43.03%的受访企业认为应具备发展能力;65.57%的受访企业认为应具备创新能力;17.21%的受访企业认为应具备创业能力。创新能力(65.57%)、自我营销能力(62.70%)、思维能力(57.38%)是受访企业较认可的三大竞争能力。

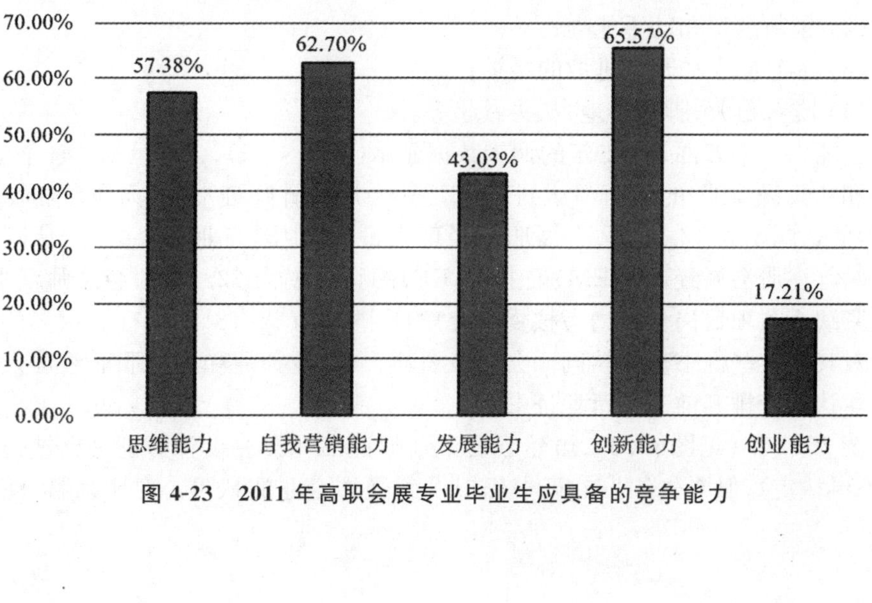

图 4-23 2011 年高职会展专业毕业生应具备的竞争能力

至2021年，自我营销能力(91.30%)、创新能力(73.91%)和发展能力(60.87%)成为新的三大竞争能力(见图4-24)。与2011年相比较，创新能力和自我营销能力的受关注度得到了延续(排位互换)，发展能力取代了思维能力进入前三，而对创业能力的关注比较稳定。

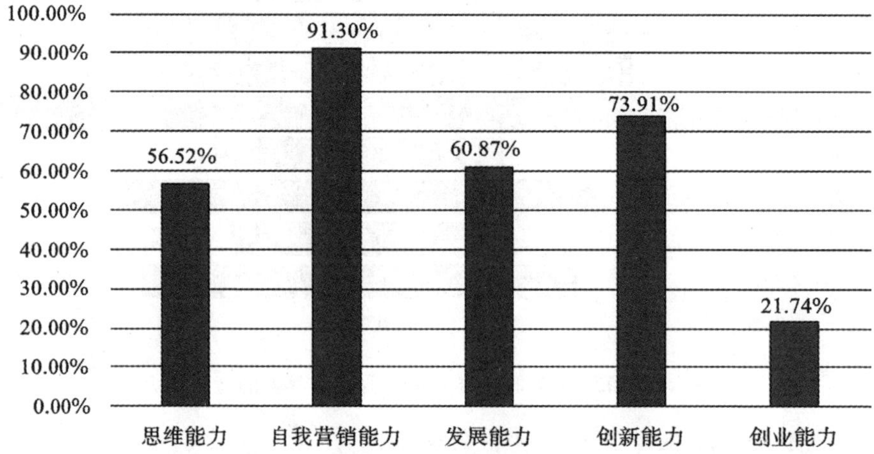

图4-24　2021年高职会展专业毕业生应具备的竞争能力

5. 其他能力期待

在历时十年的两次调查中，受访企业就高职会展专业毕业生应具备的能力提出了许多期待，主要包括：

(1) 责任心和职业道德；

(2) 创新意识和动手能力；

(3) 虚心向上和开拓进取的精神；

(4) 吃苦耐劳，脚踏实地，从头做起等。

在能力证书方面，2011年的调查数据显示(见图4-25)，会展策划师证书(人力资源和社会保障部)的认同率达到54.51%，会展设计师证书(人力资源和社会保障部)的认同率为42.21%，会展职业经理人证书(中国商业联合会)的认同率为34.02%，注册会展经理(CEM)证书(IAEE)的认同率为22.54%，会展师证书(长三角紧缺人才项目岗位能力考核委员会)的认同率为24.18%，另有9.84%的受访企业对其他某些证书较为认同。会展策划师、会展设计师和会展职业经理人证书是企业认可度排名前三的行业证书。

至2021年(见图4-26)，虽然会展策划师证书和会展设计师证书已被公告取消(不再认定)，但原先颁发的证书仍旧得到受访企业的认可。对比来看，注册会展经理(CEM)证书①认可度上升最快,从第五位跃升至第二位,认同率从 2011 年的 22.54%上升至56.52%,排名仅次于会展策划师证书。

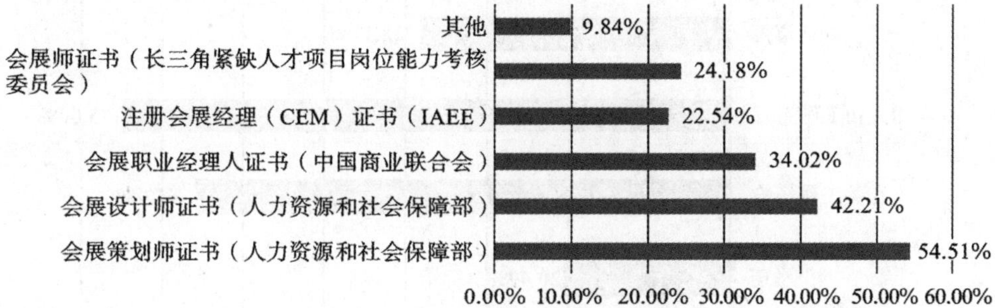

图 4-25　2011 年会展行业证书认可度

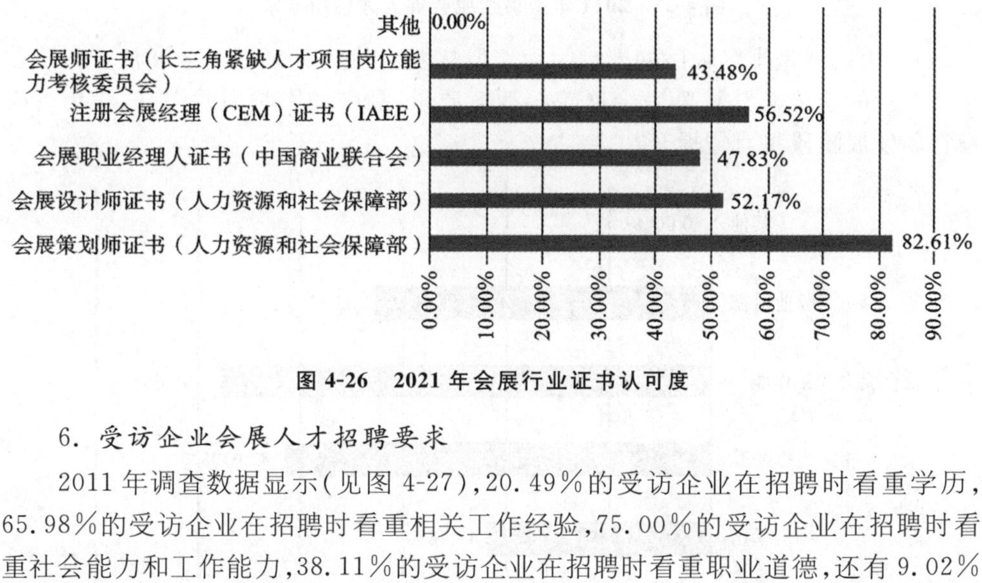

图 4-26　2021 年会展行业证书认可度

6. 受访企业会展人才招聘要求

2011 年调查数据显示(见图 4-27),20.49%的受访企业在招聘时看重学历,65.98%的受访企业在招聘时看重相关工作经验,75.00%的受访企业在招聘时看重社会能力和工作能力,38.11%的受访企业在招聘时看重职业道德,还有 9.02%的受访企业在招聘时会看重其他方面的条件。社会能力和工作能力、相关工作经验是受访企业在招聘时最为看重的两大条件。

对比来看,2021 年受访企业会展人才招聘要求在结构上未发生改变(见图 4-28),社会能力和工作能力、相关工作经验和职业道德仍然是排名前三的影响因

① 注册会展经理(CEM)培训课程,由国际展览与项目协会(IAEE)于 1975 年创立。2003 年,中国国际贸易促进委员会(CCPIT)与其合作,将这一培训品牌引入国内,国内会展从业人员参加培训、考试合格后,将获得由 IAEE 和 CCPIT 联合颁发的国际性的会展管理认证证书,该证书被认为是会展从业人员具有较高专业管理知识、能力和水平的标志。

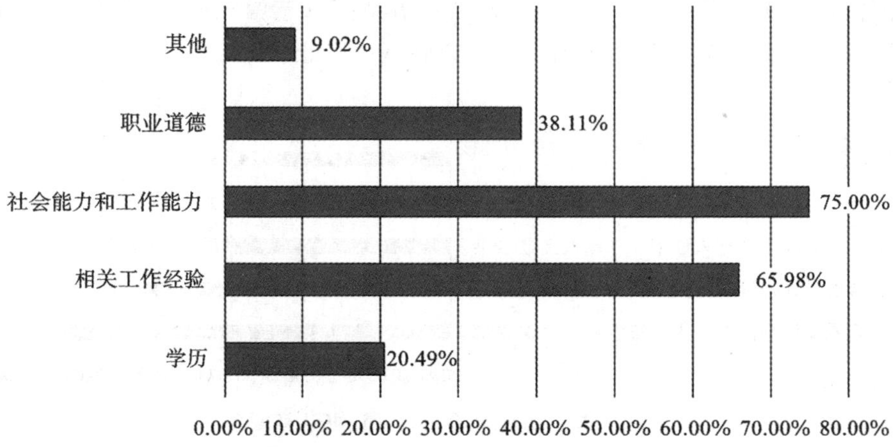

图 4-27　2011 年受访企业会展人才招聘要求

素，而学历仍然是排名较后的影响因素。但从发达国家 90%以上会展从业人员都是高学历的趋势来看[①]，随着会展院校教育质量、品牌和影响力的提升，学历含金量在新发展阶段将有望提升。

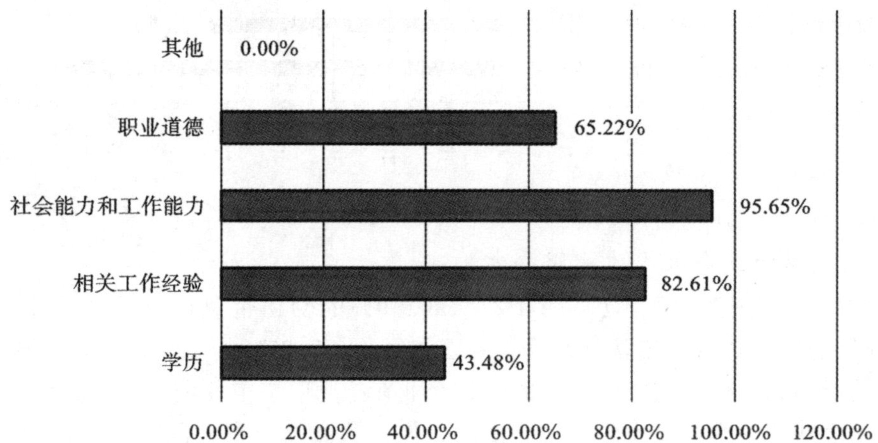

图 4-28　2021 年受访企业会展人才招聘要求

（四）企业视角下的高职会展专业教育

1. 高职会展专业课程重要性评价

2011 年调查结果显示（见图 4-29），高职会展专业课程重要性认同度在 20%

① 方子强，王钰，周爽，等．会展业核心竞争力提升路径及对策研究[J]．商展经济，2020(8).

以上的课程有会展策划、会展概论、会展调研、会展营销、会展设计、会展英语、公共关系、会展文案、大众文化与传播、网页设计、节事活动策划与管理、活动与会议主持、会展客户关系管理。其中，会展策划(71.31%)、会展营销(56.56%)、会展设计(44.67%)、会展英语(32.79%)、网页设计(27.87%)、节事活动策划与管理(27.05%)、公共关系(24.59%)、会展文案(24.59%)、活动与会议主持(24.59%)和会展客户关系管理(23.77%)是受访企业认为重要性排名前十的课程。

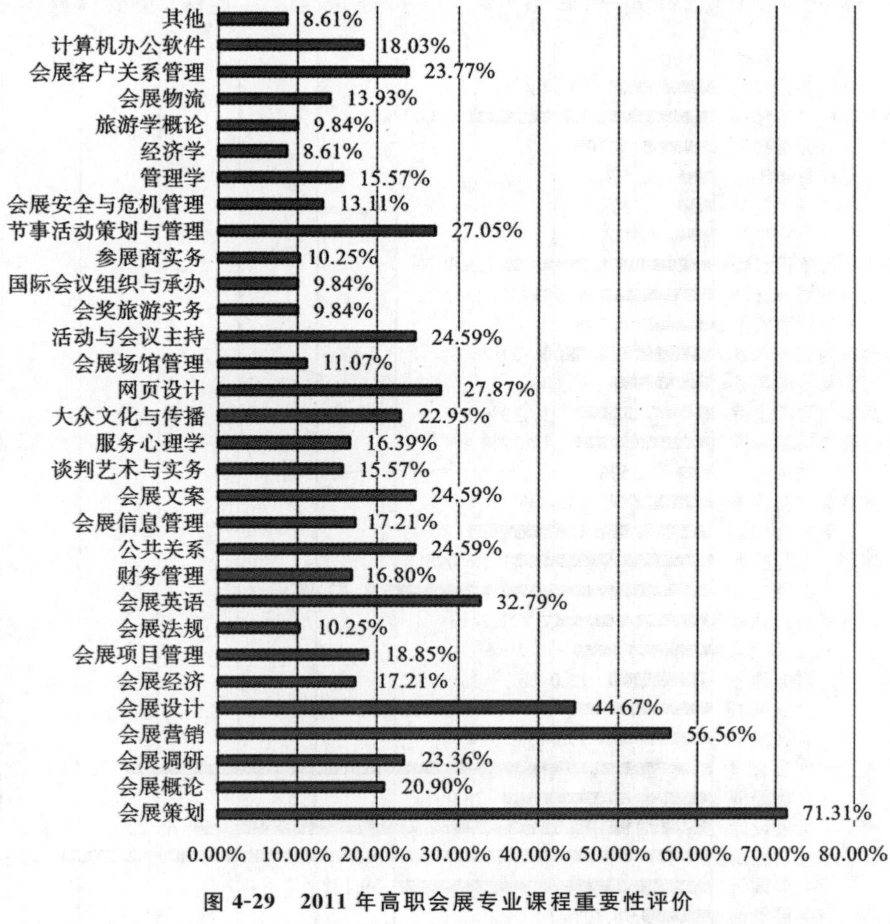

图 4-29　2011 年高职会展专业课程重要性评价

至 2021 年，会展营销(82.61%)、会展策划(82.61%)、会展项目管理(73.91%)、会展设计(65.22%)、会展文案(43.48%)、会展调研(39.13%)、会展客户关系管理(30.43%)、会展英语(30.43%)、服务心理学(30.43%)、会展经济(26.09%)、谈判艺术与实务(26.09%)、节事活动策划与管理(26.09%)、会展安全与危机管理(26.09%)成为受访企业认为重要性排名前十的课程(见图 4-30)①。与 2011 年相对比,十大重要课程发生了一些显著变化。

(1) 会展项目管理改变了原有策划、营销、设计三门课程三足鼎立的结构,营销、策划和项目管理成为重要性排名前三的课程;

(2) 服务心理学、会展经济、谈判艺术与实务等基础性课程和会展调研、会展安全与危机管理等专业课程进入重要课程体系;

(3) 网页设计、公共关系、活动与会议主持等课程退出了十大重要课程体系。

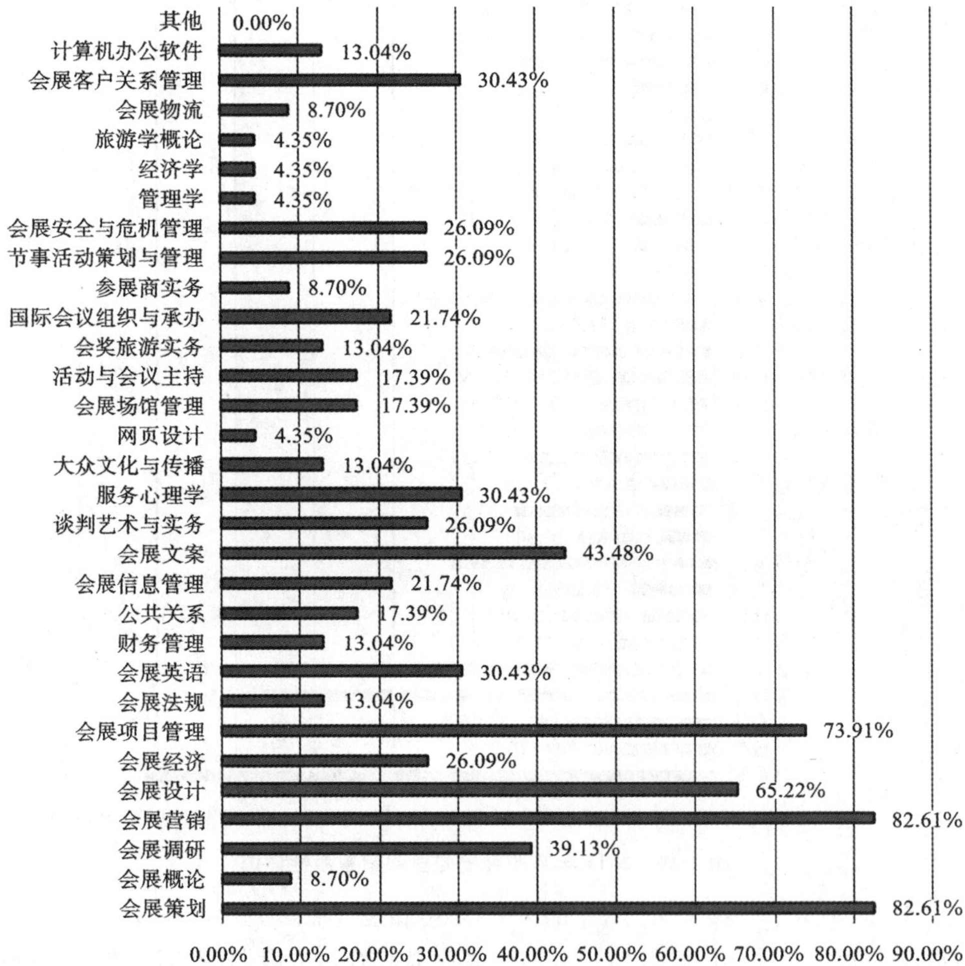

图 4-30 2021 年高职会展专业课程重要性评价

① 排名第十位的课程有四门并列,因此共有十三门课程。

2. 高职会展专业实训重要性评价

2011 年调查结果显示(见图 4-31),高职会展专业实训重要性的认同度在 30%以上的项目有会展礼仪实训、会展调查实训、展台设计实训、会场布置实训、展览策划实训、会议策划实训、展会现场服务实训、会展营销实训。展览策划实训(50.00%)、展台设计实训(47.54%)、会场布置实训(43.44%)、会展礼仪实训(41.80%)、会议策划实训(38.11%)、会展营销实训(38.11%)是受访企业心目中重要性排名前六的实训项目。

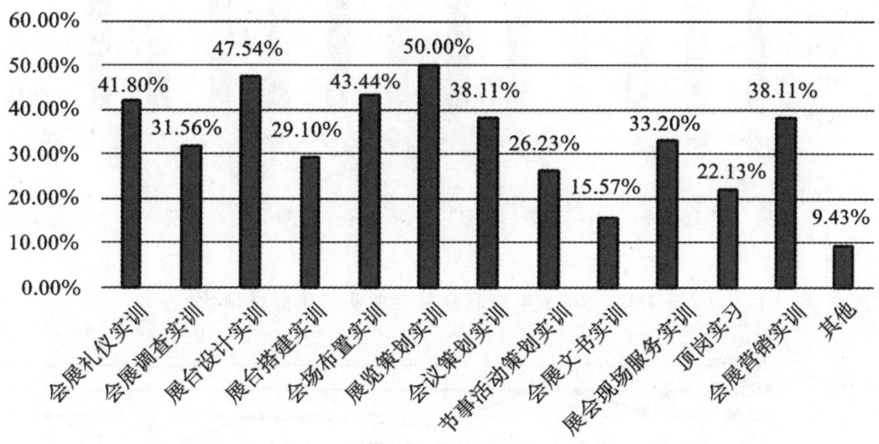

图 4-31　2011 年高职会展专业实训重要性评价

至 2021 年,展览策划实训(73.91%)、会展营销实训(65.22%)、展台设计实训(60.87%)、会议策划实训(56.52%)、会场布置实训(47.83%)、会展文书实训(47.83%)、节事活动策划实训(47.83%)成为排名前六位的重要性实训项目(见图 4-32)①。与 2011 年相比较,会展营销实训的重要性获得显著提升,排名由第六位上升至第二位,而会展文书实训、节事活动策划实训成为新的关注重点。

3. 高职会展专业毕业生优势评价

2011 年调查数据显示(见图 4-33),受访企业非常认同高职会展专业毕业生忠诚度高的占 12.30%,对此项非常不认同的占 2.46%;受访企业非常认同高职会展专业毕业生理论系统的占10.66%,对此项非常不认同的占 1.64%;受访企业非常认同高职会展专业毕业生操作熟练的占9.02%,对此项非常不认同的占 2.46%;受访企业非常认同高职会展专业毕业生脚踏实地的占9.43%,对此项非常不认同的占 2.05%;受访企业非常认同高职会展专业毕业生胜任力强的占 11.48%,对此

① 排名第五位的实训有三门并列,因此共有七门实训项目。

项非常不认同的占 2.46%；受访企业非常认同高职会展专业毕业生行业人脉广泛的占 7.79%，对此项非常不认同的占 2.05%；受访企业非常认同高职会展专业毕业生更具潜力的占 13.11%，对此项非常不认同的占 2.05%。

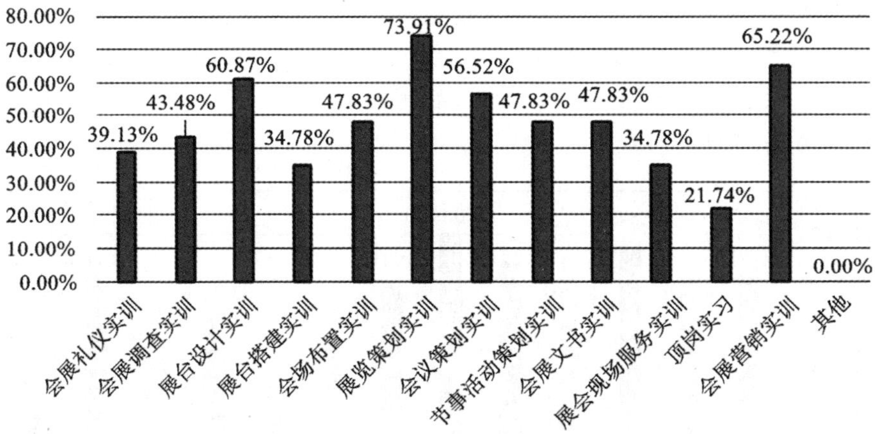

图 4-32　2021 年高职会展专业实训重要性评价

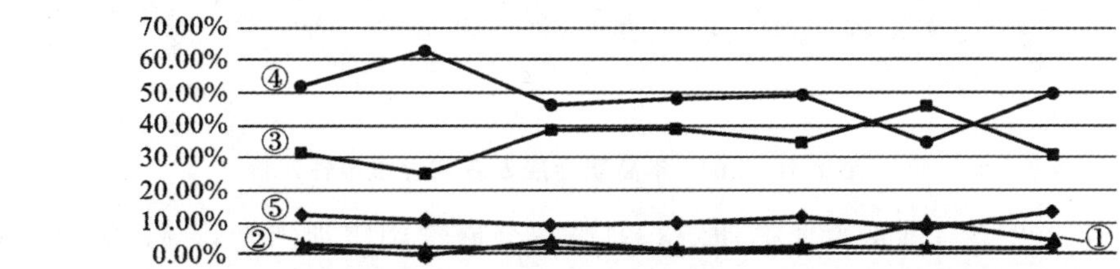

	忠诚度高	理论系统	操作熟练	脚踏实地	胜任力强	人脉广泛	更具潜力
①—▲— 非常不认同	2.46%	1.64%	2.46%	2.05%	2.46%	2.05%	2.05%
②—★— 不认同	2.05%	0.00%	3.69%	1.64%	2.05%	9.43%	4.51%
③—■— 一般	31.15%	25.00%	38.52%	38.93%	34.84%	45.90%	30.74%
④—●— 认同	52.05%	62.70%	46.31%	47.95%	49.18%	34.84%	49.59%
⑤—◆— 非常认同	12.30%	10.66%	9.02%	9.43%	11.48%	7.79%	13.11%

①—▲— 非常不认同　②—★— 不认同　③—■— 一般　④—●— 认同　⑤—◆— 非常认同

图 4-33　2011 年高职会展专业毕业生优势评价

受访企业在高职会展专业学生七项优势评价指标中，对忠诚度高、理论系统、胜任力强、更具潜力四项指标认同度较高，持认同和非常认同态度的企业比例超过 60%。

在谈及高职会展专业毕业生还有何独特优势这一问题时，受访企业的主要观点有：

(1) 接待和语言表达能力强；

(2) 接受新事物快,比较有活力;

(3) 理论基础好,有进步提升空间;

(4) 专业对口,有行业衍生性;

(5) 思路宽,敏感度高。

至 2021 年,针对高职会展专业毕业生的优势评价发生了极大的变化(见图 4-34)。除去人脉广泛这一项的评价基本保留原状,在其他各项指标评价上,高职会展专业毕业生都得到了更高的认可。超过 90%的受访企业认同或非常认同高职会展专业毕业生理论系统,超过 80%的受访企业认同或非常认同高职会展专业毕业生忠诚度高、胜任力强,超过 70%的受访企业认同或非常认同高职会展专业毕业生操作熟练、脚踏实地和更具潜力。

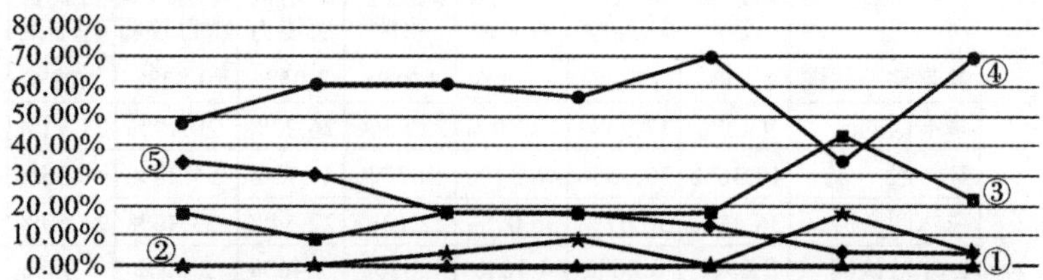

	忠诚度高	理论系统	操作熟练	脚踏实地	胜任力强	人脉广泛	更具潜力
① —▲— 非常不认同	0.00%	0.00%	0.00%	0.00%	0.00%	0.00%	0.00%
② —★— 不认同	0.00%	0.00%	4.35%	8.70%	0.00%	17.39%	4.35%
③ —■— 一般	17.39%	8.70%	17.39%	17.39%	17.39%	43.48%	21.74%
④ —●— 认同	47.83%	60.87%	60.87%	56.52%	69.57%	34.78%	69.57%
⑤ —◆— 非常认同	34.78%	30.43%	17.39%	17.39%	13.04%	4.35%	4.35%

①—▲— 非常不认同　②—★— 不认同　③—■— 一般　④—●— 认同　⑤—◆— 非常认同

图 4-34　2021 年高职会展专业毕业生优势评价

4. 高职会展专业毕业生劣势评价

2011 年的调查数据显示(见图 4-35),受访企业对知识面较窄非常认同的占 3.69%,对此项非常不认同的占 2.05%;受访企业对缺乏实践经验非常认同的占 8.20%,对此项非常不认同的占 2.05%;受访企业对技术能力欠缺非常认同的占 4.10%,对此项非常不认同的占 1.23%;受访企业对缺乏主动性非常认同的占 2.87%,对此项非常不认同的占 3.28%;受访企业对缺乏沟通能力非常认同的占 2.46%,对此项非常不认同的占2.05%;受访企业对计划组织能力较弱非常认同的占 2.05%,对此项非常不认同的占 0.82%;受访企业对自我管理不足非常认同的占 3.28%,对此项非常不认同的占 2.05%;受访企业对缺乏团队精神非常认同的占 4.92%,对此项非常不认同的占 1.64%。

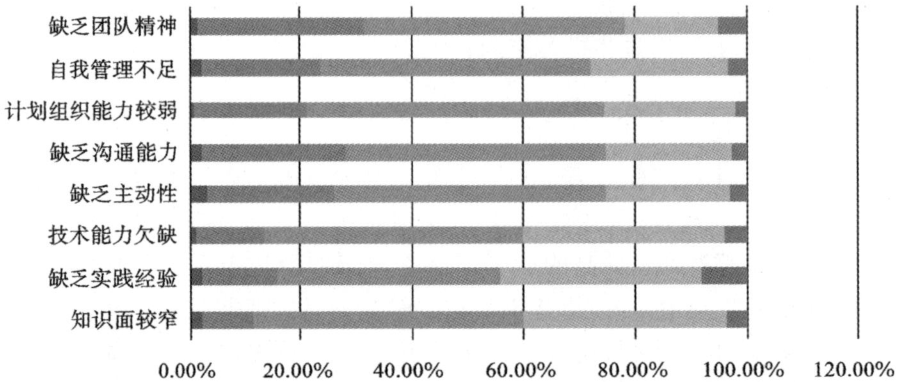

	知识面较窄	缺乏实践经验	技术能力欠缺	缺乏主动性	缺乏沟通能力	计划组织能力较弱	自我管理不足	缺乏团队精神
■非常不认同	2.05%	2.05%	1.23%	3.28%	2.05%	0.82%	2.05%	1.64%
■不认同	9.43%	13.93%	12.30%	22.95%	26.23%	20.49%	21.72%	29.92%
■一般	48.36%	39.75%	46.31%	48.77%	46.72%	53.28%	48.36%	46.72%
■认同	36.48%	36.07%	36.07%	22.13%	22.54%	23.36%	24.59%	16.80%
■非常认同	3.69%	8.20%	4.10%	2.87%	2.46%	2.05%	3.28%	4.92%

■非常不认同 ■不认同 ■一般 ■认同 ■非常认同

图 4-35　2011 年高职会展专业毕业生劣势评价

从数据来看,受访企业在高职会展专业毕业生八项劣势评价指标中,对知识面较窄、缺乏实践经验和技术能力欠缺三项指标的认同度较高,持认同和非常认同态度的企业比例超过 40%。

在谈及高职会展专业毕业生存在的突出问题还有哪些时,受访企业的主要观点有:

(1) 多学科知识的缺乏;

(2) 不求实际,自视清高;

(3) 心理承受能力不强;

(4) 太自信或太不自信;

(5) 目标迷茫。

值得注意的是,至 2021 年,受访企业在高职会展专业毕业生劣势评价中,持认同和非常认同态度的比例超过 40%的指标项有所增加,由三项增加至五项(见图 4-36),分别为知识面较窄、缺乏实践经验、技术能力欠缺、缺乏主动性、自我管理不足。当然,在这一负向测量题项中,高职会展专业毕业生的沟通能力、计划和组织能力以及团队精神在某种程度上得到了肯定。

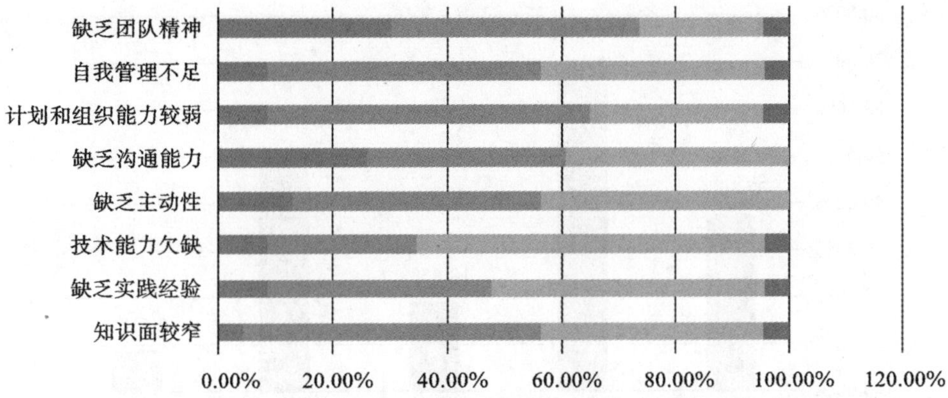

	知识面较窄	缺乏实践经验	技术能力欠缺	缺乏主动性	缺乏沟通能力	计划和组织能力较弱	自我管理不足	缺乏团队精神
■非常不认同	0.00%	0.00%	0.00%	0.00%	0.00%	0.00%	0.00%	0.00%
■不认同	4.35%	8.70%	8.70%	13.04%	26.09%	8.70%	8.70%	30.43%
■一般	52.17%	39.13%	26.09%	43.48%	34.78%	56.52%	47.83%	43.48%
■认同	39.13%	47.83%	60.87%	43.48%	39.13%	30.43%	39.13%	21.74%
■非常认同	4.35%	4.35%	4.35%	0.00%	0.00%	4.35%	4.35%	4.35%

■非常不认同 ■不认同 ■一般 ■认同 ■非常认同

图 4-36　2021 年高职会展专业毕业生劣势评价

5. 高职会展专业教育肯定性评价

2011 年,受访企业在对高职会展专业教育中值得肯定的地方进行评价时(见图 4-37),37.30%的受访企业认同校企联系增多;70.08%的受访企业认同工学结合模式;18.85%的受访企业认同教师顶岗锻炼;51.64%的受访企业认同加强实践环节。

工学结合模式得到了受访企业的高度认同,这种将校内学习和实际工作相结合的做法正是高职教育重要的竞争力之所在①,超过 70%的受访企业认为这一做法是高职会展专业教育中较值得肯定的地方。另外,加强实践环节这一做法也得到 51.64%受访企业的赞同,可以说,这两点共同构成了高职会展专业教育的制胜法宝。

至 2021 年,工学结合模式(86.96%)仍是高职会展专业教育最受肯定的做法,但整体评价也发生了一些变化(见图 4-38),主要体现在两个方面:一是校企联

① 郑勇.工学结合模式下高职人才培养质量第三方评价体系实践研究[J].现代制造技术与装备,2016(6).

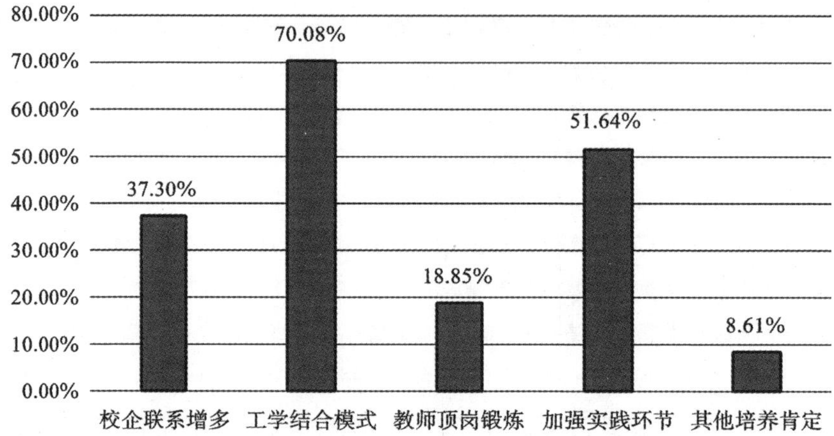

图 4-37　2011 年高职会展专业教育肯定性评价

系增多(78.26%)的认同度已经超越加强实践环节(60.87%),成为认同度排名第二位的评价;二是教师顶岗锻炼(43.48%)的肯定性评价上升明显,接近半数的受访企业认同这一做法。

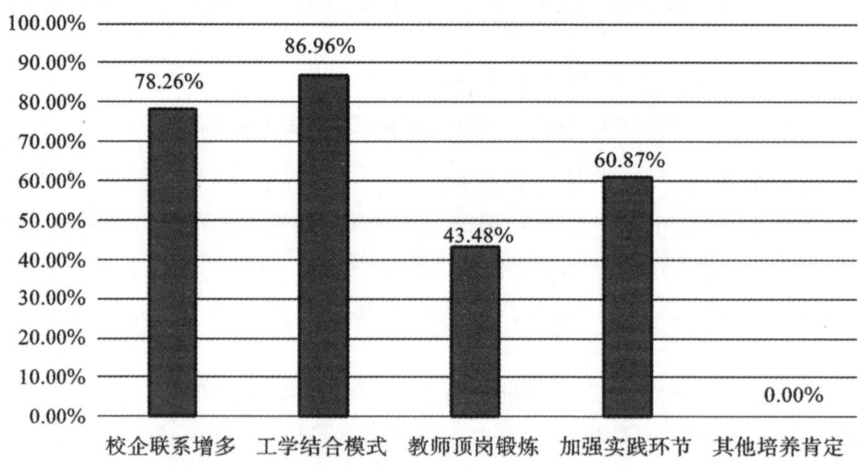

图 4-38　2021 年高职会展专业教育肯定性评价

6. 高职会展专业教育问题评价

2011 年在对高职院校会展专业教育中存在的主要问题进行评价时(见图 4-39),13.52%的受访企业认同主要问题是师资匮乏;54.10%的受访企业认同主要问题是实训落后;52.05%的受访企业认同主要问题是教材空洞;12.70%的受访企业认同课程设置存在问题;26.23%的会展企业认同主要问题是培养定位不清晰。

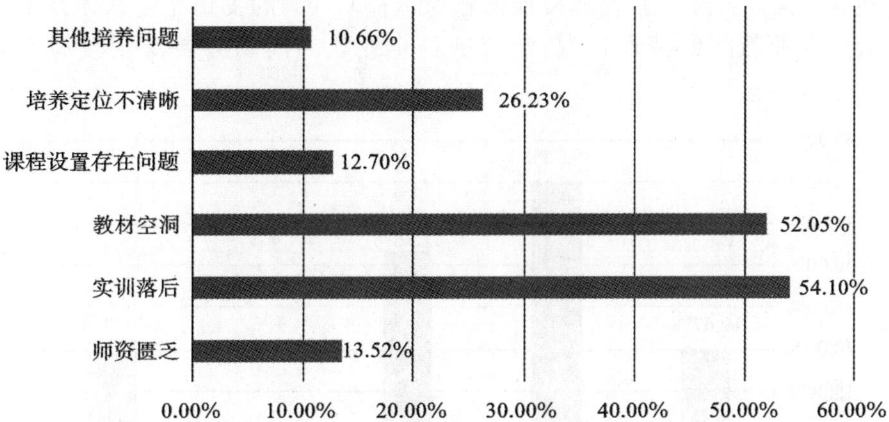

图 4-39　2011 年高职会展专业教育问题评价

从企业视角来看，高职院校会展专业人才培养过程中存在的主要问题较突出的两点是：一是实训落后，二是教材空洞。超过半数的受访企业认可这两点是高职院校会展专业人才培养过程中的短板。

至 2021 年，实训落后(60.87%)的问题仍然是受访企业较为集中的认识和评价，且值得关注的是，培养定位不清晰(47.83%)的问题凸显，与教材空洞(47.83%)一同成为排名第二的会展专业教育问题(见图 4-40)。结合 2011 年的情况，受访企业对高职会展专业教育整体上满意度较高且评价保持稳定。

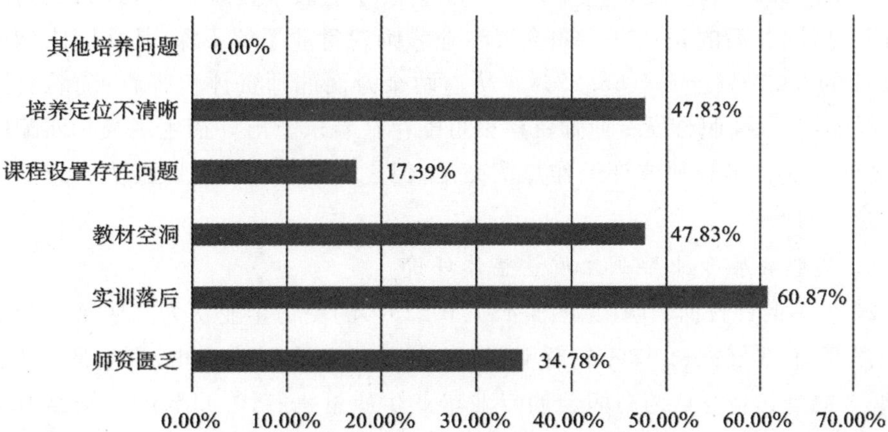

图 4-40　2021 年高职会展专业教育问题评价

7. 高职会展专业教师评价

2011 年调查中，19.67%的受访企业认为高职会展专业教师熟知行业(见图 4-41)；39.75%的受访企业认为高职会展专业教师对行业了解不深；31.56%的受访企业认为高职会展专业教师授课依赖课本；20.90%的受访企业认为并不了解高职会展专业教师的授课状况；没有受访企业认为高职会展专业教师不适合授课。

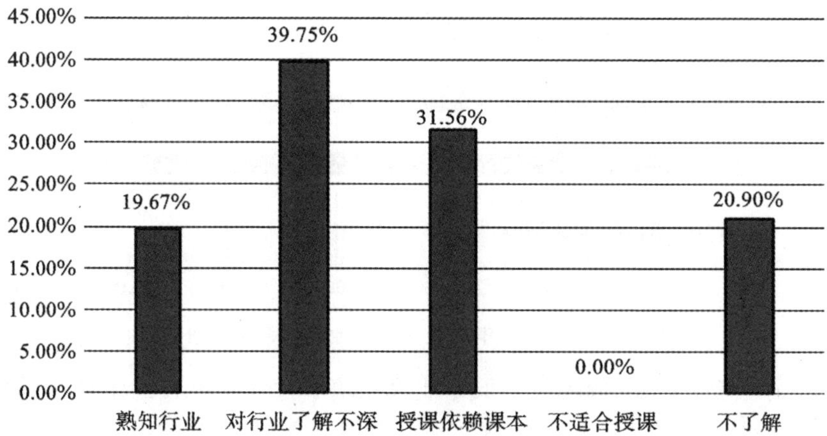

图 4-41　2011 年高职会展专业教师评价

认同高职会展专业教师熟知行业的受访企业不到 20%，而认为高职会展专业教师对行业了解不深和高职会展专业教师授课依赖课本的受访企业均超过 30%。

至 2021 年，受访企业对高职会展专业教师的评价有显著下降的趋势（见图 4-42）：高达 82.61%的受访企业认为高职会展专业教师授课依赖课本，认同度排名第一；紧随其后的是认同高职会展专业教师对行业了解不深，其认同比例也从 2011 年的 39.75%上升至65.22%。从这两个方面的师资评价来看，随着会展教育规模的扩大，高职会展专业师资建设可能存在着未能与其招生规模相匹配的短板，会展专业青年教师或许工作热情充足，但是授课技巧和实践能力尚未能满足会展企业的期待。①

8. 高职会展专业毕业生质量整体评价

2011 年调查数据表明（见图 4-43）：10.25%的受访企业认为高职会展专业毕业生质量非常好；56.97%的受访企业认为高职会展专业毕业生质量较好；32.38%的受访企业认为高职会展专业毕业生质量一般；0.41%的受访企业认为高职会展专业毕业生质量不好。可以发现，67.22%的受访企业还是比较认同高职会展专业毕业生质量的，对高职会展专业毕业生质量持否定意见的受访企业仅

① 靳娟娟，樊江，刘鹏，等. 提升工程类专业学生实践能力和创新能力培养模式的研究[J]. 价值工程，2015(23).

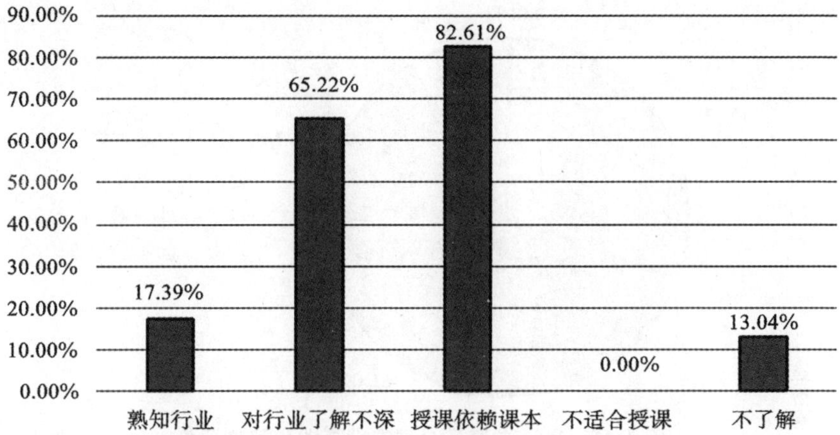

图 4-42　2021 年高职会展专业教师评价

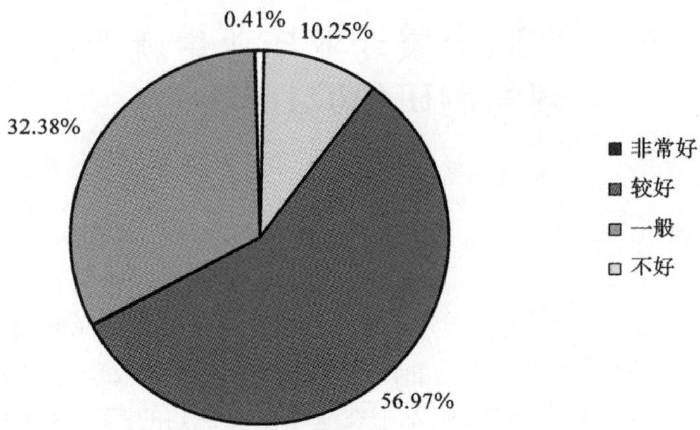

图 4-43　2011 年高职会展专业毕业生整体评价

占 0.41%。

至 2021 年，受访企业基本保持了原有对高职会展专业毕业生的整体评价(见图 4-44)。受访企业认为高职会展专业毕业生非常好，能很好地胜任企业的工作(8.61%)和较好，能胜任企业的大部分工作(61.07%)的比例合计为69.68%，而对高职会展专业毕业生质量持否定意见的受访企业也从 2011 年的0.41%降为0.00%，这从某种意义上来说，高职会展专业毕业生的整体评价正呈现稳中略有上升的趋势。

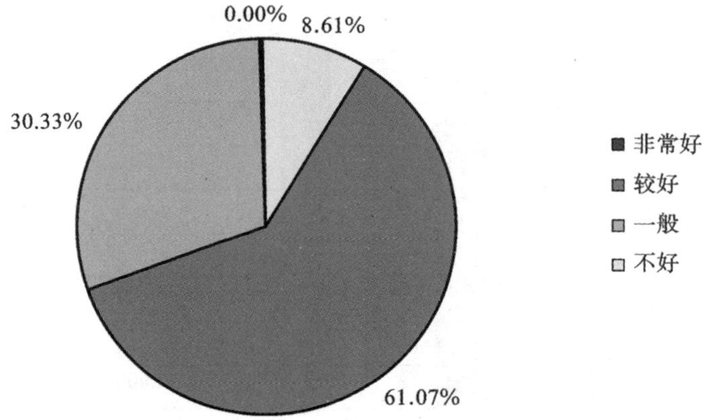

图 4-44　2021 年高职会展专业毕业生整体评价

第二节　高职会展专业毕业生就业能力与倾向调研(2021 年)

一、调研背景

正如陶行知先生所言:教的法子,要根据学的法子,事怎样做,就需怎样学。① 简而言之,关注学情乃是教学活动的内在要求。② 以学定教理念明确了学生在教育教学活动中的主体地位③,因此,本书在基于企业视角的高职会展专业毕业生能力需求调研之外,还组织开展了高职会展专业毕业生就业能力与倾向调研,以明确会展专业学生对专业的认知情况和兴趣所在,助推实现"最适之生利才能兴味"。

2021 年 1 月至 2 月,课题组组织了此项问卷调研。此调研与高职会展专业毕业生能力需求调研相耦合,以学生的视角审视高职会展专业毕业生能力需求认知的现状,从而深入了解学生对未来职业最应具备的素质及就业能力的自我评价,这也进一步为高职院校会展专业课程建设提供了决策依据。由于适逢高校寒假且受到新冠肺炎疫情管控政策的影响,本次调研采用了通过社交网络(微信)面向浙

① 陶行知.学生自治问题之研究[J].新教育,1919(2).
② 常虎温.对课堂教学改革理论与实践的认识[J].教育理论与实践,2015(35).
③ 陈金海.陶行知"教学做合一"理论对综合实践活动的启示[J].福建教育学院学报,2017(12).

江和江苏两省高职院校会展专业学生随机发送问卷的方式,共获得130份有效答卷。

经SPSS统计分析,问卷的整体克朗巴哈系数大于0.8,内部一致性较好,问卷具有较高的有效性,满足了问卷设计的要求。通过对会展专业学生未来职业认知以及能力自我评价的深入分析,以及与基于企业需求的调研结果相比较,本书揭示了会展教育供需双方在哪些方面存在较大认知差异以及毕业生就业能力的缺失状况,也为会展专业课程体系的优化调整提供了有益参考。

二、学生视角下的高职会展专业毕业生就业能力与倾向调研

(一)调查样本分布

1. 受访学生性别比例

从受访学生性别比例来看(见图4-45),男生与女生的比例约为1∶4。这与之前相关研究结论是一致的:理工类专业的男生比例通常要高于女生,而社会学、文学和管理学等文科类专业通常女生比例较高。从高职会展专业的招生结构来看,女生数量实际上的确远多于男生。①

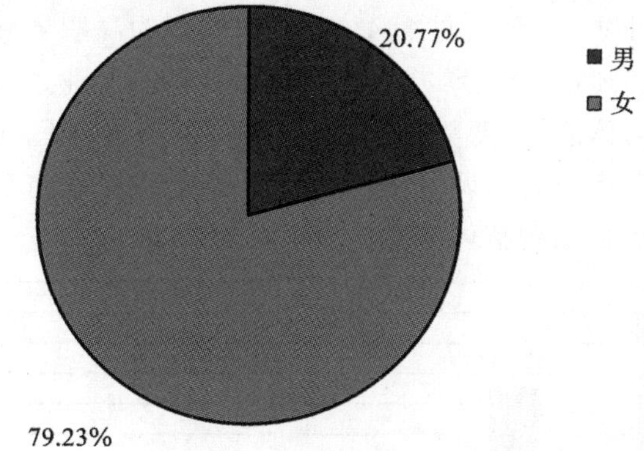

图4-45　受访学生性别比例

2. 受访学生年级分布

从受访学生的年级分布来看(见图4-46),高职二年级学生占比较多(54.62%),高职三年级学生占比次之(28.46%),高职一年级学生占比相对较少(16.92%)。从调研目的和信息采集的准确性上说,高年级学生对专业有更深的

① 刘方方,王辉,徐红罡.中国旅游学者学术产出的性别差异:基于《旅游学刊》的载文研究[J].旅游学刊,2019(12).

理解和体会，因此，本样本结构实际上更有利于准确地反映高职会展专业学生的实际认知和评价状况。

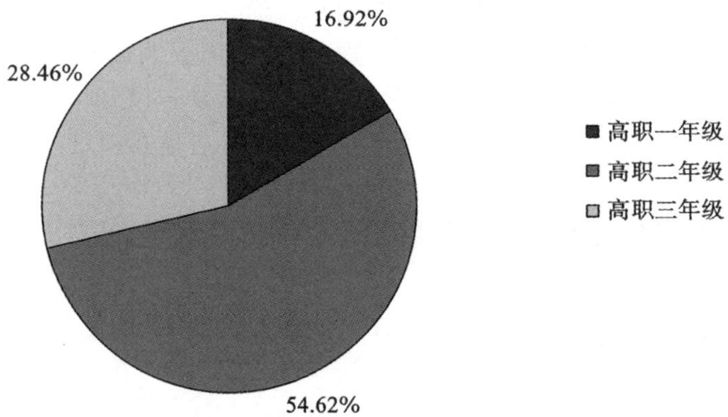

图 4-46　受访学生年级分布

（二）高职会展专业学生就业意向

1. 就业单位意向

就最理想的就业去向而言（见图 4-47），76.93%的高职会展专业学生选择了去会展主办方（44.62%）和会展承办方（32.31%）就业，就业意向集中度较高。选择去其他类型就业主体的，主要集中于婚庆公司、酒店和旅行社这些类型。结合高职会展专业毕业生能力需求调研中受访企业类型所展现的市场主体结构变化（见图 4-1、图 4-2），供需结构整体上还是较为匹配的。

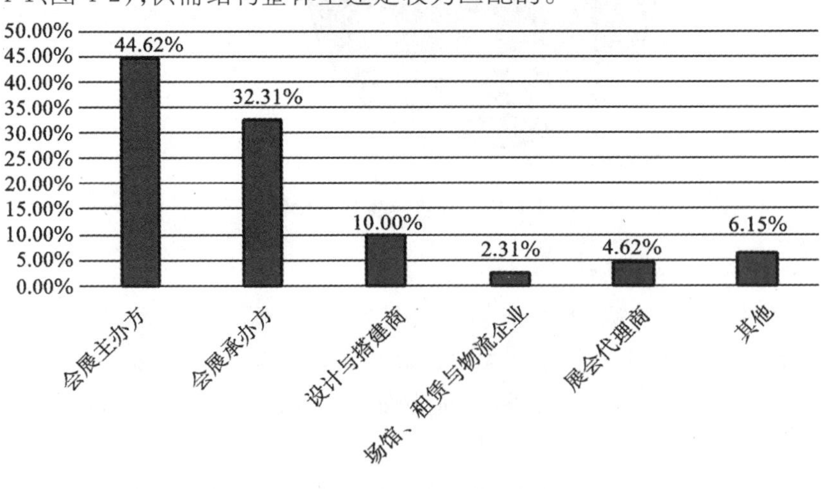

图 4-47　高职会展专业学生就业单位意向

2. 就业前景判断

82.31%的受访学生认为高职会展专业人才社会需求大，但同时也有77.69%的受访学生认为未来就业的待遇低。整体而言，认为高职会展专业毕业生就业“需求大，就业容易，但待遇低”的认同度是最高的，占受访学生总数的66.92%(见图4-48)，这与用人单位对就业前景的判断是不谋而合的(见图4-16)。从某种意义上说，就业机会多但待遇不高已经成为会展职场供需双方的某种共识。

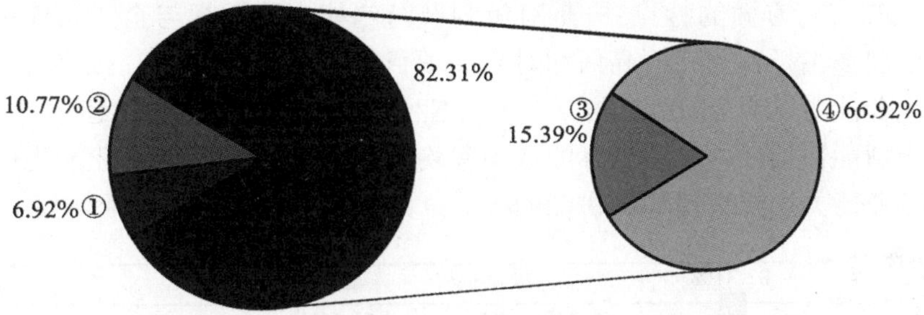

图 4-48　高职会展专业学生就业前景判断

（三）受访学生对高职会展专业毕业生能力的自我认知

1. 受访学生对新员工主要工作任务的认知

从学生视角来看(见图4-49)，销售(63.08%)、接待(62.31%)、策划(61.54%)、营销(56.15%)、电话(54.62%)和文印(52.31%)是排名前六的新员工岗位任务，这与企业对新招聘员工要求完成的主要工作任务(见图4-18)部分是吻合的——主要体现在对营销、策划工作重要性的认识上，但也可以发现，受访学生对项目管理及设计职责的认识还是相对不足的。

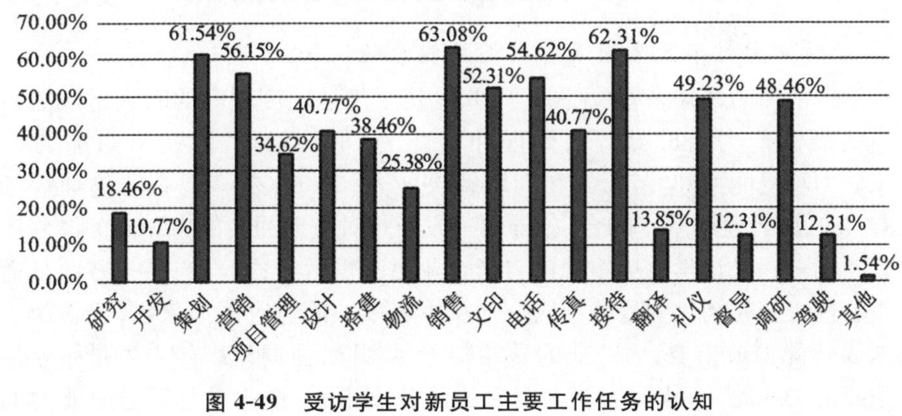

图 4-49　受访学生对新员工主要工作任务的认知

2. 受访学生对毕业生应具备的专业能力的认知

从受访学生对毕业生应具备的专业能力的认知情况来看(见图 4-50),会展立项策划能力(82.31%)、会展场馆经营能力(77.69%)、会展招展招商能力(71.54%)、会展节事服务能力(71.54%)、会展整合营销能力(66.15%)和会展研究分析能力(61.54%)是受访学生认为毕业生最应具备的六大专业能力。与会展企业对毕业生专业能力的期待相比较(见图 4-20),受访学生对毕业生应具备的专业能力认知有三方面的特点:一是对策划及营销能力的重视与企业预期相符合;二是对会展场馆经营能力的高估和对会展项目管理能力的低估;三是与企业错落有致的专业能力需求相比,受访学生对专业能力需求的认知整体还是比较含混的——十项能力指标中九项指标的选中率均超过 50%。在其他专业能力中,提及较多的专业能力主要有提案演讲能力等。

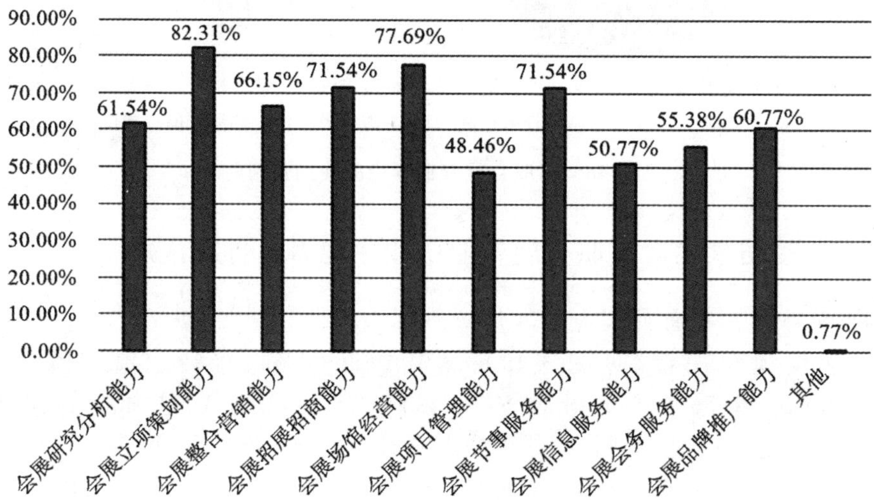

图 4-50 受访学生对毕业生应具备的专业能力的认知

3. 受访学生对毕业生应具备的适应能力的认知

从适应能力的认知来看(见图 4-51),受访学生认同度较高的五大适应能力分别为口头表达能力(88.46%)、处理冲突能力(86.92%)、协调组织能力(82.31%)、压力承受能力(80.77%)和问题解决能力(80.00%)。与企业的理解相比(见图4-22),两者理解基本吻合,差异的一方面是对处理冲突能力和商务谈判能力的重视差别——受访学生更重视前者而企业更看重后者;差异的另一方面是适应能力重要性排序有较为明显的不同——从排名第一的适应能力来看,受访学生认为口头表达能力最重要,而企业的看法却不尽相同,协调组织能力才是企业最看重的适应能力。此外,从适应能力需求的区分度来看,企业对各项适应能力的需求差异还是较为显著的，但受访学生对该能力的需求差异并不显著，其认同度基本处于 70%—80%。

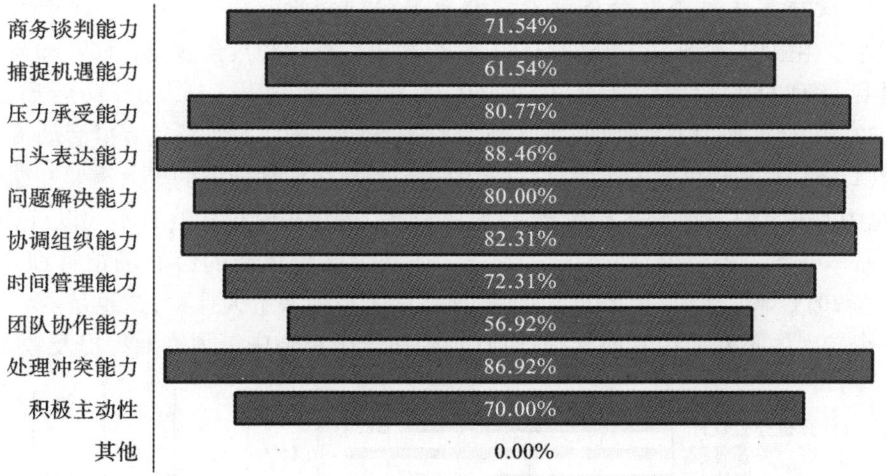

图 4-51　受访学生对毕业生应具备的适应能力的认知

4. 受访学生对毕业生应具备的竞争能力的认知

创新能力(87.69%)、思维能力(82.31%)、自我营销能力(80.00%)是受访学生认为较重要的三大竞争能力(见图 4-52)，与企业对竞争能力的需求相比(见图 4-24)，两者在思维能力和发展能力的重要性认识上有所不同。此外，受访学生认为创新能力是首要的竞争能力，而用人单位则认为自我营销能力更为重要。

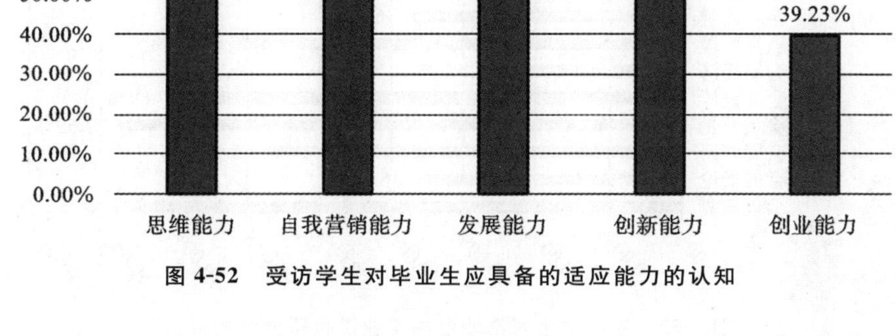

图 4-52　受访学生对毕业生应具备的适应能力的认知

（四）学生视角下的高职会展专业教育

1. 受访学生对高职会展专业课程重要性的评价

在学生眼中，会展策划(82.31%)、会展营销(77.69%)、会展设计(67.69%)、会展项目管理(60.77%)、会展英语(60.00%)、会展调研(56.92%)、会展文案(54.62%)、会展客户关系管理(46.15%)、会展场馆管理(42.31%)、节事活动策划与管理(41.54%)是较重要的十大课程(见图4-53)，与企业视角下的十大重要性课程相比(见图4-30)，双方理解基本吻合，特别是前四位的课程除排序略有不同以外，双方认知基本一致。但值得注意的是，受访学生认为比较重要的会展场馆管理课程，无论在2011年还是2021年的企业调查中，都未被列入十大课程，这也是两者认知上一个较大的不同。在其他课程选项中，受访学生对婚庆策划等课程提及较多。

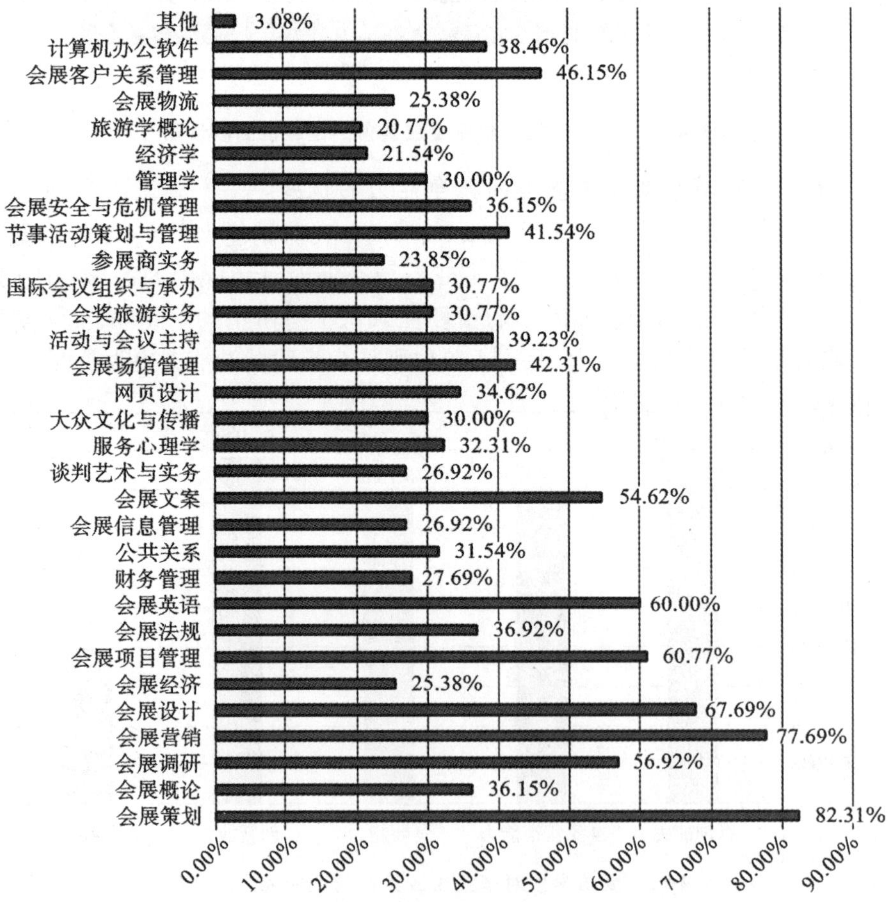

图4-53 受访学生对高职会展专业课程重要性的评价

2. 受访学生对高职会展专业实训重要性的评价

展览策划实训(79.23%)、会议策划实训(73.85%)、会场布置实训(66.15%)、展会现场服务实训(62.31%)、节事活动策划实训(59.23%)、会展营销实训(59.23%)是受访学生心目中的六大实训项目(见图 4-54),与企业对实训项目重要性的评价相比(见图 4-32),双方在展览策划实训、会展营销实训、会议策划实训、会场布置实训、节事活动策划实训上达成了一致,但在展会现场服务实训和展台设计实训上,受访学生更重视前者,而企业则对后者更为关注。

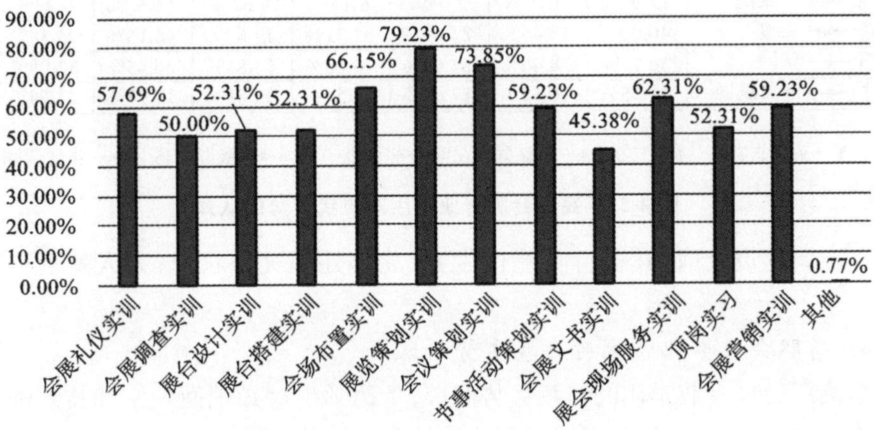

图 4-54 受访学生对高职会展专业实训重要性的评价

3. 高职会展专业学生对自我优势的认知

汇总企业对高职会展专业毕业生优势的评价,支持①忠诚度高的占比 82.61%,支持理论系统的占 91.30%,支持操作熟练的占 78.26%,支持脚踏实地的占 73.91%,支持胜任力强的占 82.61%,支持人脉广泛的占 39.13%,支持更有潜力的占 73.92%(见图 4-34),与高职会展专业学生的自我认知相比(见图 4-55),学生自我评价整体较低,自信仍显不足(支持率大多数在 70%以下)。此外,就单项优势而言,企业更加认同高职会展专业毕业生的优势是理论系统、胜任力强和忠诚度高,而会展专业学生对自我优势的认同排名靠前的是胜任力强、操作熟练、脚踏实地,两者认知存在一定差异。

在问及其他优势时,高职会展专业学生提及的主要有:专业技能训练多;入行更快;人际交往好;能随机应变;姿态放得低;更加吃苦耐劳;乐于接受新知识;可塑性较强;眼高手低较少;职位期待平和;踏实、勤奋、有干劲;责任心较强;能够虚心学习;更有耐心;工作认真负责;岗位稳定性更好;适应工作快;有行业使命感;

① 支持指的是对该项描述持认同或非常认同态度。

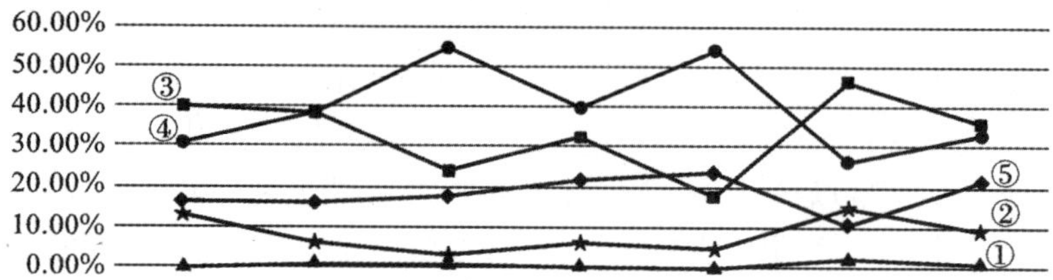

	忠诚度高	理论系统	操作熟练	脚踏实地	胜任力强	人脉广泛	更有潜力
①—▲— 非常不认同	0.00%	0.77%	0.77%	0.00%	0.00%	2.31%	0.77%
②—★— 不认同	13.07%	6.15%	3.08%	6.15%	4.62%	14.62%	9.23%
③—■— 一般	40.00%	38.46%	23.85%	32.31%	17.69%	46.15%	35.38%
④—●— 认同	30.77%	38.46%	54.62%	40.00%	53.85%	26.15%	33.08%
⑤—◆— 非常认同	16.15%	16.15%	17.69%	21.54%	23.85%	10.77%	21.54%

① —▲— 非常不认同　② —★— 不认同　③ —■— 一般　④ —●— 认同　⑤ —◆— 非常认同

图 4-55　高职会展专业学生对自我优势的认知

考虑专业问题更全面；具备行业礼仪素养；能够处理突发状况；为人处世更加低调等。

4. 高职会展专业学生对自我劣势的认知

就高职会展专业学生的自我劣势而言，受访学生对知识面较窄和技术能力欠缺方面的劣势较为认可，而对缺乏团队精神和缺乏沟通能力的劣势则比较不认可(图 4-56)。[①] 而从企业对高职会展专业学生的劣势认知来看(见图 4-36)，技术能力欠缺和缺乏实践经验是排名较靠前的两个项目，这与高职会展专业学生的自我劣势认知是有偏差的。与社会人员相比，高职学生最大劣势是缺乏实践经验[②]，但高职会展专业师生认为通过平时的项目训练、社会服务以及长达一年的顶岗实习(跟岗锻炼)能够积累不少的实践经验，但从企业感知来看，这仍是高职会展专业学生较为突出的劣势。在知识面窄这一方面，高职会展专业学生比企业更高估了这一劣势，虽然它与缺乏主动性、自我管理不足等问题一样受到企业的关注。

调查结果还显示，企业对高职会展专业学生团队精神和沟通能力的认可，与高职会展专业学生的自我认知是一致的。在问及其他劣势时，高职会展专业学生提及的主要有：职业起点较低；缺乏持久毅力；思考问题不够全面；自我创新不足；人脉交际圈不够大；再学习能力弱；自视过高；缺乏行业热情；环境适应能力差；知识掌握不够牢固；英语水平相对较差；专业学习针对性不强；工作理论指导不够；缺乏独特的专长；自信心不足；专业知识广而不精；学历起点低等。

---

① 认可指的是对劣势描述认同或非常认同；不认可指的是对劣势描述不认同或非常不认同。

② 曹玉娜. 高职院校学生就业现状及职业核心能力提升研究[J]. 大理大学学报，2020(1).

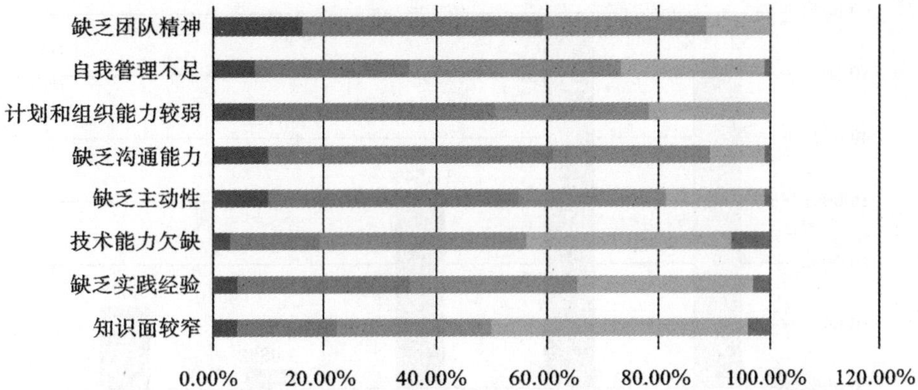

	知识面较窄	缺乏实践经验	技术能力欠缺	缺乏主动性	缺乏沟通能力	计划和组织能力较弱	自我管理不足	缺乏团队精神
■非常不认同	4.62%	4.62%	3.08%	10.00%	10.00%	7.69%	7.69%	16.15%
■不认同	17.69%	30.77%	16.15%	44.62%	50.77%	43.08%	27.69%	43.08%
■一般	27.69%	30.00%	36.92%	26.92%	28.46%	27.69%	37.69%	29.23%
■认同	46.15%	31.54%	36.92%	17.69%	10.00%	21.54%	26.15%	11.54%
■非常认同	3.85%	3.08%	6.92%	0.77%	0.77%	0.00%	0.77%	0.00%

■非常不认同 ■不认同 ■一般 ■认同 ■非常认同

图 4-56　高职会展专业学生对自我劣势的认知

5. 受访学生对高职会展专业教师的评价

从受访学生对高职会展专业教师的评价来看(见图 4-57),认为教师对行业了解不深的评价最多(56.15%),排第二、三位的评价分别是熟知行业(52.31%)和授课依赖课本(31.54%)。

与企业对高职会展专业教师的评价相比(见图 4-42),受访学生感受最深的是教师对行业了解不深的问题,而最受企业关注的是教师授课依赖课本的问题,虽然侧重有所差异,但实际上背后都反映出教师教学过程中与行业联系不紧密、与实践相脱节的问题。

6. 高职会展专业学生自我评价

从高职会展专业学生自我评价来看(见图 4-58),近 60%的高职会展专业学生对本专业毕业生的质量还是持肯定态度的。① 这一评价结果与企业对高职会展专业毕业生的质量评价基本一致(见图 4-44)。

① 持肯定态度指的是自我评价较好或非常好。

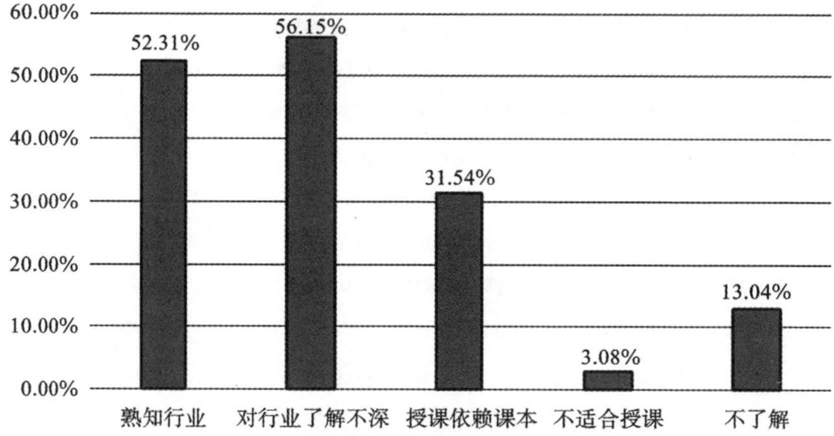

图 4-57　受访学生对高职会展专业教师的评价

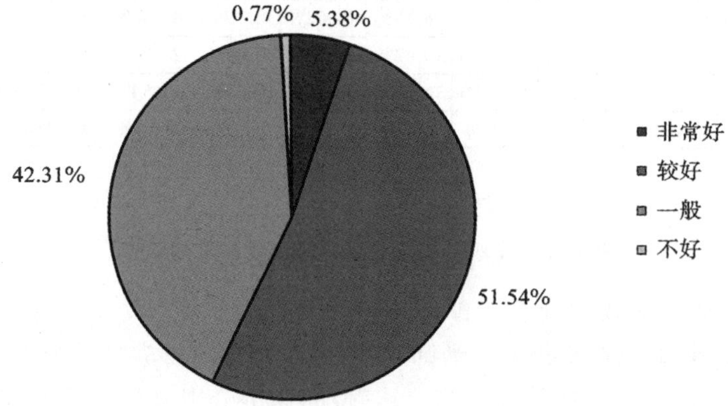

图 4-58　高职会展专业毕业生自我评价

（五）学生对高职会展专业教育改革的期待

就如何提升会展专业毕业生的就业率及职业教育发展水平，受访学生在课程、实训及人才培养方面提出了以下建议：

(1) 开设更多的实训及设计、营销、婚庆、软件、口头表达、文案、礼仪等方面的课程；

(2) 增加实践活动机会，包括展览现场服务、专业公司实习以及各类赛事锻炼；

(3) 在房地产策划和公关策划等领域提高专业课程的实用性；

(4) 探索分层、分类的专业化教学；

(5) 结合行业及企业需求，进行订单式人才培养。

第五章　创业教育视角下的高职会展课程建设

第一节　创新创业与高职会展专业教育

一、大众创业、万众创新与新时代大学生创新创业

中国经济正进入一个中高速增长的时期，新常态下经济发展动力、发展方式和经济结构变革为稳增长、惠民生提供了有力保障，但在推动实现更加充分和更高质量就业的新形势下，大众创业、万众创新（简称“双创”）工作也面临新的挑战。在国家经济持久动力增长中，创新创业日益成为重要的驱动力，而调动以大学生为代表的创新创业群体，实现创业与就业协同发展将是未来有效缓解就业压力的路径。正如2019年李克强总理在全国“双创”活动周上所言，中国经济的韧性根植于14亿人民的勤劳与创造，“双创”是重要支撑。

创新创业是驱动中国经济新常态发展的重要支撑，而大学生群体的创新创业在“双创”中占有重要地位。加强大学生的创新创业教育，不仅是应对和解决大学生就业难题之所需，也是充分利用和发挥大学生专业知识技能和敢于创新特质的需要，还是由点及面带动全社会共同参与创新创业的重要载体。但现实情况是，麦可思2020年发布的大学生就业数据显示，中国大学生在创业教育日渐普及和各项支持政策不断出台的背景下自主创业率不仅未出现明显上升，反而有所下降：2019届本科毕业生自主创业率仅为1.6%（2018届为1.8%），而高职毕业生自主创业率也仅为3.4%（2018届为3.6%）。

自2001年始，高校应届毕业生人数进入了一个迅猛增长的时期（见图5-1），截至2020年，数量增加了8倍之多，若结合中国城镇新增就业人数来看，大学生就业形势不可谓不严峻。进一步加强创业教育研究，不断提升大学生自主创业比例，让创业创新成为带动高质量就业的新动能、新引擎，也是贯彻落实大力支持自主创业，促进以创业带动就业这一重大政策方针的理应之举。

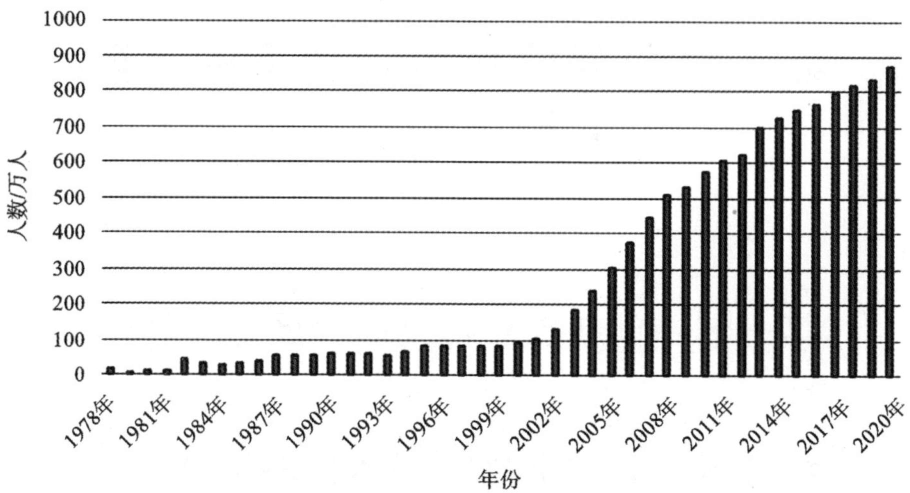

图 5-1　1978—2020 年全国普通高等学校毕业生人数

二、高职会展创新创业教育的必要性与可行性

从 Top30 高职院校会展策划与管理专业主流开设课程及实训情况来看(见表 2-3),包括广东轻工职业技术学院、广州华南商贸职业学院等在内的 Top30 高职院校会展专业的办学实践中,会展创新创业训练已经成为人才培养中的重要一环。从国内重要会展赛事一览表(见表 2-5)来看,会展创新创业大赛也是会展职业技能竞赛的重要组成部分。

基于企业视角的高职会展策划与管理专业毕业生应具备的竞争能力调研结果显示(见图 4-23、图 4-24),创新创业能力是会展企业较为关注的核心竞争能力;而从学生视角来看,创新创业能力同样是会展专业学生心目中较为重要的竞争能力(见图 4-52)。无论是基于业务拓展还是产品生命周期管理,创新始终是展会和会展业的核心所在。① 与本科会展经济与管理的专业名称不同,高职会展专业以会展策划与管理为名,突出了创意策划在这一人才培养类型中的重要地位,认为策划的核心和关键就在于创新。②

实际上,会展不仅仅能为创新创业活动提供平台支持,其专业性质和行业属性也决定了其天然的创业高发属性。会展行业本身属于轻资产行业,相较而言,

① 韩红星,黄维敏.体验经济视角下的广东会展传播策略创新[J].广东科技,2011(24).

② 吴帆.新时期广播电视编导专业素质分析[J].西部广播电视,2019(4).

其市场和技术门槛不高，因此相对于其他专业，创业创新型人才培养可行性更高。[①] 从毕业生参与创业的比例来看[②]，相较于同属旅游大类的酒店管理和旅游管理专业，会展专业毕业生创业热情、参与度和成功率相对更高。许多会展毕业生初始创业多投身于展会营销代理、活动方案策划、搭建与现场服务等方面，这些轻资产服务类企业在 2020 年新冠肺炎疫情中与重资产投入企业相比，受损相对较轻。[③]

以北京农业职业学院的会展专业为例，学生通过实训和接受创新创业教育，积累人脉资源，提升专业技能的同时强化人际交往与分析解决问题的能力。跟踪调研显示，该校有近 1/3 的会展策划与管理专业学生开展了自主创新创业活动，包括且不限于创办各类会展传媒设计公司、会展服务公司以及活动公关公司等，成为高职会展专业学生投身创新创业活动的一个缩影。[④]

1998 年，联合国教科文组织在相关文件中指出，必须把培养学生的创业技能与创业精神作为现代高等教育的基本目标。近年来，教育部也多次强调，要进一步提高创新人才的培养水平，高等教育应坚持以能力培养为重点，大力提高学生的学习能力和创新创业能力。2021 年 3 月，国家发改委启动了创业带动就业的示范行动，在促进国民经济社会发展和缓解就业压力矛盾上，大学生创新创业教育将发挥越来越重要的作用。开展高职会展创新创业教育，既是拓宽大学生就业渠道、缓解就业压力的需要，又是教育改革和促进学生全面发展的需要，还是推动国家经济持续发展的需要，更是社会健康稳定、和谐进步的需要。

三、高职会展专业大学生创业意向与创业教育

2019 年 3 月至 7 月，本书课题组组织的一项在杭高职会展及旅游专业学生创业意愿调查显示，创业已经成为高职会展及旅游专业学生学习生活的重要组成部分和未来择业的重要选择。

第一，大部分高职会展及旅游专业学生对创业的理解是宽泛和全面的，超过 60％的学生认为只要开创一份事业都可以叫创业；就创业的经历而言，超过 80％的学生表示没有任何创业经历；高职会展及旅游专业学生对创业的认同度较高，超过 70％的学生对创业是持正面态度的(十分认同或认同)，他们认为创业是实现

---

① 杨世信，钟颖．向上走 VS 向下走？——地方性本科院校会展人才培养的选择[J]．高教论坛，2017(11)．

② 参考杭州科技职业技术学院的毕业生跟踪调查数据。

③ 张英，陈珊珊，陈建祥，等．宁波文旅行业加快疫后复苏的策略研究[J]．宁波经济(三江论坛)，2020(4)．

④ 王琪，周艳秋，李艳婷，等．高职会展专业校外集中实训模式及效果研究[J]．北京农业职业学院学报，2020(6)．

理想的一个途径；从创业的动机来看，挑战自我成为高职会展及旅游专业学生创业的首要目的，近 50%的受访学生认为创业的首要目的应该是挑战自我，通过创业来检验和锻炼自己的能力。

第二，绝大多数高职会展及旅游专业学生了解一些创业优惠政策但是并不完全清楚，对创业政策非常清楚的学生占比不到 10%；大部分学生都认为资金、项目、经验、社会关系和社会环境因素是创业中面临的主要障碍；超过 80%的学生认为创业者个人魄力和创业头脑、适合的社会环境和政策支持是创业必须具备的条件；超过 60%的学生认为创业还需要学校或社会提供各类创业培训和服务。

第三，较受高职会展及旅游专业学生青睐的两大创业领域是“启动资金少、容易开业且风险相对较低的行业”和“与自身专业相结合的领域”；超过 70%的学生创业的层次定位是中端创业(开小型公司或加盟连锁店等)；超过半数的学生并无创业打算。

第四，近 90%的高职会展及旅游专业学生希望在创业前能接受创业技能方面的培训，对他们而言，无论目前是否会创业，他们都希望能在学校接受创业技能教育，学生们将创业技能看作一种通用技能来学习；超过 80%的学生认为高校有必要开展一定的创业教育，以满足学生对创业知识和技能的需要；学生接触较多的两种创业教育形式是教师教授的创业教育课程和创业计划竞赛。

第五，市场营销、人际交流与沟通技巧、财务税收和民商法律等课程是高职会展及旅游专业学生较认同开设的创业指导课程；创业知识培训、创业能力训练和创业资金(项目)支持是学生较希望学校提供的创业服务。

第六，在大多数高职会展及旅游专业学生眼中，其所在高校的创业教育工作是不够到位的，近 60%的学生认为其所在高校的创业教育工作开展得一般，另外还有超过 20%的学生明确表示学校这方面的工作较差或很差。

整体而言，目前高职会展专业大学生创业教育中仍存在认识不到位、科学的创业课程体系尚未形成、大学生创业意识不强及信心缺乏、高素质专业化的师资力量不足、创业教育获取途径过窄、创业环境营造不够、创业教育模式改革和实践滞后等诸多问题。

相对其他经济管理类专业而言，会展“双创”教育起步较晚，加之许多高职会展院校对此关注度不够，处于初级阶段的高职会展专业创业教育或多或少地都存在教学内容规范化不足、培养机制欠缺等问题。但是，作为一种新的教育理念，高职会展专业创业教育的出现为拓展高职会展专业学生就业提供了新的思路，即通过对会展专业学生开展创业教育，不断提高其创新思维、创业水平，学生在政府、社会和学校的鼓励和扶持下尝试自主创业，力争实现个体从岗位需求者向岗位制造者转变。加强高职会展专业创业教育，不仅可以解决会展专业学生自身的就业问题，还能为社会创造就业机会，从而进一步缓解就业结构性矛盾，促进高质量就业，助力社会稳定与和谐。与此同时，创业教育也将在高职会展专业课程体系完善中发挥重要作用。人才培养方法的转变，将有效提升高职会展策划与管理专业毕业生的竞争力。

第二节　创业环境视角下创业教育与创业行为之间关系的混合模型研究[①]

一、研究目的和研究模型

创业教育作为一种可提高创业成功率并深刻影响创业行为的方式，在人才创新创业能力培养的新背景下越来越受到关注。[②] 通过层次回归分析，本书探究了创业教育对创业行为的影响机制、创业意愿通过创业教育对创业行为产生的中介作用以及创业环境所发挥的调节作用。创业教育影响创业行为的概念模型如图5-2所示。

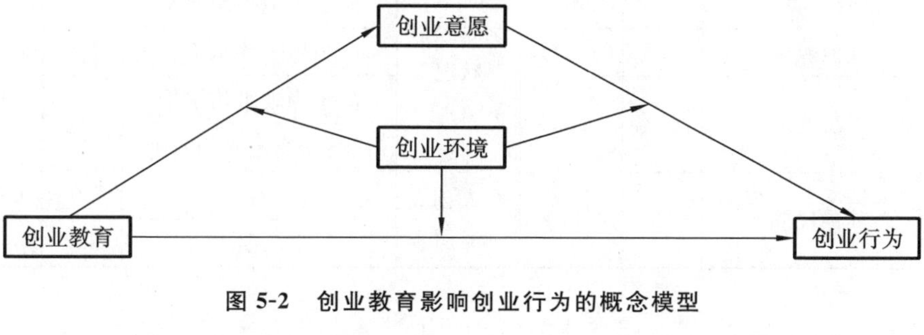

图 5-2　创业教育影响创业行为的概念模型

二、研究设计与研究方法

（一）研究对象

为减少共同方法偏差，研究加入了不同地区、不同类别、不同专业的学生样

---

① 本研究核心成果已发表于《黑龙江高教研究》2020 年第 2 期。

② 孙榕竟.大学生返乡创业意愿与提升的对策[J].天津中德应用技术大学学报，2020(6).

本。与此同时，大一新生对创业问题可能存在较高的理解偏差，而已毕业大学生的创业行为诱发因素除原先接受的创业教育之外，可能会存在更多的影响因素，因此调查对象最后确定为大学二年级及以上在读大学生。研究人员于 2019 年 9 月 1 日至 30 日对包括杭州科技职业技术学院等在内的 6 所本专科院校不同专业的学生展开了问卷调查，发放调查问卷 600 份，实际回收 489 份，问卷回收率为 81.5%，剔除无效答卷 57 份，最终获得 432 份有效答卷。表 5-1 所示为有效样本人口统计特征分布($N=432$)。

表 5-1　有效样本人口统计特征分布($N=432$)

人口统计变量		人数	百分比	人口统计变量		人数	百分比
年级	专科二年级及以上	256	59.26%	宗教信仰	有	414	95.83%
	本科二年级及以上	170	39.35%		无	18	4.17%
	在读研究生	6	1.39%	户籍情况	城镇户籍	155	35.88%
性别	男	126	29.17%		农村户籍	277	64.12%
	女	306	70.83%	父母创业经历	有	194	44.91%
年龄	20 岁及以下	267	61.81%		无	238	55.09%
	21—25 岁	165	38.19%	家庭经济状况	远低于当地平均水平	27	6.25%
专业	经济管理类专业	155	35.88%		低于当地平均水平	84	19.44%
	其他专业	277	64.12%		当地平均水平	286	66.20%
民族	汉族	414	95.83%		高于当地平均水平	33	7.64%
					远高于当地平均水平	2	0.46%
	其他民族	18	4.17%	个人创业经历	有	40	9.26%
					无	392	90.74%

（二）研究工具

研究所涉及的构念包括创业教育、创业意愿、创业环境、创业行为，均来自已有相关研究文献。性别、民族、文化程度、父母及个人创业经历等控制变量的选取也参考了以往相关研究成果。

（三）检验路径

在创业环境视角下，创业教育与创业行为之间的关系是一个包含有调节效应和中介效应的混合效果模型，根据温忠麟等早先提出的检验思路①，本研究的检验路径如图 5-3 所示。研究使用的统计软件主要为 SPSS 18.0、AMOS 24.0 和 PROCESS 3.3，研究变量中的性别、民族、专业、父母创业经历、户籍情况、个人创业经历、宗教信仰设定为虚拟变量，而年龄、年级和家庭经济状况参考相关研究，设定为连续变量。

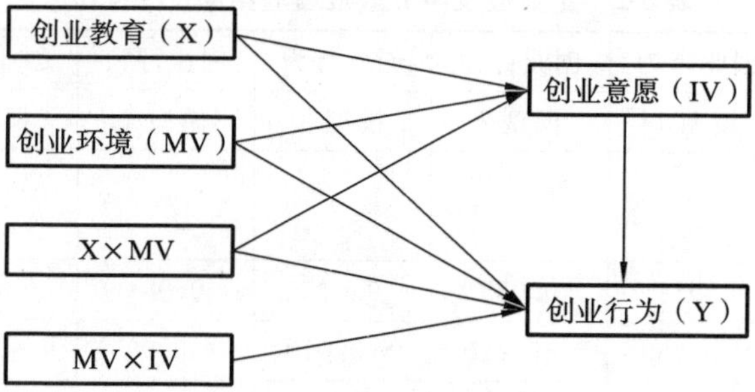

图 5-3　本研究的检验路径

三、数据分析与研究结论

（一）同源方差与信效度检验

研究通过 Harman 单因素检验法检验了共同方法偏差。未旋转的因子分析显示第一主成分所解释的变异量要小于 40%，这一结果可视为同源方差检验通过。创业教育、创业环境、创业意愿和创业行为 4 个变量的克朗巴哈系数均大于一般标准 0.7，信度较高。探索性因子分析(EFA)结果 KMO=0.889，$\chi^2=5714.313$，df=136，$p=0.000$，表明因子分析在测量题项上的适用性。在因子分析中，特征值大于 1 的因子共分离出 4 个，且载荷分布符合预期。验证性因子分析(CFA)显示，拟合较好的是四因子模型，χ^2/df<3，RMSEA<0.05，NNFI>0.9，CFI>0.9，RMR<0.05，GFI>0.9，AGFI>0.9，各项拟合指标都在标准范围内。相关性分析结果显示，4 个构念间的相关系数均小于平均提取方差的平方根，这表明问卷具备了良好的判别效度。

（二）主效应及中介效应检验结果

采用层次回归分析的检验结果表明(见表 5-2)，创业教育和创业意愿存在显

① 温忠麟，张雷，侯杰泰．有中介的调节变量和有调节的中介变量[J]．心理学报，2006(3)．

著正相关($\beta=0.366,p<0.001$),创业教育与创业行为存在显著正相关($\beta=0.274$, $p<0.001$),创业意愿与创业行为存在显著正相关($\beta=0.410,p<0.001$)。中介作用检验结果显示:创业意愿部分中介了创业教育与创业行为之间关系——直接效应(0.147)和中介效应(0.366×0.347)分别占总效应(0.274)的53.65%、46.35%。

表5-2 主效应及中介效应检验结果(N=432)

变　量	创业行为	创业行为	创业行为	创业行为	创业意愿	创业意愿
模型	模型1	模型2	模型3	模型4	模型5	模型6
第一步: 控制变量						
年级	0.034	0.033	0.093	0.084	−0.146	−0.146
年龄	−0.059	−0.020	−0.020	−0.005	−0.097	−0.045
家庭经济状况	0.118**	0.076	0.082*	0.065	0.087	0.032
性别	0.389***	0.270***	0.197***	0.163**	0.467***	0.309***
专业	−0.053	−0.083	−0.028	−0.047	−0.062	−0.102
民族	−0.213	−0.126	−0.145	−0.108	−0.166	−0.049
宗教信仰	0.082	0.082	0.037	0.044	0.108	0.108
户籍情况	−0.064	−0.019	0.002	0.016	−0.162	−0.101
父母创业经历	−0.042	−0.026	−0.086	−0.071	0.109	0.130
个人创业经历	0.247*	0.169	0.066	0.052	0.441**	0.337**
第二步: 创业教育		0.274***		0.147***		0.366***
第三步: 创业意愿			0.410***	0.347***		
常量	3.190***	2.476***	1.738***	1.579***	3.543***	2.590***
ΔF	5.684	77.766***	100.594***	23.987***	6.632	71.518***
R^2	0.119	0.257	0.364	0.415	0.136	0.272
ΔR^2	0.119	0.138	0.107	0.051	0.136	0.136

注:* 表示 $p<0.05$;** 表示 $p<0.01$;*** 表示 $p<0.001$(双尾)。

(三)有调节的中介模型检验

本书采用PROCESS 3.3的Mode 59(Mode 59假说模型与本书的理论模型一致)对有调节的中介模型进行检验。调节效应的检验结果显示(见表5-3),创业环境调节了创业教育与创业意愿之间关系($\beta=0.1407, p<0.01$)。

表 5-3　有调节的中介模型检验结果(1)($N=432$)

变　量	创业意愿			创业行为		
	β	标准误差	t	β	标准误差	t
常量	0.2662	0.2745	0.9699	3.1483	0.1812	17.3768***
创业教育	0.3347	0.0424	7.9005***	0.1253	0.0302	4.1544***
创业意愿				0.3271	0.0322	10.1531***
创业环境	0.0863	0.0543	1.5893	0.1458	0.0359	4.0621***
创业教育×创业环境	0.1407	0.0536	2.6243**	0.0808	0.0420	1.9223
创业意愿×创业环境				−0.0112	0.0419	−0.2671
年级	−0.1401	0.0751	−1.8655	0.0910	0.0498	1.8284
年龄	−0.0579	0.0771	−0.7512	−0.0255	0.0509	−0.5016
家庭经济状况	0.0264	0.0537	0.4925	0.0527	0.0354	1.4886
性别	0.3005	0.0809	3.7136***	0.1689	0.0542	3.1189**
专业	−0.0872	0.0740	−1.1772	−0.0377	0.0490	−0.7687
民族	−0.0455	0.1769	−0.257	−0.0998	0.1168	−0.8544
宗教信仰	0.0917	0.1151	0.7966	0.0162	0.0758	0.2137
户籍情况	−0.1128	0.0799	−1.4118	−0.0086	0.0528	−0.1637
父母创业经历	0.1177	0.0729	1.6149	−0.0815	0.0482	−1.6900
个人创业经历	0.3421	0.1269	2.6957**	0.0732	0.0844	0.8679
R^2	0.2881			0.4438		
F	13.0121			22.1281		

注：** 表示 $p<0.01$；*** 表示 $p<0.001$(双尾)。

进一步的层次回归分析表明(见表 5-4)，创业环境未能调节创业教育通过创业意愿对创业行为产生的影响。

表 5-4　有调节的中介模型检验结果(2)(N=432)

变　量	β	标准误差	t	F	R^2	ΔR^2
第一步:控制变量						
常量	1.614	0.216	7.485***	0.219	0.422	0
年级	0.081	0.051	1.595			
年龄	−0.005	0.052	−0.093			
家庭经济状况	0.068	0.036	1.910			
性别	0.160	0.055	2.900**			
专业	−0.045	0.050	−0.896			
民族	−0.104	0.119	−0.878			
宗教信仰	0.047	0.077	0.607			
户籍情况	0.016	0.053	0.29			
父母创业经历	−0.072	0.049	−1.469			
个人创业经历	0.050	0.086	0.588			
第二步:创业教育	0.141	0.030	4.642***			
第三步:创业意愿	0.337	0.033	10.302***			
第四步:创业教育×创业环境	0.088	0.043	2.065*			
第五步:创业意愿×创业环境	−0.020	0.043	−0.468			

注:* 表示 $p<0.05$;** 表示 $p<0.01$;*** 表示 $p<0.001$(双尾)。

从有调节的中介模型检验结果来看,仅创业环境调节创业教育与创业意愿之间的关系得到了数据支持。由图 5-4 可见,强创业环境(M+1SD)相较于弱创业环境(M−1SD),明显增强了创业教育对创业意愿的影响(高分组 Simple Slope=0.4282,t=8.5116,$p<0.001$;低分组 Simple Slope=0.2413,t=4.0248,$p<0.001$)。

(四) 研究结论与实践启示

实证研究结果显示,创业教育对创业行为存在显著的正向影响,创业意愿在两者之间起到了中介作用,而有调节的中介效应检验表明,创业环境显著调节了创业教育与创业意愿之间的关系。从实践角度来看,推动高职会展策划与管理专业的创新创业工作,一是可以以鼓励学生自学创业知识和参与创业社团为主要抓手,开展创新创业教育;二是可以以创业规范制度完善为核心抓手,提升创业环境建设;三是要着力发挥创业环境的调节作用和创业意愿的中介作用,使社会和高

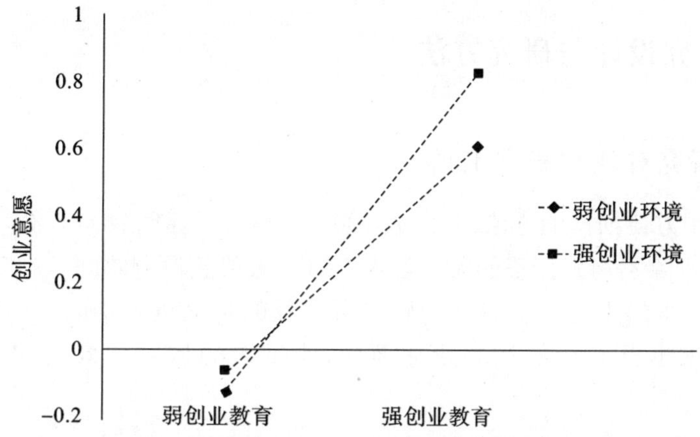

图 5-4　创业环境对创业教育与创业意愿之间关系的调节作用

校联手积极营造良好的创业氛围，并为学生提供更好的扶持政策，这对触发学生的自主创业行为将有积极作用。

第三节　自我效能感视域下创业教育与创业行为之间关系的链式多重中介效应模型

一、研究目的和研究模型

基于自我效能感理论，本书着重研究了创业自我效能感和创业意愿在创业教育影响创业行为中的中介作用，对过往文献提出的概念模型进行了完善并开展了实证检验，为理解创业教育到创业行为的“黑箱”过程提供了进一步的理论支持。创业教育对创业行为的影响模型如图 5-5 所示。

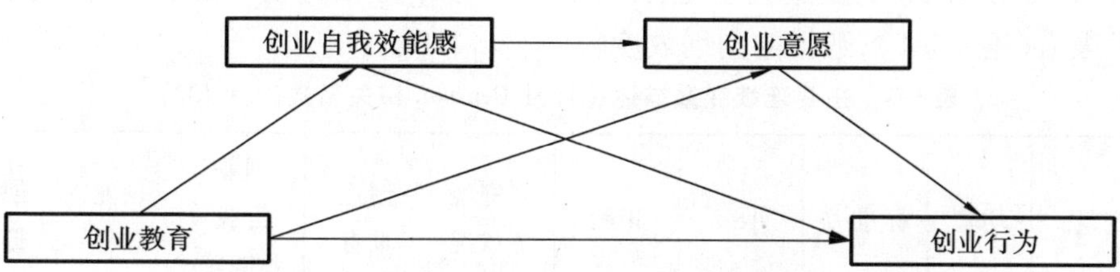

图 5-5　创业教育对创业行为的影响模型

二、研究设计与研究方法

（一）研究对象与研究工具

本书采用方便抽样的方法，共发放600份问卷，实际回收489份问卷（回收率为81.5%），剔除不规范作答的无效答卷57份，最终获得有效问卷432份。表5-2显示了有效样本的人口统计特征。研究所涉及的构念量表均取自国内外相关的成熟量表或依据已有成熟量表改编而成，原量表的信度和效度均经实证检验通过。

（二）检验方法

研究采用SPSS 18.0、PROCESS 3.3和AMOS 24.0三种统计软件，参照海耶斯（Hayes）、普里奇（Preacher）以及温忠麟等学者提出的中介效应检验路径，对相关假设进行检验。

三、数据分析与研究结论

（一）同源方差与信效度检验

采用Harman单因素检验法进行检验，结果表明数据的同源偏差在可接受的范围之内。通过方差膨胀因子（VIF）检验，研究基本可排除共线性问题。四个变量的克朗巴哈系数均大于一般信度检验通过的标准（0.7），构念的问卷可以用来测量评估。验证性因子分析（CFA）显示，拟合较好的是四因子模型，其各项拟合指标结果适配良好，表明问卷具有良好的结构效度。AVE均大于0.5，且CR均大于0.8，说明问卷的聚敛效度理想。从AVE的平方根与相关变量相关系数比较结果来看（见表5-5），数据的判别效度较好。

表5-5 主要连续变量描述统计及Pearson相关系数（$N=432$）

变量	均值	标准差	年级	年龄	家庭经济状况	创业教育	创业自我效能感	创业意愿	创业行为
年级	2.42	0.522	1						
年龄	1.38	0.486	0.288**	1					

续表

变量	均值	标准差	年级	年龄	家庭经济状况	创业教育	创业自我效能感	创业意愿	创业行为
家庭经济状况	2.77	0.697	0.182**	0.045	1				
创业教育	2.6281	0.88019	−0.032	−0.054	0.067	0.916			
创业自我效能感	3.2928	0.73618	0.007	0.000	0.063	0.538**	0.8771		
创业意愿	3.2957	0.83989	−1.33**	−0.073	0.022	0.443**	0.662**	0.9493	
创业行为	3.6497	0.63678	0.036	−0.009	0.125**	0.332**	0.516**	0.508**	0.8676
AVE的平方根						0.8055	0.8030	0.9079	0.8304

注：** 表示 p 在 0.01 水平(双侧)上显著相关。对角线的数字是组合信度 CR。

（二）主回归模型效应分析

采用 PROCESS 3.3 中包含 2 个中介变量的 Mode 6(Mode 6 假说模型与本书理论模型完全吻合)进行实证检验，主回归结果显示(见表 5-6)，创业教育对创业自我效能感和创业意愿具有正向预测作用，创业自我效能感对创业意愿和创业行为具有正向预测作用，创业意愿对创业行为具有正向预测作用。

表 5-6　变量间的回归分析

回归方程		整体拟合指数			回归系数显著性	
结果变量	预测变量	R	R^2	F	β	t
创业自我效能感	创业教育	0.5998	0.3598	21.4063	0.3979	11.6494***
	控制变量				Yes	
创业意愿	创业教育	0.6971	0.4859	32.929	0.1069	2.6592**
	创业自我效能感				0.6577	13.1544***
	控制变量				Yes	
创业行为	创业教育	0.5866	0.3442	16.8322	0.0246	0.7068
	创业自我效能感				0.2403	4.7198***
	创业意愿				0.2241	5.3491***
	控制变量				Yes	

注：** 表示 $p<0.01$；*** 表示 $p<0.001$(双尾)。

（三）中介效应分析

采用 Bootstrap 方法对中介效应进行进一步检验，结果表明，创业自我效能感和创业意愿呈现出十分显著的中介作用，总中介效应值为 0.1782，占总效应比例达87.870%（见表 5-7）。具体来看，创业自我效能感和创业意愿在创业教育与创业行为之间的中介效应通过三条中介链产生，这三条中介链 Bootstrap 95%置信区间均不包含 0，表明中介作用显著，且第一和第三条中介链的中介效应要显著高于第二条中介链的中介效应。

表 5-7　创业自我效能感和创业意愿在创业教育与创业行为之间的中介效应分析

变　　量	效应值	Boot 标准误	Boot CI 下限	Boot CI 上限	占总效应比例
总间接效应	0.1782	0.0259	0.1307	0.2298	87.870%
Ind1：创业教育→创业自我效能感→创业行为	0.0956	0.0254	0.0482	0.1489	47.140%
Ind2：创业教育→创业意愿→创业行为	0.024	0.01	0.0062	0.0456	11.834%
Ind3：创业教育→创业自我效能感→创业意愿→创业行为	0.0586	0.0146	0.0308	0.0888	28.895%
Ind1-Ind2	0.0717	0.0296	0.0148	0.1325	—
Ind1-Ind3	0.037	0.033	−0.0263	0.1046	—
Ind2-Ind3	−0.0347	0.0157	−0.0698	−0.0081	—

（四）研究结论与实践启示

本书基于链式多重中介效应，分析揭示了创业自我效能感及创业意愿影响创业教育与创业行为之间关系的内在机理（完全中介效应），通过中介效应的分解，进一步明确了创业自我效能感在创业教育与创业行为之间关系的核心地位。

基于实证检验结果，图 5-6 显示了修正后的概念模型。但应注意的是，如果采用层次回归分析单独检验创业教育对创业行为的直接影响，结果是显著正相关的（见表 5-8），模型中不显著的原因就在于完全中介效应（通过三条中介链实现）。从促进高职会展学生创业实践来看，一是可以开展创新创业知识与技能自我教育，倡导参与创新创业社团进行锻炼，提升创业自我效能感；二是应积极组织创新创业讲演，提高创业信心来增强创业意愿；三是要注重发挥创业自我效能感和创业意愿的链式多重中介效应。

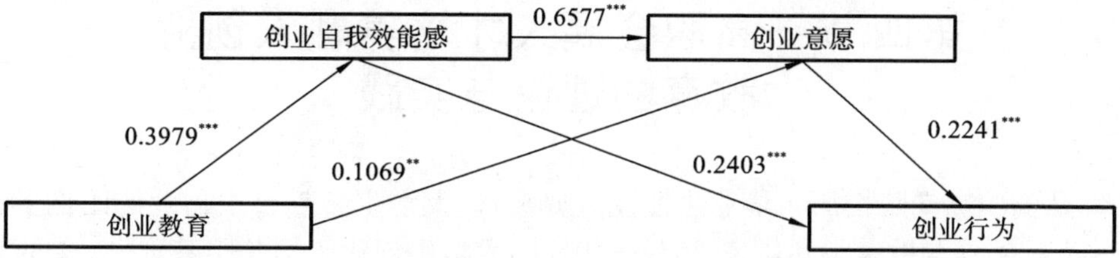

图 5-6　基于链式多重中介效应的创业教育与创业行为关系模型

表 5-8　创业教育对创业行为的回归分析

变　量	创业行为		创业行为	
模型	模型 1		模型 2	
	β	t	β	t
第一步： 控制变量				
年级	0.052	0.818	0.053	0.864
年龄	−0.048	−0.734	−0.021	−0.328
家庭经济状况	0.136	30.015**	0.105	20.402*
性别	−0.295	−40.393***	−0.208	−30.149**
专业	0.112	10.790	0.134	20.215*
民族	0.144	0.962	0.081	0.558
宗教信仰	−0.117	−10.205	−0.118	−10.259
户籍情况	0.031	0.458	−0.003	−0.048
父母创业经历	0.021	0.333	0.008	0.136
个人创业经历	−0.276	−20.568*	−0.218	−20.111*
第二步： 创业教育			0.203	60.036***
常量	30.669	140.815***	30.087	120.030***
ΔF	4.567***		36.436***	
R^2	0.098		0.170	
ΔR^2	0.098		0.072	

注：* 表示 $p<0.05$；** 表示 $p<0.01$；*** 表示 $p<0.001$（双尾）。

第四节 高职会展人才培养融入创业教育的理论与实践

从高职高专院校历年毕业生就业数据来看，大学生参与自主创业的比例多在1%以下①，这与欧美发达国家20%—30%的大学生创业比例差距甚远②。如果再看创业成功率，参考光明日报的报道，我国大学生自主创业成功率仅为2%—3%，这一比例与美国大学生20%的创业成功率也有相当大的差距。③

重视和加强大学生的创新意识、创造精神和创业能力培养，大力开展创新创业教育，使学生毕业后能够拥有创新创业观念和一技之长，是面对未来就业挑战的必要之举。从某种意义上说，创业创新是当代社会赋予大学生的历史使命，而助推大学生积极投身创新创业则是高校及全社会应有之责任。

创业教育的提出者柯林·博尔1989年在《学会关心:21世纪的教育圆桌会议报告》中提出了21世纪新的教育观念，即未来人们都应拥有三本“教育护照”:第一本是学术性的“教育护照”，第二本是职业性的“教育护照”，第三本是证明个体的事业心与开拓技能的“教育护照”，他将“创业能力”作为面向21世纪继学术与职业能力之后的第三种重要能力，即“第三本教育护照”。④ 由此，学术能力、职业能力和创业能力这三种能力构成个人能力的有机整体，并得到普遍重视。创业带动就业是扩大就业渠道、增加岗位的重要途径，但作为创新创业生力军的大学生群体当下仍然存在创业意愿低、创业成功率不高的问题，这与创业教育的缺失不无关系。

一、国内外典型创业教育模式

从国外创业教育的发展来看，欧美等发达国家已有数十年的历史，并已经形成了一套较为成熟的教育体系。开展多形式创业教育，制定和完善各类与创业教育相关的政策，促进高校与企业间的合作，对高校教师进行创业教育，促进创业教

① 李士明.高职高专院校教师促就业稳就业策略探究[J].卫生职业教育，2021(4).

② 苗苗，宁迪，王耀卫.基于大学生参与动机视角的高校创新创业教育内容分析研究[J].成都大学学报(社会科学版)，2021(1).

③ 数据来源:尚琳琳.创业成功率仅2%—3%:休学创业得让人敢迈第一步[EB/OL].(2017-03-28)[2021-02-15].https://baijiahao.baidu.com/s?id=1563103225474901&wfr=spider&for=pc.

④ 许超，陈菁菁.以“互联网+”大赛为载体推动创新创业教育——以广东高职院校为例[J].科技创业月刊，2018(5).

育与高等教育大众化同步发展并逐步走向普及化，推进创业教育与专业教育充分融合，创建创业基地，构建集社会、学校、家庭为一体的支持系统等都是经过实践检验的做法，这对我们探索系统化的创业教育机制，以及制定符合我国创业教育实际情况的教学内容和教学形式具有积极启示作用。

（一）国外创业教育的典型模式

在贝沙尔(Bechard)和图卢兹(Toulouse)看来，创业教育实际上就是一种教学模式，其教育内核在于整合商业活动的各组合因素。① 国外创业教育发端于20世纪初，其主要模式有三种：一是“政府引导＋社会主导＋高校辅导”的北美模式(以美国为代表)，二是“社会、政府和高校三位一体”分工的西欧模式(以英国为代表)，三是“政府主导＋社会和高校辅导”的东亚模式(以日本为代表)。②

从院校具体执行上看，也有几种常见的做法。一是在现有课程教学中渗透创业教育，该模式认为没有必要设置专门的创业课程，创业教育的开展仅需改变已有课程的教学方式，使创业元素渗透到各门课程的教育过程之中；二是开设专门的创业课程甚至是以创业学院(系部)形式开展创业教育，该模式认为创业教育需要有营销、金融、管理等专门课程依托乃至专门教学机构的支持；三是侧重创业实践的创业教育，该模式是基于创业实践来指导学生创业。③

（二）国内创业教育的典型模式

国内高校创业教育可从清华大学1998年成立的中国创业研究中心算起，至今走过了20多年的历程。④ 从整体发展来看，国内创业教育历经了多方面的重要转变：一是从创业竞赛到创业教育的重要转变；二是从师资培训到学生培养的重要转变；三是从课堂教学向多种模式的重要转变；四是从知识传授向素质教育的重要转变。⑤

从实施倾向视角来看，国内创业教育存在着五种不同的教育理念：第一种创业教育理念将创业教育与素质教育有机融合，侧重学生整体能力与素质的提升；第二种创业教育理念重点强调创业意识的培养；第三种创业教育理念聚焦学生创业技能的提升，十分重视创业实践活动的开展；第四种创业教育理念以创业计划

---

① 赵慧君，杨清溪. 高师院校创业教育的突破口——为教育服务产业培养人才[J]. 长春师范学院学报，2013(7).

② 朱孟斐. 构建“四位一体”大学生创业教育模式之我见[J]. 中国成人教育，2019(9).

③ 王婉萍. 大学生创业教育及保障体系的研究[D]. 杭州：浙江大学，2006.

④ 魏卫，黄伟钊，胡兰双，等. 角色差异的创业教育对创业素质影响研究——以高校旅游专业为例[J]. 华南理工大学学报(社会科学版)，2019(2).

⑤ 李伟铭，黎春燕，杜晓华. 我国高校创业教育十年：演进、问题与体系建设[J]. 教育研究，2013(6).

撰写及创业案例教学为核心路径；第五种创业教育理念将创新教育视为整个创业教育的中心和基础，突出培养学生创新能力的重要性。①

概括说来，国内典型的创业教育操作模式主要有四种：一是基于接受教育与自我教育的学习创业教育模式；二是以创业竞赛、勤工俭学及技术研发与转让等多种形式为载体的尝试创业教育模式；三是将创业教育贯穿全过程的自主创业教育模式；四是以更新观念、优化环境、提供支持等为手段的营造创业教育氛围模式。②

二、高职会展专业多层次递进式创业教育模式

作为一项无定式的自主创新活动，创业对个体的综合素质与意志品质都有较高要求。除了要建立个人创业知识体系，参与各类实践活动也是必不可少的。各类实践活动在强化自我意识、深化知识学习、纠正认知偏差、提升能力素质、弥补自控不足和不断发展完善自我方面发挥着积极作用。③

培养大学生的创业能力从某种意义上说就是为未来经济发展锻造合格的企业家。④ 大学生创业能力培养要接受社会的检验，正如陶行知在《学生自治问题之研究》中所倡导的教育理念，高职院校会展专业学生的创业不应是自由行动，而应是在教师指导下的"练习创业"。在创业教育体系中，高校作为创业教育体系的主干，应当在创业教育体系中发挥关键和核心作用。但值得注意的是，在实际创业教育活动开展过程中，时常存在高校内部的创业教育活动热火朝天，而外部社会对大学生创业能力并不认可这一尴尬局面。究其原因，创业师资、培养理念、实践操作等方面都可能是潜在的影响因素。

就目前创业教育开展情况而言，在重要性认知、创业课程体系构建、专业师资培养、教学模式创新、创业环境营造等诸多方面仍存在着不少问题。针对这些问题，本书结合国内外大学生创业教育的典型操作模式，以及结合课题组成员前期承担的浙江省人力资源和社会保障科学研究课题"分层次递进式大学生创业教育模式构建研究"(立项号 L2012A014)的研究成果⑤，提出了"理论＋模拟＋实践"的分层次递进式大学生创业教育模式，如图 5-7 所示。

---

① 黎江．对高等教育领域创业教育模式的认识[J]．高等农业教育，2004(12)．

② 吴婕．我国高校大学生创业教育研究述评[J]．现代教育科学，2009(9)．

③ 纪玉超，林海涛．大学生创业能力的内涵解析及多维培养方式[J]．教育与职业，2011(30)．

④ 杨晓慧．大学生创业能力培养的瓶颈问题与策略选择[J]．中国高等教育，2010(18)．

⑤ 本研究核心成果已发表于《现代交际》2013 年第 6 期。

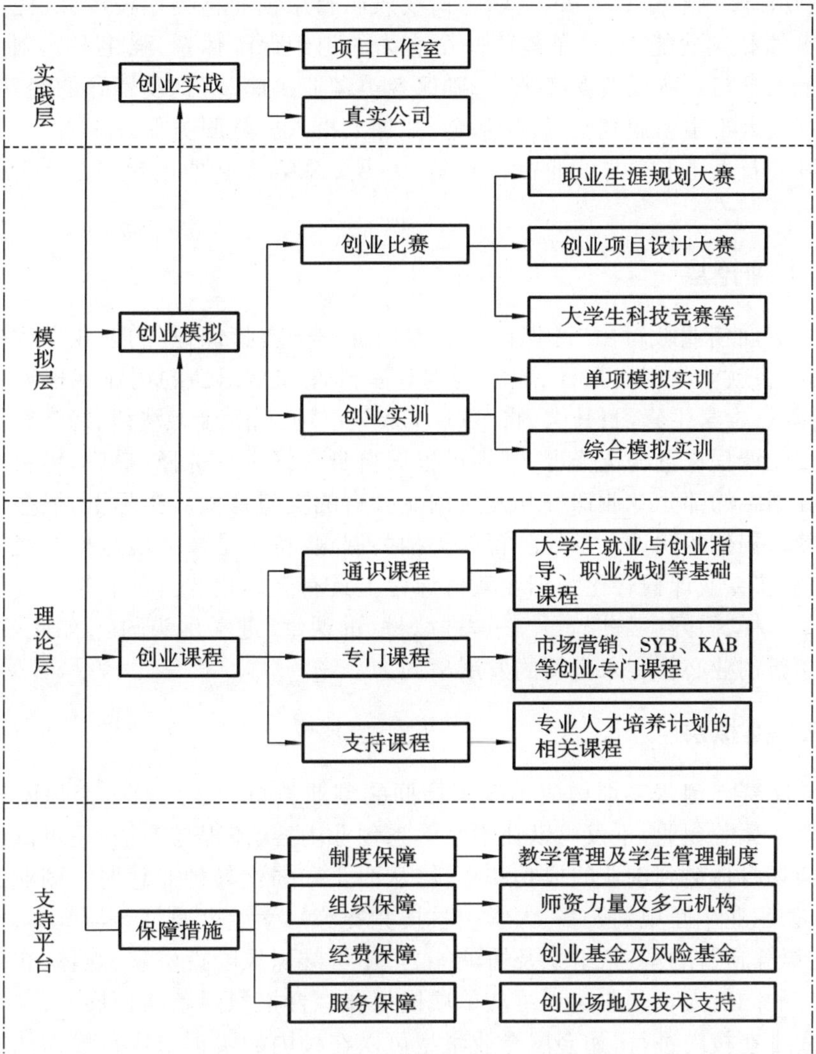

图 5-7　“理论＋模拟＋实践”的分层次递进式大学生创业教育模式

（一）支持平台

模式无论是在理论层、模拟层，还是在实践层实施中，都离不开创业平台的支持，其包括了制度、组织、经费和服务四方面的保障。从制度保障来看，一是要改革教学管理制度，推行弹性学制，给予创业成果学分认定；二是要改革教育评价制度，采取灵活且富有弹性的学业成绩评价方法；三是要改革学生管理制度，更多发挥学生的主观能动性，培养其独立的思想意识与坚韧不拔的品格。从组织保障来看，一是要保障创业师资力量，全职聘请或兼职聘用创业精英入校授课，提高学生创业敏锐性和实战能力；二是构建一个有力的组织保障体系，强化多元创业教育主体的融入参与。从经费保障来看，确保各类创业讲座、培训及辅导的经费支持，同时应创设大学生创业基金、风险基金，并加大投入。从服务保障来看，可为创业者提供办公及营业（校内创业街商铺等）场所，并给予必要的经营、管理和技术支持。

（二）理论层

理论层面创业教育由“通识课程＋专门课程＋支持课程”的创业课程体系实现。首先，将就业与创业指导、职业规划等基础性和常识性的创业课程设置为必修课，要求每位学生修习；其次，将 SYB、KAB、市场营销、金融法律、经济管理等创业专门技能课程设置为选修课，学生可根据自身喜好进行选择；最后，可将专业人才培养计划中的部分专业课程开发成创业教育的支持课程。实际上，很多专业的人才培养课程体系均设立了经济管理类相关课程，特别是像会展这样的经济管理类专业，在将专业课程转化为创业教育课程上具有天然优势。创业教育要像思政课程改革一样，做好“三进”工作——进教材、进课堂、进学生头脑①，如此一来，大学生的创新创业必将迎来全新的发展格局。

（三）模拟层

创业比赛与创业实训构成了模拟层面的创业教育。学生在一个风险压力可控的环境下体验创业，不仅可以让学生熟悉创业内容、流程与方法，还可以使其有更多机会切身体会到创业的成功和喜悦，从而正向强化其创业意愿。创业比赛形式多样（如职业生涯规划大赛、大学生科技竞赛等），学生可通过参与赛事，提升竞技水平，培养自身的沟通、组织及协调能力，还可结识风险投资家、媒体、企业家和富有朝气的同龄人。创业实训可从单项模拟和综合模拟两条路径展开，单项模拟实训可安排在校内进行，如会展专业学生可以在校内的实训室进行模拟的招展招商工作等。综合模拟实训则需要将单项模拟实训项目进行整合，比如在教师指导下，在校内策划举办会展项目等。②

（四）实践层

实践层面的创业教育是由真实风险压力下的项目工作室或真实公司组织形

---

① 杨泽宇，李维昌．思想政治理论课考试模式及其改革问题解析——兼论高校思想政治理论课程改革与学生思想政治素质评价办法[J]．国家教育行政学院学报，2007(2)．

② 毛燕慧．基于 PBL 模式的中职计算机基础教学研究[J]．现代交际，2013(6)．

式构成的。它能综合检验学生所学的创业知识与技能，对学生经营管理和社会交往等各方面能力提出了更高的要求。

实践层面的创业教育应与高职会展专业“双创”融合人才培养模式(见图 5-8)大体吻合，高职会展专业应用分层次递进式大学生创业教育模式应注意把握以下特点。

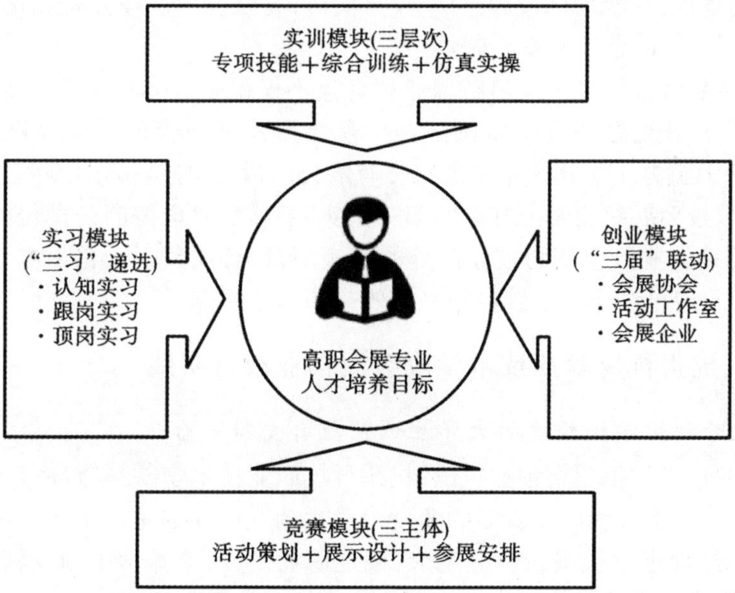

图 5-8　高职会展专业“双创”融合人才培养模式①

一是层次性。理论层侧重于传授创业知识以解决认知问题，模拟层侧重于技能培养以解决动手问题，实践层侧重于风险教育以解决生存和发展问题。二是递进性。理论层的知识传授目的是激发兴趣和提供理论指导，模拟层的实践模拟意义在于通过“试错”锤炼技能和增强信心，实践层的创业实战既是对理论知识的检验也是一种风险教育。三是系统性。分层次递进式大学生创业教育模式是一个由多个子系统共同组成的、能够充分发挥和调动学生主观能动性和个性创造力的有机系统。

三、高职会展专业创业教育的实践与探索

从 Top30 高职院校的会展专业创业教育开展情况来看，其目前已经形成了一

① 张静.高职会展专业双创融合人才培养模式构建[J].职业教育研究，2021(1).

批较为丰富的实践成果。以浙江旅游职业学院为例，其会展专业拥有自己的校办企业——杭州旅苑会展有限公司，公司旗下分为两个发展部门，旅苑会展项目部和极光文化项目部。公司自2010年成立以来，将公司项目与专业实践教学紧密挂钩，在专业工作室、综合实训周项目、专业课程实践模块中引入了公司真实项目。公司每年还参与项目教学实践评价，全浸入式参与专业实践教学活动，截至目前，已为该校会展专业引入近百个真实项目，充分发挥了校办企业优势，与专业教学形成了良好的合作共赢机制。

高职会展院校积极开展创新创业教育也不仅仅是Top30高职会展院校独有的做法。以浙江金融职业学院国际商学院会展策划与管理专业为例，该专业于2015年12月创办了杭州先创会展服务有限公司，其前身是杭州优胜会展工作室，该公司是该校会展专业着力打造的第二个实践基地，完全按照公司化的模式运行和管理，承接的业务全部为校园内外的真实项目，公司负责人也由本专业毕业生担任，公司目前已经产生了较佳的经济效益和示范效应。

（一）杭州科技职业技术学院会展创业教育实践

1. 充分利用学校构建的大学生创业教育支持平台

为了营造大学生创新创业氛围，杭州科技职业技术学院一直高度重视学生创业工作，从个人发展和职业规划的角度为学生创业出谋划策。学校定期为学生进行职业指导，促进学生更新就业观念，确定职业定位，培养学生创业精神，并从制度、组织、资金和服务上构建大学生创业教育的支持平台。

在学校层面，出台了《杭州科技职业技术学院富阳创业产业园管理办法》《杭州科技职业技术学院学生科研项目管理办法》等一系列学生创业创新管理办法；在学校工作部门层面，编制了《就业指导手册》；在二级学院工作层面，出台了学生创业奖励办法和教师就业创业指导奖励办法；在学生团体层面，制定了包括《杭州科技职业技术学院大学生创业俱乐部章程》《创业广场创业团队管理办法》《杭州科技职业技术学院KAB创业俱乐部章程》《大学生科学技术学会章程》等在内的一系列创业就业社团章程。这些共同构成了杭州科技职业技术学院大学生创业管理的制度体系。

杭州科技职业技术学院在学生处下设就业创业指导中心，中心设主任一名和工作人员多名，专门从事学生就业创业指导工作，学生也自发成立了大学生创业俱乐部以及雏燕工作室等一系列学生社团，从而形成了主管副校长牵头，就业创业指导中心负责，专业教师和辅导员共育，学生社团参与的组织体系。

此外，学校及各学院在实训楼工作室用房、创业街店面、创业楼入住及创业项目资金启动等各方面均为大学生提供支持服务，同时为学生创业团队配备指导教师，并在项目培训、投资管理、技术研发、产品孵化等方面提供服务。

2. 打造有机的创业教育课程体系

首先，在必修课程设计方面，学校在第一学期和第四学期面向全体学生开设就业指导必修课程，共计 32 个学时。其次，在专门课程方面，学校以全校性公选课为载体，为学生提供营销、财务、沟通等各类创业专门课程，学生可获得最高 96 学时的创业专门课程教育。再次，学校还举办杭州科技职业技术学院 SYB 创业培训班，为学生提供企业经营管理中可能会涉及的项目、市场、团队、资金、税务等多方面的培训，每期开设 2 个班，每班 24 人，由不同专业学生组合建班。最后，在大学生专业课程教学过程中，学校推行基于工作过程系统化的教学理念和方法，使学生能够熟悉未来的工作流程，强化工作技能。

以会展专业为例，会展调研、会展营销、会展策划、会展项目管理等课程作为会展策划与管理专业的核心课程，教学内容涉及会展企业的设立、组织结构和企业管理、展会立项和策划、产品定价与营销、现场接待与服务、财务管理等创业全流程环节，涵盖面广，操作性强，授课过程与学校创业支持平台相结合，有力地培养了学生的创新创业能力。

此外，学校还充分利用专家讲座、座谈、论坛等各种形式开展大学生创业教育。如大学生创业俱乐部倾情打造的特色品牌活动“创业乐知汇”，以大学生创业本身为中心，定期开展创业交流，为想创业、在创业的同学提供支持与帮助。“创业乐知汇”每次都有不同主题，每次都有别样精彩，从多方位多角度解读大学生创业，与同学们共同探讨创业问题，汇聚创业思想，深入互动交流。

杭州科技职业技术学院通过通识课程、专门课程和融入创业教育的专业课程，辅以各种创业讲座和创业论坛，打造了有机的创业教育课程体系。

3. 创业比赛周期化，创业模拟常态化

(1) 每年定期举办职业生涯规划大赛。

比赛分为创业规划组和职业规划组两类，每类比赛都分成了初赛、复赛和决赛。获得创业规划组一等奖的 10 个项目将获得入驻创业街(商铺)的资格。两类比赛都得到了全校师生的积极响应和热情参与，每年都有数百名学生参加比赛，数百名教师参与指导。比赛还设立了创业街答辩环节，在复赛中选拔多个适合创业街经营的项目，通过现场答辩形式角逐 10 家店面，其余项目则作为替补，若获得经营资格的店面未按照规定正常营业，将取消经营资格，从待选项目中选拔出新的项目补位。职业规划组在比赛环节设置中，除了 PPT 演示之外还引入了非领导小组讨论、职业情景模拟等环节，让学生体验不同形式的选拔。历届比赛中还设置了一个捐赠仪式，上一届创业街部分优秀团队会捐出一年来经营获得的部分收益以回馈学校，定向帮助那些希望创业而资金短缺的学生。

(2) 常态化的创业模拟训练。

以会展策划与管理专业为例,学生在博闻会展协会和会奖旅游工作坊中组建项目团队和创业团队,在校内自主创办各类展会项目,包括淘宝展、购物节、跳蚤市场、乐游节等,在校外主动对接各类项目落地执行,洽谈劳务津贴、安排执行人员、做好服务保障,多方位、全流程地锻炼了创业的各项技能。

4. 鼓励和推动学生面向校园、面向社会开展创业实践

以校园创业项目为例,历年来孵化的项目有布丁美甲、雪莱家具淘宝店、新主人二手交易店、创壳贴手机壳定制网店、Mag-house 小铺、侨家 1911 中高端女装淘宝 4 钻店、芭碧萝饰品盒、山核桃深加工系列产品、临安特产直销、芝麻开门大学生兼职实训在线、拾光摄影工作室、杭州华宇旅行社、科蓝电销工作室等。其中,198 校园网络超市项目曾获得 2013 年校级创业规划组比赛一等奖。

再看面向社会的创业案例,学校会展专业毕业生创办了杭州鼎轩广告有限公司,主营品牌新品发布会、房地产活动、展览展示、招商大会、庆典年会晚会、明星音乐节等项目,该公司成立至今先后获得过奥迪全国营销大赛金奖、碧桂园年度优秀服务供应商、金地年度优秀战略合作商等多个重量级的奖项,其业务已经覆盖 5 个省份 30 余座城市,包括北京、上海、杭州等多个一线、准一线城市,年营业额突破 5000 万元,在房地产活动策划行业中已有不俗的排名及影响力。

(二) 分层次递进式高职会展专业创业教育实施对策

当前,高等职业教育的培养目标应该以职业能力和职业素质养成为核心,这一观点已经得到越来越多职业教育工作者的认同,由此,培养模式也应是围绕职业能力和职业素质养成这个核心而设计的体系。在日常教学过程中,课程是培养模式的重要载体和表现形式,开展以"学生主体、就业导向、企业参与、能力本位、素质同步"为总体目标的课程及课程体系改革,对于高等职业教育最终培养目标的达成起着十分关键的作用。课程能力本位改革,强调应知和应会,对培养高等级一线应用型人才起到了非常重要的教学指导作用。但在创新创业上,学生面临着许多的不知和不会,如何变不知为知,变不会为会,光靠创业课程教学肯定是不够的。如何在课程和人才培养全过程融入创新创业教育,基于"理论—模拟—实战"分层次递进式创业教育模式,针对当前会展创业教育中存在的问题,本书提出了提高和完善高职会展专业创业教育的几点对策。

1. 提高创业教育认识,营造良好创业氛围

认识不到位是当前高校开展创业教育不尽如人意的主要原因之一。[①] 虽然调

---

① 吴婕. 我国高校大学生创业教育研究述评[J]. 现代教育科学,2009(9).

查结果显示,近90%的大学生希望能在创业前接受创业技能方面的培训,也有超过80%的大学生认为高校有必要开展一定的创业教育,但目前高校对创业教育的制度建设、资金投入、师资配备等方面仍有欠缺,高校关心就业指标的完成率,但对学生的创业指标并不十分重视。与此同时,由于缺乏引导和激励,很多大学生并未形成创业意识,一些创业类课程也被他们认为是可有可无或赚取学分的选修课程而已。因此,要提高大学生创业教育的成效,首先应提高高校领导和师生对创业教育的认识,积极营造创业教育良好氛围,这是深入开展创业教育的前提和关键。从某种意义上说,分层次递进式大学生创业教育模式中的平台建设情况可以反映出学校在创业教育认识上的水平。

具体而言,可从三个方面进一步开展工作:一是通过创业讲座、竞赛等形式加强高校创业文化建设;二是借助校内就业指导机构、创业社团等组织加大创业宣传力度;三是积极传播创业优惠政策及激励措施,营造一个全员关注创新创业的积极氛围。

2. 加强创业课程体系建设

创业教育课程体系是影响大学生创业教育成效的一个核心驱动因素。课程理论教学和实践教学是向学生传授创业知识和创业技能的有效途径。要综合考量创业通识课程、专门课程和支持课程的比例和衔接,通过课堂教学、专家讲座、案例教学、项目实训等多种方式让学生能够更充分地接触创业,从而形成创业意识,培养创业技能。创业教育课程体系要对全体学生进行创业的通识教育,要对有创业意向和兴趣的同学提供创业专门教育,还要在专业教育中渗透创业教育,打造管用、够用、能用、适用的创业支持课程矩阵。①

3. 建立具有创新创业能力的专业化师资队伍

高素质的师资队伍是创业教育得以开展的前提,也是创业教育能否取得成效的重要保障。要建设一支业务娴熟的创业教育师资队伍,学校可以通过国际合作、培训、引进校外教师以及聘请实操和理论兼备的创业家、企业家和咨询师等担任兼职讲师等多种形式,加强创业教育师资队伍的建设。具体而言,建设高素质、专业化的创业师资队伍,可以从以下两方面入手:一是从社会上直接聘用有创业经历的专家,使学生更加深刻地理解创业行为,提升创业实战能力;二是可加大对现有教师的培训力度,许多高校囿于编制、资金等限制,无法扩充现有创业教师的数量,针对这一情况,可以采用培训的方式来提升现有教师的理论指导水平,同时通过给予实践参与机会提升其实践认知水平,最终现有教师通过知识和技能指导,使更多学生受益。

---

① 孔正林.用“管用、够用、能用、适用”原则指导职业教育课程改革[J].职业,2016(35).

4. 构建大学生创业平台和实践基地

课堂创业教育更多地传授给学生的是创业基础理论知识，若想全面提升大学生的创业素质，就必须通过实践的方式进一步巩固其所学知识，激发其创业潜能、创业欲望，锻炼其创业能力。支持学生创业实践可以从三个方面入手：一是为创新创业活动提供场所支持并提供必要的指导和配套服务，打造创业实践基地；二是积极开展创业创新交流活动，如创业竞赛、专家讲座、企业参观和考察实习等；三是开展各类创业实践活动，如模拟创业、项目执行或是创办企业，从实战视角检验学生的创业能力。

5. 建立大学生创业支持与服务体系

创业教育取得成功离不开强有力的创业支持体系。可以从四个方面构建有效的创业支持与服务体系：一是建立创业项目指导和激励机制；二是建立政策扶持机制和经费投入保障机制；三是组建各种形式的创业咨询、指导和帮扶机构；四是建立切实可行的创业教育评价机制。①

总而言之，创业教育是大学教育的应有之义，对高职会展专业创业教育而言，一是要强调学生创新精神的培养，二是要推动学生形成创新创业思维，三是要将创业教育融入课程体系、融入实践体系和融入师资体系。从具体实践路径上看，一是要调整高职会展专业办学指导思想，改革传统人才培养模式，以创新创业服务地方会展经济发展；二是要加强校企联合，打造校企共创的“共同体”，实现长远合作；三是要改革创新教育教学模式，实现“一体化”教学体系；四是要为高职会展专业创新创业教育提供高素质师资保障；五是要加入创新创业评价元素，改变传统人才培养评价机制；六是要构建会展专业学生创新创业实践平台，形成具有感召力的校园创新创业文化。②

---

① 胡莉. 大学生创业教育问题分析及对策研究[D]. 太原：山西财经大学，2012.

② 张健康，黄彬. 会展特色专业建设理念、实践与探索[M]. 杭州：浙江大学出版社，2011.

第六章　高职会展课程建设的生利路径

第一节　高职会展专业课程体系的规范与完善

课程建设从微观上看就是单门课程的教学组织过程，从中观上看就是课程设置，从宏观上实际可视作人才培养模式，课程目标、课程内容、课程实施和课程评价是高职课程建设的四大内涵要素。[①] 一般而言，从中观层面认识和把握课程建设，构建课程体系框架，更加符合教育教学实践的需要。

课程体系及其课程是高职会展专业人才培养的主要载体，也是专业人才培养方案的核心内容，其关系到专业人才培养目标的实现以及专业培养标准的落实。[②] 从斯派迪（William G. Spady，1981）提出的成果导向教育（OBE）理论视角来看，课程设计应以需求或人才培养的成果为起点反向设计，也即通过“需求→人才培养目标→毕业要求→课程体系→课程→教学要求→教学内容”路径实现。[③] OBE中“教主于学”的教学理念是以学生为中心的能力本位教育，也即所教取决于所学、如何教取决于如何学、教得怎么样取决于学得怎么样，这与陶行知的职业教育思想内核是一致的。[④]

一、生利导向的高职会展专业课程目标定位

《教育部关于加强高职高专教育人才培养工作的意见》指出，高职教育的培养目标是“培养拥护党的基本路线，适应生产、建设、管理、服务第一线需要的，德、智、体、美等方面全面发展的高等技术应用性专门人才；学生应在具有必备的基础理论知识和专门知识的基础上，重点掌握从事本专业领域实际工作的基本能力和

---

① 鲁捷，王粤钦. 本科高职课程建设的研究[M]. 北京：中国社会科学出版社，2014.

② 王丽，王威，张杨梅. 新工科背景下信号与信息处理课程群构建[J]. 高教学刊，2021(8).

③ 马国勤. 基于 OBE 理念的高职课程教学模式研究与实践[J]. 职教论坛，2020(5).

④ 彭雄凤，余光群，李青云，等. 基于成果导向的高职“机械制图”课程教学改革研究[J]. 南方农机，2021(5).

基本技能,具有良好的职业道德和敬业精神”①。这是对我国高职教育培养目标比较系统准确的阐述。

从需求侧来看,会展中心城市的会展人才需求集中于公司规模在500人以下的会展、广告、文旅和传媒类民营企业(见表3-8、表3-9、表3-10、表3-11),以客户经理、平面设计师、项目经理、文案策划等职位为代表的会展营销类、会展设计类、会展运营类和会展策划类岗位是需求的主体(见表3-12、表3-13、表3-14、表3-15、表3-16、表3-17),其中会展营销类和会展设计类岗位占据了重要位置。

值得注意的是,虽然当下会展核心领域和产业链领域之外的企业仅提供了不到30%的就业机会(见表3-11),但从未来成长角度来看,这些企业或将为高职会展专业学生带来更加广阔的就业空间,有效拓宽就业领域和改善就业前景。因此,就职业方向而言,高职会展策划与管理专业应定位于面向会展公司、广告公司、公关公司、传媒公司以及其他企事业单位的营销服务、展示设计、项目管理、文案策划等相关岗位,培养高素质技能型人才。陶行知曾说,“事怎样做,就须怎样学”,这也意味着,只有把“事”厘清,“学”才能正本清源。概括来说,我们可以从以下三个方面深刻理解这一职业的定位,以便更加清晰地把握高职会展专业课程体系设计的核心逻辑。

(一)会展核心领域和产业链领域的企业仍是当前会展专业人才需求的主体

本书第三章的研究结论表明,会展、公关、市场推广、广告等会展核心领域的企业,以及影视、媒体、艺术、文化传播、酒店、旅游等会展产业链领域的企业仍然是当前会展就业岗位的主要提供方(提供超过70%的就业机会),而核心领域中的会展场馆、政府管理机构及行业协会所提供的职位非常有限。虽然非会展核心领域和非产业链领域的企业是未来会展人才需求市场的重要增长点,但从目前来看,其并未成为市场需求的主体。

(二)会展营销类、会展设计类、会展运营类和会展策划类岗位是需求核心

基于不同类型、不同规模、不同领域市场主体的岗位需求分析显示,以客户经理、销售经理、销售代表、平面设计师、三维设计师、空间设计师、项目经理、会务专员、活动执行、文案策划、策划经理、活动策划等岗位为代表的会展营销类、会展设计类、会展运营类和会展策划类岗位是企业会展人才需求的核心,其中会展营销

① 引自《教育部关于加强高职高专教育人才培养工作的意见》。

类和会展设计类岗位需求尤为突出。

（三）应结合区域经济、产业发展和院校特色合理优化和完善课程体系定位

立足于服务区域经济社会发展，是高职会展院校办学的重要使命和核心价值所在，也是专业可持续发展的必由之路。[①] 高职院校只有扎根区域产业发展的丰沃土壤，才能获得源源不断的发展动力。[②] 高职会展院校在优化和完善课程体系时，必须时刻牢记和把握区域经济社会发展和产业发展的需要，同时结合自身办学基础、条件、特色和目标，才能使专业获得长远发展的持久动力。

二、就业力视角下的高职会展专业教育

（一）高职会展专业大学生就业力模型能力维度

高等职业教育是高等教育的重要组成部分，是实现高等教育大众化的重要基础，更是职业教育的龙头。高职院校的根本任务是培养高技能的人才，和其他高等院校一样，教学是学校的中心工作，教学改革是各项改革的核心，提升教育质量是永恒的主题。高职教育质量高低的一个重要的衡量标准就是高职毕业生的就业力(Employability)。

就业力概念早在20世纪50年代便已提出，其定义为“能获得初次就业、保持就业以及在必要时获得新就业的能力”。就业力不等同于就业率(Employment Rate)。就业率是指就业人口在劳动力人口中的占比，受市场供求关系的影响，而就业力则是指个体在某一专业领域长期发展或转换至不同专业领域发展所表现出的工作能力。这也意味着，就业力并非狭隘地关注就业，其更重视个体的持久竞争力——即便其所学专业在原有劳动力市场已趋饱和，但个体仍可借助能力外溢转移至其他专业领域就业和实现职业生涯发展。[③]

实际上，要达成陶行知所乐见的“国无游民，民无废才，群需可济，个性可舒”职业教育理想状态，其根本落脚点实际上还是在于培养学生的就业力。进一步而言，要达成“才能、兴味最适之择业”，就业力是根本性、基础性的支撑和保障。

---

① 陈正华，马倩. 京津冀协同发展中河北省高职教育的机遇与挑战[J]. 教育学术月刊，2021(2).

② 周哲民，万秋红. 校企协同对高职院校技术技能积累力的影响研究——基于2017年湖南省54所高职院校质量年度报告数据的分析[J]. 职业技术教育，2018(28).

③ 苏永华. 基于就业力提升的高职会展专业人才培养模式构建[J]. 太原城市职业技术学院学报，2012(8).

西方发达国家对就业能力的研究兴起于20世纪90年代初，如美国研究的是技能(Skills)、英国是核心技能(Core Skills)、澳大利亚是关键胜任力(Key Competences)、德国是关键任职资格(Key Qualifications)、法国是可转换胜任力(Transferable Competences)等。到20世纪90年代末，学者们开始将就业能力称为可雇用性，即就业力(Employability)。美国培训与发展协会(ASTD,1990)对就业力维度进行了研究，定义了5个类别16项技能，包括：阅读、写作、计算等技能在内的基本胜任力；说和听等技能在内的沟通能力；解决问题、创造性思考等技能在内的适应能力；人际交往、团队协作、协商等技能在内的群体能力；理解组织文化等技能在内的影响能力。①

奈特和约克(Knight和Yorke)两位学者则从心理学角度构建了USEM这一被广泛引用的就业力模型，该模型包含4个组成要素：理解力、技能、自我效能和元认知。其中，理解力指对专业知识的理解，技能包括工作所需的专业技能与通用技能，自我效能表现为具有自信心，而元认知则体现在对自我的反思上。②

普尔和斯韦尔(Pool和Sewell)提出了简单实用的CareerEDGE模型，克服了奈特和约克的USEM模型难以操作及不易懂的缺点。该模型认为就业力关键在于自我效能、自尊、自信3个本质要素，以及职业发展学习和经历、理解能力和技能、专业知识、情商以及一般技能5个基本能力的互动。

基于国内外就业力模型的分析与借鉴，本书将高职会展专业大学生就业力模型设计概括为3个维度，并初设了25个指标，分别为专业能力维度(10个指标)(见表6-1)、适应能力维度(10个指标)(见表6-2)和竞争能力维度(5个指标)(见表6-3)。

表6-1　高职会展专业大学生就业力模型专业能力维度指标体系

序　号	指　标
1	会展研究分析
2	会展立项策划
3	会展品牌推广
4	会展招商招展
5	会展场馆经营
6	会展项目管理
7	会展节事服务

① 焦静，冯明．大学生就业胜任力模型的构建[J]．科学决策，2010(10)．

② 王麒凯．大学生就业规划意识、就业准备与就业竞争力及其关系的研究[D]．重庆：重庆大学，2010．

续表

序　　号	指　　标
8	会展信息服务
9	会展会务服务
10	会展整合营销

表 6-2　高职会展专业大学生就业力模型适应能力维度指标体系

序　　号	指　　标
1	商务谈判能力
2	捕捉机遇能力
3	压力承受能力
4	口头表达能力
5	问题解决能力
6	协调组织能力
7	积极主动性
8	时间管理能力
9	团队协作能力
10	处理人际冲突能力

表 6-3　高职会展专业大学生就业力模型竞争能力维度指标体系

序　　号	指　　标
1	思维能力
2	自我营销能力
3	发展能力
4	创新能力
5	创业能力

（二）高职会展专业大学生就业力构成体系

结合高职会展专业毕业生能力需求的调研结果，本书对高职会展专业大学生就业力模型中的指标体系进行了修正，高职会展专业大学生就业力构成体系如表

6-4 所示。①

表 6-4　高职会展专业大学生就业力构成体系

	维　　度	序　　号	指　　标
高职会展专业大学生就业力构成体系	专业能力维度	1	会展立项策划
		2	会展会务服务
		3	会展招商招展
		4	会展项目管理
		5	会展整合营销
	适应能力维度	1	问题解决能力
		2	口头表达能力
		3	商务谈判能力
		4	协调组织能力
		5	压力承受能力
	竞争能力维度	1	创新能力
		2	自我营销能力
		3	思维能力

三、生利导向的高职会展专业课程体系构成

从高等职业教育课程设计的整体趋势来看，能力本位教育自 20 世纪中叶开始越来越受到重视，其核心特点就是把从业所需要的知识、技能和态度有机融合在一起，把职业能力标准转化为课程教育目标，以核心能力作为课程的成果，围绕能力标准反向设计课程内容、选择教学方式方法。②据不完全统计，在 1995 年至今出版的职业教育著作中，能力本位教育理念的影响几乎无处不在。③ 结合高职会展专业大学生就业力模型构成要素以及高职会展专业毕业生能力需求调研和高职会展专业毕业生就业能力与倾向调研的研究结果，按照陶行知“毕百课则生百利”的生利主义职业课程思想，本书对高职会展专业课程体系进行了优化和重构。

① 该研究前期相关成果已发表于《太原城市职业技术学院学报》2012 年第 8 期，题为《基于就业力提升的高职会展专业人才培养模式构建》，结合 2021 年的调研结果，核心成果有修订。

② 段禾青，贺立. 以生为本理念下高职有效课堂构建探讨[J]. 绿色科技，2021(3).

③ 巴图查干，邓泽民. 我国职业教育教学研究 40 年综述[J]. 职教论坛，2019(3).

（一）高职会展专业理论课程设计

从高职会展专业毕业生能力需求的调研结果来看，会展营销、会展文案、会展策划、会展项目管理、会展设计、会展调研、会展客户关系管理、会展英语、服务心理学、会展经济、谈判艺术与实务、节事活动策划与管理、会展安全与危机管理是会展企业认为较重要的课程（见图 4-30）。但仅仅以此作为理论课程设计的依据是不够的，原因主要有两点：一是企业决策者虽然清楚需要何种岗位和何种能力的员工，但对课程所能培养的能力的理解难免会出现望文生义的偏差；二是在陶行知看来，生利主义之职业教育在培养和发挥学生才能以外，还要考虑学生自身的学习兴趣和志向，因材施教、因势利导。

会展策划、会展营销、会展设计、会展项目管理、会展英语、会展调研、会展文案、会展客户关系管理、会展场馆管理、节事活动策划与管理是学生眼中的十大重要课程（见图 4-53），对比企业认为的重要课程，学生对会展场馆管理等课程表现出较大的兴趣。基于高职会展专业大学生就业力构成体系，生利导向的高职会展专业理论课程设计如表 6-5 所示。

表 6-5　生利导向的高职会展专业理论课程设计

	维度	指　标	课程设计
高职会展专业理论课程	专业能力维度	会展立项策划	会展策划、节事活动策划、婚庆策划、会展文案、会展概论等
		会展会务服务	会展服务与现场管理、会展场馆管理、会展物流、会展设计等
		会展招商招展	会展营销、国际贸易实务、会展客户关系管理等
		会展项目管理	会展项目管理、参展商实务、会展信息管理、会展财务基础等
		会展整合营销	市场营销学、公共关系学、广告学、传播实务等
	适应能力维度	问题解决能力	会展政策与法规、会展市场调查、会展多媒体技术等
		口头表达能力	演讲与口才、主持技巧等
		商务谈判能力	会展英语、跨文化沟通与谈判技巧、会展礼仪等
		协调组织能力	会展人力资源管理、办公室事务管理等
		压力承受能力	会展危机管理、会展心理实务等
	竞争能力维度	创新能力	会展旅游、数字会展运营、会展电子商务等
		自我营销能力	新媒体营销、推销技巧与应用、应用文写作等
		思维能力	经济学基础、管理学基础、创意思维训练等

整体来看，生利导向的高职会展专业理论课程设计较好地支撑了会展营销类、会展设计类、会展运营类和会展策划类岗位的能力结构需求，呼应了当下会展

人才需求主体对高职会展专业人才培养的期待。由于学制和学时的限制,我们要在 3 个能力维度上全方位塑造"全能型"的会展人才实际上是较难实现的。因此,各院校一方面要结合地方、产业和院校情况,在能力维度的分项指标上有所侧重(差异化定位),另一方面要在能力指标对应的课程设计上,综合师资等其他情况,最终确定开设课程。

国内 155 所高职会展院校专业主干课程的归纳和分析结果显示(见表 6-6),生利导向的高职会展专业理论课程设计具有较强的稳健性和实践指导价值。

表 6-6　国内 155 所高职会展院校专业主干课程开设比例 Top20

排　　序	课 程 名 称	开设数量/所	开设比例/%
1	会展营销实务	101	65.16
2	会展概论	93	60.00
3	会展项目管理实务	74	47.74
4	节事活动策划与管理	65	41.94
5	会展策划实务	62	40.00
6	会展现场服务	59	38.06
7	会展礼仪	59	38.06
8	会展展示设计	53	34.19
9	会议组织与管理	42	27.10
10	会展设计与规划	41	26.45
11	广告学	41	26.45
12	会展文案	37	23.87
13	展览实务	34	21.94
14	市场营销学	33	21.29
15	广告策划管理实务	30	19.35
16	会展旅游	29	18.71
17	传播实务学	22	14.19
18	商务谈判	22	14.19
19	会展实务	19	12.26
20	会议运营与管理	18	11.61

（二）高职会展专业实践环节设计

在陶行知看来，“事怎样做便怎样学，怎样学便怎样教。教而不做，不能算是教；学而不做，不能算是学”。[①] 实验、实训和实习是高职院校人才培养的关键环节，强化包括集中集训、校内实习和顶岗实习等在内的工学结合的实践教育也是高职教育的内在要求。[②] 对高职会展教育而言，许多生产性实训课程本身就有着天然的劳动属性，在劳动意识、劳动精神和劳动价值观引导下，课程实训能够发挥育人的主渠道作用。[③]

展览策划实训、会展营销实训、展台设计实训、会议策划实训、会场布置实训、会展文书实训、节事活动策划实训是排名前列的重要实训项目（见图 4-32）。应该说，任何一项综合性实训项目都是对学生专业能力、适应能力和竞争能力的全方位训练和检验。按照陶行知的观点，“譬如游泳要在水里游，学游泳，就必须在水里学。若不下水，只管在岸上读游泳的书籍，做游泳的动作，纵然学了一世，到了下水的时候，还是要沉下去的”。[④] 但值得注意的是，不论是列入教学计划的课程实训、顶岗实习（第一课堂），还是专业技能竞赛、自办校园展会（第二课堂），抑或是基于网络或其他形式开展的专业教育（第三课堂），都应在教师的指导和帮助下进行，不能放任自流，而应练习、实践，久而久之，习惯成自然，便会功到自然成。[⑤⑥⑦] 生利导向的高职会展专业实践环节设计如表 6-7 所示。

一方面，高职会展院校越来越重视人才培养的实训环节，加大投资建设了不少的实训空间（实训室），另一方面，不少院校受到城市大学校园外迁整体趋势的影响，呈现出校园郊区化的显著变化，这些校园无论是基础设施还是其他资源配套条件都显得十分不足[⑧]，这令第一课堂中以实践模拟为特色的会展实训成了主体。在加强职业感性认识和成就感习得上，这些实训的确发挥了重要作用，但在立项严谨性、项目可行性、操作复杂度、职业压力感等方面却存在先天缺陷。在陶行知看来，“要以一个小的学校去把社会所有的一切东西都吸收进来，所以容易弄

① 华中师范学院教育科学研究所. 陶行知全集（第二卷）[M]. 长沙：湖南教育出版社，1985.

② 于江. 课程思政引领人文教育与技能教育融合的有效路径研究[J]. 河北能源职业技术学院学报，2020(4).

③ 卓宏明，罗秀峰，苗炳迪. 劳动教育与思政教育融合育人的高职人才培养——以无人机应用技术专业为例[J]. 经济师，2021(1).

④ 陶行知. 学生自治问题之研究[J]. 新教育，1919(2).

⑤ 栾海清，史华楠. 高校构建第三课堂育人模式的实践探索[J]. 学校党建与思想教育，2016(20).

⑥ 潘红艳. 第一、第二、第三课堂实践教学体系的构建研究[J]. 经贸实践，2016(20).

⑦ 王飞飞，胡波. “三个课堂联动”旅游管理创新人才培养模式研究[J]. 山西财经大学学报，2016(S1).

⑧ 汪旺根. 逃离还是回归：我国大学校区城郊化的理性思考[J]. 新经济，2020(1).

假”，而且这种教育在“学校与社会中间造成了一道高墙”。① 为此，陶行知提出“社会即学校”，即“把学校的一切伸张到大自然里去”，这为高职会展专业的实践教学提供了有益启示：会展实践教学应更多地用真实代替虚拟、用全真代替模拟，重知先重行，劳力上劳心。实训社会化对高职会展院校的产教融合提出了更高要求，如何在实训教学中嵌入企业真实项目，如何让学生克服交通、时间等限制，更多地参与真实工作场景的训练，是实训科目确立之后的问题。

表 6-7 生利导向的高职会展专业实践环节设计

	类型	实践项目	能力覆盖
高职会展专业实践环节	第一课堂	展览策划实训	会展立项策划、创新能力、思维能力等
		会展营销实训	会展招展招商、商务谈判能力、自我营销能力等
		展台设计实训	会展会务服务、创新能力等
		会议策划实训	会展立项策划、创新能力、思维能力等
		会场布置实训	会展会务服务、协调组织能力等
		会展文书实训	会展立项策划、会展整合营销等
		节事活动策划实训	会展立项策划、创新能力、思维能力等
		顶岗实习	涉及专业能力、适应能力和竞争能力各层面
	第二课堂	展会志愿服务	会展会务服务、问题解决能力、压力承受能力等
		校内(外)自办展会	会展立项策划、会展项目管理、协调组织能力等
		技能竞赛	会展立项策划、口头表达能力、创新能力等
		专家讲座	会展项目管理、创新能力、思维能力等
		社团活动	会展会务服务、商务谈判能力、自我营销能力等
		会展工作室(会展公司)	会展招展招商、商务谈判能力、压力承受能力等
	第三课堂	基于网络开展的专业教育	涉及专业能力、适应能力和竞争能力各层面
		立足公寓文化的专业教育	
		全员参与的专业教育②	

根据《浙江省会展职业教育发展报告》显示，每所会展院校平均开设 3—6 门实训课程，包括项目管理综合实训、会展营销技能实训、会议与展览接待服务技能

① 陶行知.陶行知全集(第二卷)[M].成都:四川教育出版社,1991.

② 院校管理人员、教辅人员、企业导师等多方参与的非课堂教育活动，包括勤工助学、就业创业等。

实训等科目在内，共计 63 门。[①] 对照来看，生利导向的高职会展专业实训环节设计同样具有较强的实践参考价值。

（三）高职会展专业课程衔接设计

正如本书在第一章绪论中所提到的，完善高职会展专业理论课程和实践环节设计对明确专业培养边界、加强理论实践融合将发挥积极成效，但在解决课程相互衔接的问题上，仅仅确立开设哪些课程是不够的，还必须明确课程开设的先后顺序。哪些专业课程应该先开，哪些专业课程应该后开，如何保证学生在前后所学课程间建立知识关联性——先开课程应是后开课程的基础，让学生先学的知识能为后学的知识服务，并最终实现知识、能力和素质的螺旋式上升，是课程设置中必须着力考虑的又一难题。[②]

杭州科技职业技术学院在会展策划与管理专业人才培养中，对课程衔接设计进行了探索，基于“项目执行人员→项目管理人员→部门主管→部门经理→部门总监”的职业成长路径，提出了从专业基本能力出发到专业综合能力养成的职业岗位能力成长路径(见图 6-1)。从设计思路来看，课程衔接设计主要是公共基础领域和专业群平台课程先开设，然后开设专业方向课程，专业拓展领域的课程则相对后开，除顶岗实习外，所有实训和理论课程基本是配对同期开设，如第四学期的“节庆活动策划与管理课程”与“节庆项目综合实训”的联合开设。

明确课程开设的先后顺序是解决课程衔接问题的一个方面，但更重要的另一方面是首先要确立开设哪些课程。本书的建议是，在生利导向的高职会展专业理论课程设计中，同一指标维度的课程不宜多开(建议整合开设 1—2 门)(见表6-5)，否则将不可避免地出现课程内容大量重复的问题。但这并不意味着不同指标维度的课程就不会出现课程内容重复的问题，实际上，解决课程内容重复问题仍需要从课程设置、教材改革及教学设计等多方面入手。虽然课程设置可以从根本上减少了课程重复问题，但教师在教学材料选用、教学实施设计，以及相互协调沟通上的努力也必不可少，解决课程衔接难题要“标本兼治”。

---

① 数据来源：《基于生产过程会展职教市场能力培养路径的构建——以浙江经贸职业技术学院为例》(钱小轮，2020)。

② 郑林，蔡珍椽. 论以生为本在高职教育教学中的实现路径[J]. 滁州职业技术学院学报，2018(1).

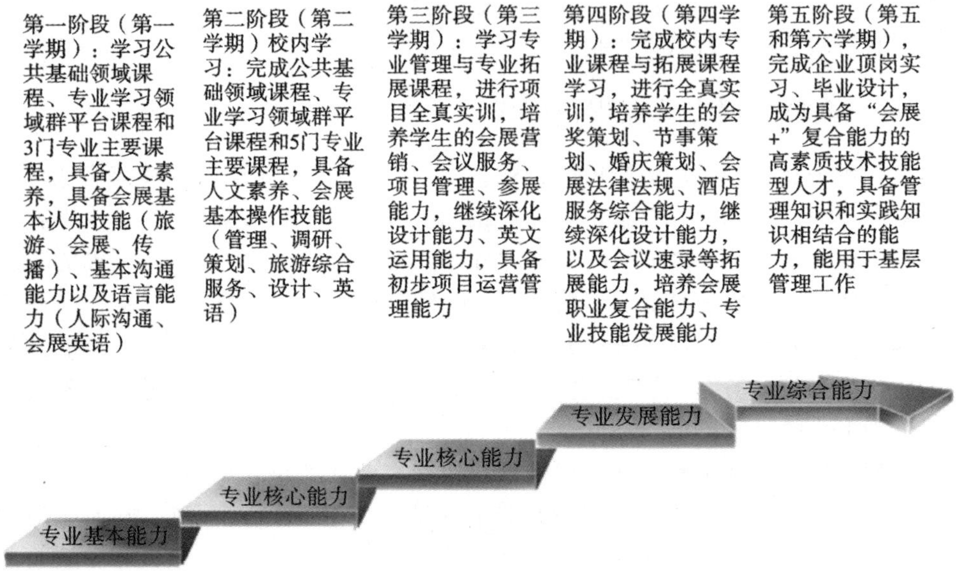

图 6-1　杭州科技职业技术学院会展策划与管理专业学生职业岗位能力成长导图①

第二节　高职会展专业课程教材与教学实施

一、生利导向的高职会展专业课程教材建设

教材作为高职会展专业教师教学的主要工具，它既是专业建设与课程建设的重要组成部分，也是联系教与学的媒介、课程改革的成果展示。② 教材建设是高职会展院校进行专业建设与课程建设的重要支撑，课程的学习离不开教材，课程的改革离不开教材的改革，提升教学和人才培养质量同样离不开教材的建设。③

教材建设应以课程体系建设为统领。包括上海交通大学出版社、重庆大学出版社等在内的多家出版社已经策划并出版了高职会展专业系列教材，为生利导向的高职会展专业课程体系中所涉课程实施提供了有力支撑（见表 6-8），但当前教材建设仍存在一些问题。

---

① 资料参考：杭州科技职业技术学院 2019 级普高（单独考试）会奖旅游专业群人才培养方案。

② 王小锋. 浅析新时代高职院校教材建设[J]. 知识经济，2020(9).

③ 沈文骥. 高职院校“三教”改革途径探索[J]. 九江职业技术学院学报，2020(4).

表 6-8　高职会展策划与管理专业教材部分书目

出　版　社	上海交通大学出版社	重庆大学出版社
高职会展专业教材书目	会展概论	会展礼仪实训教程
	会展管理	会展项目管理
	会展策划与实务	会议运营管理
	会展服务与管理	会展文案
	会展设计实务	会展概论
	节事与活动策划	会展实务
	现代会展简史	会展项目策划与组织
	世博会与展示设计	会展政策与法规
	创意策展与展示设计	会展空间设计与搭建
	会展道具设计与搭建技术	会展服务项目教程
	展示空间分析与结构设计	会展旅游
		会展典型案例精析
		庆典活动实务
		展览原理

（一）高职会展教材数量众多，适合教学需要的教材仍旧缺乏

相较于其他社科类专业，会展专业教育由于起步相对较晚，高校在这一专业领域上普遍存在专业积累和知识积淀较为匮乏的问题①，与此同时，会展业与科技及产业变革联系密切，这也对会展教材的时效性和实用性提出了更高的要求。然而现实情况是，很多会展教材即便存在内容和案例陈旧的问题，仍旧是连年重复使用，换封面不换作者，换汤不换药，自然难以满足日益变化的会展市场对人才培养的新要求。②

（二）教材同质化现象严重，特色鲜明的专业课校本教材匮乏

以会展概论课程为例，很多出版社都出版了这一课程的教材，但整体上较缺乏与区域经济和地方特点相适配的特色校本教材。会展策划、会展营销等课程的教材出版情况也如出一辙。

① 陈鲁梅. 高校会展教育发展现状与建议[J]. 中州大学学报，2010(2).

② 吴源. 广州高职会展专业人才培养问题探析[J]. 广州番禺职业技术学院学报，2011(6).

（三）理论课程教材相对丰富，实训指导教材开发严重不足

与理论课程教材丰富多样相比，实训指导教材则呈现出另一番景象。会展专业实训教材的开发进程远远落后于会展理论教材，对理论知识阐述恰当、能够将职业素养有机渗透、全面呈现操作流程和技能要领的实训教材更是鲜见。① 实训指导教材的缺乏也令学生对实训课程重要性和严谨性的认知产生严重偏差，这极大地削弱了实训教学环节的实际成效。从学校层面来看，相较于理论课程，实训课程缺乏统一规范的名称及课程实施标准，导致课程实施随意性大，质量控制难，这或多或少地也影响到实训指导教材的开发，导致当下实训指导教材开发严重不足的窘境。②

课程是职业生命的载体，教材是课程物化的载体。因各科教材紧缺，陶行知在南京晓庄学院创办初期也曾倡导师生们积极参与教材的编定工作③，在他看来，教材无非就是一个例子，通过这个例子要能够使学生具有举一反三的能力。从生利主义职业教育思想出发，解决高职会展专业课程教材建设的问题需要高职会展教师与企业界一同努力，开发“完一课即成一事”的工学结合教材，以便之后使用教材的教师能按事施教，不至于“教”与“材”沦为各行其是的“两张皮”。无生利之经验的教师不宜编写教材，否则难逃脱离实际和“剪刀加糨糊”的结果，但有生利之经验却无生利之教法的企业能人，也未必是编写教材的绝佳人选，因为陶行知认为“为职业教师者自宜熟悉学者之心理，教材之性质，使所教所学皆能浃洽生利之方法”，就这一点而言，企业能人在将生利之经验转换为教学之参考方面的能力不足，也将影响教材的适用性和有效性。故唯兼有生利之经验、学识和教法的校企联合团队，才是高职会展教材编写的最佳人选。与此同时，出版企业也应转变观念，扶持和推动特色会展教材、实训教材的出版和发行。

二、生利导向的高职会展专业课程教学方法

整合教学内容，深化改革教学方法，是开展课程建设和提升人才培养质量的重要环节，理论与实际相结合、灌输与启发相结合、抽象思维与形象思维相结合、理智表达与情感投入相结合、原理阐述与范例分析相结合等形式的教学方法在高

---

① 毛艳丽，吴洪艳，王瑞．“任务书式”活页实训课程及教材的开发与应用研究——以中职物流仓储与配送技能实训为例[J]．职教论坛，2019(10)．

② 实际上，实训指导教材开发不足还与教师实训指导能力较弱有关，此外出版企业绩效考核导向也一定程度上制约了发行量较少的校本特色教材的出版和传播。

③ 施咏．江苏近现代音乐教育史略[J]．南京艺术学院学报(音乐与表演)，2020(4)．

职会展专业课程教学中仍然焕发着强大生命力。①

在课程教学组织上，陶行知在其《生利主义之职业教育》中明确指出，职业课程应以生利为主，按事施教，采用小班制教学，每课有学理、有实习，二者联系紧密。陶行知还提出了项目教学的理论主张和操作办法：从分析职业技能生成的核心和基础入手，围绕生成或培养一种核心技能，对技能项目进行分解，循序渐进，学理与实习相结合，最终达成理论知识浸润和操作技能养成。

陶行知提倡"教学做合一"的教学模式，重视做中学、做中教，"先生拿做来教，乃是真教；学生拿做来学，方是实学。不在做上用工夫，教固不成为教，学也不成为学"。教学做合一是陶行知极具创造性的教学方法之一，强调以"做"为中心、尊重客观实践的教学论对高职会展专业课程教学改革大有裨益。"教"法和"学"法不是相互对立的，以"做"为纽带链接"教与学"，推动了教学方法从"传授"到"互动"的转变，加速了教学活动重心从单项行为到双向行动的迁移。姜大源教授梳理出三种主要的集成式"教与学"法，其中问题解决方案指向的"教与学"法（见表6-9）和职业能力目标指向的"教与学"法（见表6-10）主要适用于高职会展专业的课堂教学，思维行动训练指向的"教与学"法（见表6-11）主要适用于高职会展专业的实践教学。②

表 6-9　问题解决方案指向的"教与学"法（Beelich 和 Schwede，1983）

方法选择	学习目标与等级						
	识别、分析与描述问题	识别与分析结构和功能	拓展思维发现解决方案的思路	寻求解决方案，进行模拟	开发与整合各种解决方案	细化、选择与评价解决方案	检查、反思与改善解决方案
	1	2	3	4	5	6	7
目标性问题法	★	★	★	○	○	○	★
德尔菲法	★			○			
趋势分析法	★						★
质疑/否定法	★	○	○	★			
抽象法	★	★	○				
黑箱法		★	○				
功能分析法		★	○		○		

① 石云霞.高校思想政治理论课程建设史研究[M].武汉：武汉大学出版社，2006.

② 姜大源.职业教育要义[M].北京：北京师范大学出版社，2017.

续表

方法选择	学习目标与等级						
	识别、分析与描述问题	识别与分析结构和功能	拓展思维发现解决方案的思路	寻求解决方案，进行模拟	开发与整合各种解决方案	细化、选择与评价解决方案	检查、反思与改善解决方案
	1	2	3	4	5	6	7
结构树法		★	○				
头脑风暴法	○		★	★	○		
激励法			★	★			
“635”法			★	★			
画廊法	○	○	★	★	○		
隐喻法				★	★		

注：★表示经常使用，○表示辅助使用。

表 6-10 职业能力目标指向的“教与学”法(Arnold,1995)

教学论-方法		行动能力		
		专业能力	方法能力	社会能力
传授学习	报告、演说	★	×	
	课堂谈话	★	×	
	封闭媒体	★	×	
↑	暗示学习	★		
	可控项目	★	★	×
	计划演练	★	★	×
行动学习	自组织项目	★	★	★
	引导文教学	★	★	★
	引导问题团队工作	★	★	★
↓	引导问题独立工作	★	★	
	可视学习	★	★	
经验学习	模拟练习(艺术练习)		★	★
	经历学习		×	★

注：★表示非常适用，×表示不太适用。

表 6-11　思维行动训练指向的“教与学”法(Brassard 和 Helling,1994)

方　法	目标									
	获取信息	创新性思维与行动	分析性思维与行动	归纳性思维与行动	利于计划的思维与行动	利于评价的思维与行动	利于决策的思维与行动	按照指示与计划的行动	独立工作	报告与演讲
四阶段法	★		○			○		★		
课堂教授法	○				○	○		★	○	○
引导文法	★		○		○	★	○	★	★	○
实验法	○	○			★	★	○	○	★	○
调查法	★		★		★	★			○	○
头脑风暴法		★				○	★			
项目法		★	○	○	★	★	★		★	○
计划演练法		★	★	★	○	★	★		○	○
教学谈话法	★	○	★	★	○	○	○	○	○	★
演说法	★		○	○	○	○	○	○	○	★
角色扮演法	★		★		○	○			○	○

注:★表示经常使用,○表示辅助使用。

值得注意的是,按照姜大源教授的观点,仅仅将教学方法作为转换教学内容的手段是远远不够的,职业教育的教学组织范式从“教学方法说”向“教学处置说”转变有利于优化过程目标实现的路径。具体而言,项目教学、引导文教学、计划游戏、角色扮演、模拟游戏、工作组织分析、工作任务、工作过程分析、案例研究、功能检查、诊断任务、教学合同、结构比较等综合性和分析性的教学处置都是职业教育教学组织的有效路径。

三、生利导向的高职会展专业课程教学设计

(一) 学习理论的模式说

高职会展专业教学组织以一定的学习理论为依据,学习理论是教学设计开展

的理论支撑[①]，行为主义学习理论、认知主义学习理论、建构主义学习理论、人本主义学习理论是现今四大学习理论流派[②]，而职业教育学习理论模式主要有五种模式，即工作相关学习、非集中式学习、经验导向学习、行动导向学习和问题导向学习。工作相关的学习模式将学习的内容与工作过程及对象紧密相连，强调时间、空间、任务和过程都与工作相关；非集中式的学习模式主要应对时间、空间和组织上的非集中性，是一种在自组织状态下的小组学习、行动学习、主题学习和职业学习；经验导向的学习模式主要基于经验形成和积累展开学习，学习过程突出实践与理论的集成和组合；行动导向的学习模式以实际行动或整合行动的方式进行学习，注重开发学生的互动能力以及自我反思和自我调节能力；问题导向的学习模式是将问题辨识和解决作为要素的学习，其核心目标在于培养学生的方法能力。[③]

知识时代、信息时代和数字时代对高职会展专业教育提出了新的挑战，教学设计框架既要考虑到促进学习者综合素质和多元智能的发展，还应注重提升学习者的高阶能力。高职学生在就业中虽然具有岗位角色转换较快的优势，但也存在着应对转岗、跨岗和高薪岗位能力薄弱，持续发展后劲不足的问题，这既制约了高职会展教育服务社会经济文化发展的使命完成，也对学生自身职业生涯和成长规划产生不利影响。[④]

从重视基础性阅读、写作、计算（Reading，Writing，Arithmetic）的技能转向重视多维、复杂和高阶性的“4C”（Critical-thinking，Communication，Collaboration，Creativity）技能，高阶能力培养已经成为当下知识社会的共识。[⑤] 高阶能力与高阶思维紧密相连，后者来源于布卢姆（Bloom）的教育目标分类学。[⑥⑦] 其中，认知目标分类与高阶思维的关系如表 6-12 所示。

---

① 张永珍，李霞. 在线教学中大学生自主学习能力培养策略——疫情下基于泛雅平台的在线教学活动设计[J]. 山东广播电视大学学报，2021(1).

② 张彦秋. 四大学习理论对我国体育教学论的影响[J]. 哈尔滨体育学院学报，2009(4).

③ 姜大源. 职业教育学研究新论[M]. 北京：教育科学出版社，2007.

④ 鲁捷，王粤钦. 本科高职课程建设的研究[M]. 北京：中国社会科学出版社，2014.

⑤ 邓莉，彭正梅. 美国学校如何落实 21 世纪技能——21 世纪学习示范学校研究[J]. 外国教育研究，2017(9).

⑥ Bloom B S. Taxonomy of educational objectives[M]. New York: David McKay, 1956.

⑦ Geertsen H R. Rethinking thinking about higher-level thinking[J]. Teaching Sociology, 2003(1).

表 6-12　布卢姆(Bloom)的认知目标分类与高阶思维的关系

	目标层级	定　义	行为特征
高阶思维	评价	根据标准判定价值或用处	评价、选择、估计、预测、评论、预言、鉴定、辩明、重视、比较、联系、辩护、证明、支持、评定
	综合	将各部分合成新的整体	分类、组成、比较、建立、讨论、设计、假设、准备、组织、汇报、书写、系统化、收集、建构、认定、阐述、设计、管理、开发、提议、计划、支持
	分析	确定组成部分及关联程度	分析、选择、计算、对比、实验、推断、提问、辨别、区别、识别、分类、评价、检查、比较、评论、测试、组织
低阶思维	应用	不同环境之间的转换	应用、论证、选择、阐明、操作、处理、安排、实践、利用、计算、编译、分类、解释、解答、叙述、写作
	领会	理解或解释	分类、区别、演示、说明、解释、识别、意译、认可、归纳、择优、比较、具体化、描述、表达、讨论、简述、汇报、定位、重述、转化、回顾
	知道	对信息的回忆或识别	安排、标记、复制、记忆、反复、回忆、陈述、识别、定义、列表、辨认、命名、呈现

高阶能力的概念相对更为宽泛，它是以高阶思维为核心的能力整体，但所提倡的创新、批判性思维、决策、信息素养、兼容、团队协作、自我管理、获取隐性知识和可持续发展能力并不是孤立和弥散的。因此，高阶学习不以单独能力训练为路径，而是通过整合课程内容与课程教学方式，让个体投入需要运用高阶能力或高阶思维的学习活动之中(包括协作学习、问题求解、反思学习、任务驱动学习、项目学习等形式)，从而锻炼和提升高阶能力(见表 6-13)。①

陶行知对职业课程的设计秉承“应以一事之始终为一课”的原则，认为课程应循序渐进，“自易至难，从简入繁”，渗透着模块化、项目化的教学思想。此外，陶行知还提出职业课程既然以生利为主，则需要采用小班制，这与当下推行的职业教育分层分类、小班化教学改革的思想是不谋而合的。

① 钟志贤.教学设计的宗旨：促进学习者高阶能力发展[J].电化教育研究，2004(11).

表 6-13 高阶能力的构成及其特点

高阶能力	任务	强调的基本技能	一般结果
问题求解	1. 解决已知或确定的难题 2. 推断或提出解决方案并且验证其适用度 3. 围绕难题聚合相关事实并且确定所需的信息 4. 追求最简单的解释并且消除歧义 5. 得出解决方案并且核验其普遍价值	1. 转换:关联已知和未知的特点、创建意义、类推、隐喻、逻辑归纳 2. 因果关系:建立因果关系、评估、预测、推论、判断、评价	1. 解决方案 2. 普遍性/一般法则
决策	1. 在诸多备选对象中选择最优 2. 围绕某个特定的主题聚合所需信息 3. 比较多种可供选择方法的优点/缺点 4. 确定所需要的信息 5. 在有充分理由的基础上找出最有效的方法	1. 分类:相似性和差异性、分组、分类/排序、比较 2. 关联:部分与整体(模式)、分析与综合、步骤与顺序、逻辑演绎	实际的绩效反应
批判性思维	1. 分析和洞悉特定的意义和解释(其中的论点) 2. 发展内在一致性的、逻辑推理的模式,理解特定立场中蕴涵的假设和偏见 3. 形成一种可靠的、简明的和可信的表达方式	1. 关联:部分与整体(模式)、分析与综合、步骤与顺序、逻辑演绎 2. 转换:关联已知和未知的特点、创建意义、类推、隐喻、逻辑归纳 3. 因果关系:建立因果关系、评估、预测、推论、判断、评价	1. 有力的辩论 2. 证据 3. 理论

续表

高阶能力	任　务	强调的基本技能	一般结果
创造性思维	1. 发展或创造新颖的、有审美的、建设性的观点/产品 2. 运用已知的信息或材料生成可能的观点/产品	1. 判定：基于对问题或任务的认知，强调独特性的发现、定义、事实 2. 关联：部分与整体（模式）、分析与综合、步骤与顺序、逻辑演绎 3. 转换：关联已知和未知的特点、创建意义、类推、隐喻、逻辑归纳	1. 新观点、意义、解释等 2. 新颖、愉悦的产品

（二）高职会展节事课程设计案例①

1. 课程基本情况

杭州科技职业技术学院旅游学院会展策划与管理专业于 2012 年 3 月起开设“节事活动策划与管理”理论课程和“节事项目综合实训”实训课程（以下统称节事课程），2013 年 3 月该课程在旅游学院、图书馆、学生处的大力支持下开展了以校园读书节为项目载体的教学改革尝试，经过连续八年的教学改革、实践、探索和完善，逐步形成了“学做一体，成果导向”教育理念下“两层两法三目标”教学模式，在贯彻以行知文化为引领、职业发展为导向的育人模式改革上取得一定成效。

“学做一体，成果导向”教育理念下“两层两法三目标”教学模式具体内涵如图 6-2 所示。

2. 解决的主要教学问题

创新能力是思维能力和动手能力的综合运用能力，只有当思维能力和动手能力相辅相成、相互促进时，人的创新能力才能得到大幅度提升。思维能力和动手能力不可偏废，本教学设计的核心成果旨在解决以下两个方面的问题。

一是思维能力提升的问题。一方面，在当下强调“理实互动、学做一体”的高职教育大背景下，杭州科技职业技术学院包括会展策划与管理专业在内的各专业都在教学中精心设计和安排了大量实训课程、实训项目，但是如何让学生学会在动手中总结经验和规律，回顾和印证理论，是“做中学”必须面对的一个难题。另

① 本案例参考引用了杭州科技职业技术学院第三届校级教学成果奖初评申报材料（苏永华，2017）。

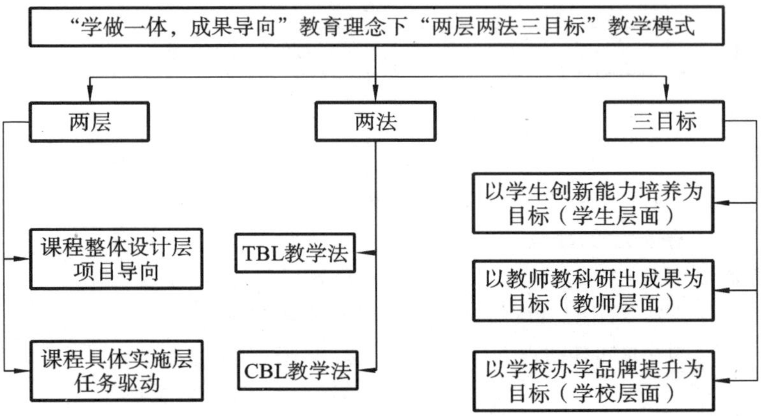

图 6-2 "学做一体,成果导向"教育理念下"两层两法三目标"教学模式

一方面,碎片化阅读、微课、慕课、新形态教材等新型学习方式给学生随时随地学习带来了便利,但是这些学习方式因"信息的表面化和思考的有限性"而不利于思维能力的培养,也为不少学者所诟病,其导致的系统性思维能力欠缺也是高职学生职业发展后劲不足的重要原因。

二是动手能力提升的问题。为了更好地培养学生的动手能力,本教学改革着力解决四个问题:一是先开课程和后开课程衔接问题,二是理论与实践教学有机融合问题,三是模拟项目与真实项目抉择问题,四是职业技能与素养同步提升问题。

(1) 先开课程和后开课程衔接问题。节事课程开课前学生已经完成了会展调研、会展策划、会展营销和会展项目运营管理等核心专业课程的学习,无论是从广义还是狭义角度来理解节事活动,节事课程的教学都将在项目策划、运营管理等多方面与前设课程有诸多交叉甚至重叠,如何处理好先开课程和后开课程在教学侧重点上的关系,保持学生专业学习的兴趣和好奇心,进一步强化和提升学生的专业技能,是课程教学中需要直面的问题。

(2) 理论与实践教学有机融合问题。无论是节事理论课程(节事活动策划与管理)还是节事实训课程(节事项目综合实训),教学中都要选取教学项目。理论课程的项目设计要有梯度、有系统,实训课程的项目设计则要能落地、具有可行性。如何设计更好的理论和实训课程项目,如何让理论课程和实训课程的项目完美衔接,让学生能够亲手将策划创意变成现实作品,锻炼和培养专业技能,提升职业认同感和成就感,将理论教学与实践教学有机融合,是课程教学中需要面对的又一问题。

(3) 模拟项目与真实项目抉择问题。从国内众多开展节事项目化教学的本专科院校来看，都存在着模拟项目与真实项目抉择问题。校内自办教学节事模拟项目的费用高、成效低、延续性差，校外社会节事真实项目的参与环节少、地域限制多。总体来看，节事课程教学中还是普遍存在着学生很难参与真实项目的全流程策划、组织和管理的问题。

(4) 职业技能与素养同步提升问题。与其他专业课程一样，节事课程在教学中容易出现聚焦于"术"(即职业技能)层面的能力培养，而忽略了"道"(即专业素养)层面的能力培养，导致学生在团队精神、沟通能力、责任意识等诸多方面缺乏锻炼。如何在节事课程教学中同步提升职业技能与专业素养，同样也是课程教学中需要面对的难题。

3. 教学设计与改革措施

(1) 总体思路。

"教学做合一"可以说是陶行知教育思想的精髓，"教学做是一件事，不是三件事。我们要在做上教，在做上学。不在做上用功夫，教固不成为教，学也不成为学"。成果导向教育(OBE)是一种以学生的学习成果为导向的教育理念，认为教学设计和教学实施的目标是学生通过教育过程最后取得的学习成果。本教学设计应用于杭州科技职业技术学院省级特色专业——会展策划与管理专业中的节事课程教学中，探索了"学做一体，成果导向"教育理念下如何培养和提升学生思维能力和动手能力的问题，旨在助力实现高职教育创新人才培养的目标。

(2) 具体方法。

①两层：项目导向，任务驱动。

为解决上述教学难题，课程团队将理论与实际相结合，以多个实际项目贯穿整个课程教学、使学生在做项目的过程中，进一步巩固理论知识，锻炼相应的工作能力。通过项目导向，激发学生学习兴趣，获得项目经历和工作经验，培养学生创造能力、独立工作能力、沟通协调能力和应变能力，这不仅让学生更好地掌握了实际工作工艺与流程，更促进了学生系统思维的养成。在具体教学过程中，将理论知识转化为多个具体的工作任务，通过完成任务培养学生提出问题、分析问题和解决问题的综合能力，重视学生工作技能的锤炼，使学生获得清晰的思路、方法和系统知识，激发学生探索和实践，培养独立思考和创新能力，并最终获得成就感。

②两法：TBL 联合 CBL 教学法在节事课程教学中的应用。

课程团队先后在教学中尝试和使用了 LBL(Lecture-based Learning，以授课为基础的学习)、PBL(Problem-based Learning，基于问题的学习)、TBL(Team-based Learning，小组合作学习)和 CBL(Case-based Learning，案例学习)教学方法，经过不断摸索和反复实践，最终确立了在节事课程教学中采用 TBL 联合 CBL 的教学方法，方法包括融入 CBL 的 TBL 教学法和融入 TBL 的 CBL 教学法两个方面，具体操作方案如下。

A. 融入 CBL 的 TBL 教学改革与实践。

TBL 教学法是 2002 年由美国教育学家 Michaelsen 在 PBL 教学法基础上改革创新并逐渐兴起的，是一种有助于促进学习者团队协作精神，注重人的创造性、灵活性与实践特点的新型成人教学法。节事课程是高职会展策划与管理专业的核心课程，其不仅要求学生掌握专业理论知识，还对学生的知识应用能力及团队协作精神有更高的要求。课程教学团队将 TBL 教学法应用于节事课程教学，经过三年的摸索和实践，基本确立了融入 CBL 的 TBL 教学实施方案，其主要做法如下。

a. 设计项目及培训沟通。

节事活动策划与管理课程在教学改革初期(2012—2014 年)，主要设计了“地方性节事活动”“全国性节事活动”和“国际性节事活动”三个教学项目；在教学改革中期(2015—2017 年)，“家乡/主题节事活动推介”“杭州科技职业技术学院读书节”“社会节事活动创作与实践”三个教学项目成为稳定且具有特色的教学项目。节事项目综合实训课程从 2013 年起就启动了与校图书馆、校学生处开展合作，以读书节为项目载体实施实训教学，教学实施团队和教学支持部门在每学期初就项目实施进度和关键节点进行沟通，并针对课程开展职业能力培养方法的教研和培训，保障教学实施的质量和水平。

b. 学生成立学习小组。

TBL 教学模式下的学习小组一般是 4—5 人，在教学改革初期，教学实施团队常采用这种常规分组方式，完成教学任务的同时也很好地匹配了国家级、省级、市级的相关竞赛的组队要求(3—5 人一组)。在教学改革中期阶段，我们发现这种分组方法存在着一些弊病，主要问题是在大班招生(约 50 人)背景下，常规 TBL 分组模式会导致组数过多进而引发教学组织和评价的一系列问题。2016 年，学校教学副校长在听取教学团队成员课程后提出了完善学生分组方案的建议，课程教学团队经严谨论证后提出并实施了每班四组、每组 10—12 人的新的 TBL 教学分组形式。各组选小组长 1 名，负责组织本组同学讨论、制订学习计划，并根据教师给出的项目任务组织同学查阅相关资料和讨论解决问题的方法。组员的任务安排要求动态匹配职业的岗位设置，并在节事活动策划与管理和节事项目综合实训课程中保持分组的稳定性和一致性。

c. 翻转课堂的教学流程。

在课堂教学实施上，课程团队提出了翻转课堂的教学流程(见图 6-3)，精心设计能充分锻炼学生职业能力的项目任务，指导学生以团队为学习单位，搭建平台、创设情境，努力让学生在团队协作、沟通交流、批判探索等职业素养上与职业技能同步提升。

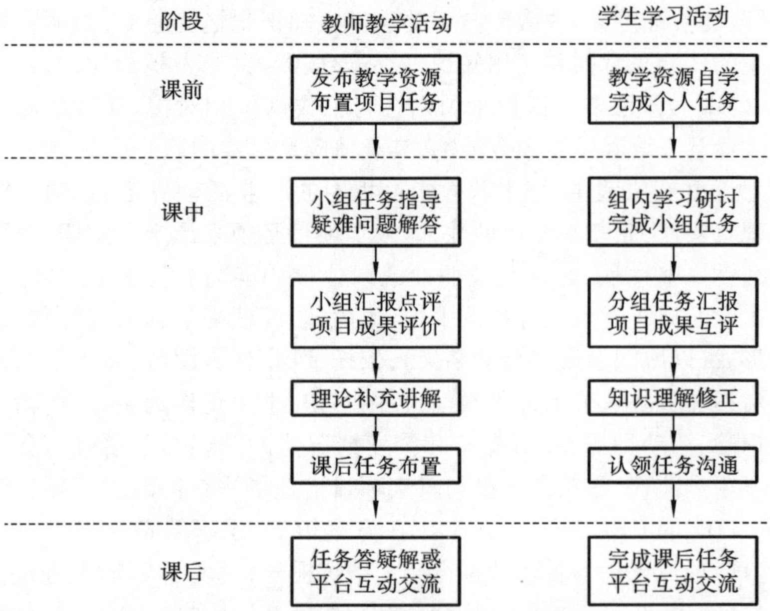

图 6-3　节事课程翻转课堂的教学流程

d. 课程教学评价。

课程重视过程性考核，重视对学习过程中展示出的职业技能、职业态度、职业习惯等综合素养进行评定。课程期末不组织集中考试(理论笔试)，考核采用过程化考核形式，对项目小组的评价主要通过项目策划书、小组工作实绩、项目总结汇报三项内容进行考核；对于个体成员评价主要通过项目执行日志、个人工作实绩、操作总结汇报三项内容进行考核。考核采用多因子加权综合评分的方法，具体成绩计算方式如下。

教师评价为项目基准分，小组互评为奖励分，组长评价为权重分。

组长得分＝[教师评价(基准分)＋小组互评(奖励分)]×100％

成员得分＝[教师评价(基准分)＋小组互评(奖励分)]×组长评分权重(％)

(注：各项评分均为百分制；教师评价由旅游学院任课教师和图书馆指导教师共同完成；每个项目分为四个小组，每个小组需为其他三组评奖励分，奖励分分为多档，每次评分不能重复；组长结合小组成员自评情况、态度、业绩等实际表现给每位组员赋权重分，权重分需经小组成员讨论认可通过。)

B. 融入 TBL 的 CBL 教学改革与实践。

能力本位教育(Competence-based Education，简称 CBE)理念产生于 20 世纪 60 年代，是一种提倡以能力为基础的职业教育体系，对全球职业教育发展产生了深刻影响。CBL 教学法是荷兰职业教育对能力本位教育理念的拓展，它基于建构主义理论，改变实证主义以“教”为主、关注学生知识记忆的原则，强调在实践过程中借助学生的体验来掌握并运用知识，最终形成能力(能力是指知识、技能与态度的结合)。CBL 教学法要求课程学习内容与工作岗位相对接，通过学习环境与学习管理模式设计来培养综合职业能力，其载体应是真实的职业活动。①

CBL 教学法在实践中，把引入教学过程中的职业活动界定为“项目”，要求项目必须体现真实性、完整性和典型性，即教学项目必须来源于真实职业活动、必须体现职业活动完整过程、必须反映职业或岗位核心能力。基于上述要求，杭州科技职业技术学院旅游学院联合校图书馆、学生处，以读书节为项目载体，以全真项目承办的形式(以博闻会展协会的名义)，依托 TBL 任务团队，将读书节从策划到管理的全流程业务融入节事课程教学，校图书馆、学生处作为主办方，为项目执行提供政策保障、活动指导、经费支持和突发情况协助。读书节项目为会展策划与管理专业学生全流程、零距离地参与真实项目搭建了平台。经过三轮完整的教学检验，融入 TBL 的 CBL 教学法让学生在方案策划、组织筹备、宣传推广、现场服务，财务管理、项目评估等各环节都得到了锻炼提升，实现了 CBL 职业能力框架中“领导力、协作、表达、分析、创新、执行、适应、成就感”八种能力的全方位培养。课程团队融入 TBL 的 CBL 教学实施方案的具体做法如下。

a. 项目策划。

课程教学团队利用节事活动策划与管理课程组织学生以团队形式开展新一届校园读书节项目策划。每届校园读书节保证新增的备选子项目策划方案数在 24 个以上，于当年三月底或四月初组织项目评审，评审会由图书馆领导及各科室人员、课程团队教师等共同参与。为鼓励学生大胆创新，提升创意与策划能力，主办方每年支持 6—8 个新项目创意进入执行阶段。

b. 项目筹备。

新项目遴选好后，课程教师随即指导学生将新项目与保留的传统品牌项目进行有机整合，以团队分工协作的方式完成详细的项目执行策划。主办方对项目策划详细方案一一验收把关，方案确认无误后学生按照 TBL 教学法，分组开展活动物料、场地、人员、奖品等方面的筹备工作。

c. 现场管理。

以节事项目综合实训课程为载体(独立实训周)，各项目小组按照项目既定时间规划，逐一执行读书节子项目。课程教师全程观察和指导项目执行，主办方则为每项活动提供场地、人员、礼品等多方面的协助，同时对活动现场执行进行督

---

① 王媛媛. 高职旅游管理专业课程体系和教学模式改革研究[D]. 青岛：青岛大学，2014.

导。在筹备和执行过程中,采用项目管理信息化软件实现人员、物料、时间和经费等资源的协调配合。

d. 总结评估。

项目执行完毕后,学生撰写新闻稿件,协助项目评估方开展活动评估并完成项目建档,主办方提供新闻稿发布渠道和总结评估指导,并在项目全部结束后对相关工作人员进行鼓励和表彰。学生个人需要填写项目实训日志和总结,小组需要提交不少于 2000 字的实训总结报告(另附活动照片),并以 PPT 的形式参与汇报评比。

e. 教学评价。

主办方反馈各项目小组、各参训学生的表现,协助课程团队教师进行教学评价。课程团队教师参考主办方的反馈确定教师评价分数(基准分),结合小组互评分(奖励分)、组长评分(权重分)对每位学生进行项目成绩考核。

③三目标:学生、教师和学校的成果互动。

课程改革以学生为中心,通过知识整合、课程协同和合作学习,打破原有课程体系,按照行动学习理念,创新的同时兼顾效果与可行性,改革课程目标、教学模式和课程载体,精心组织课程实施,完善课程考核方法,实现高素质技术技能型人才的培养。

学生学习有成果。成果导向教育基于行动导向教学法提出,要求教师聚焦于学生在一段学习经历后所能达到的最终学习成果。教师不仅在课内设计了三项行动任务,还要求学生在课外通过深度阅读、项目实践和参加竞赛等形式强化学习效果。八年来,学生在实训环节上圆满完成了八届校园读书节的策划及执行工作,自设团队自主管理完成多项校外社会节庆项目服务,以实训项目成果为蓝本参加省级一类比赛获二等奖、三等奖,撰写的学术研究论文获得省级学会三等奖两项,节事策划作品获企业完全采纳并成功举办,节庆策划获浙江省大学生会展创客创新作品大赛表彰,亲身体验的成功和取得的成果大大提升了学生学习的成就感。

教师科研有成效。教学与科研的融合,并不是对教师提出的单向要求,事实上还关联到学生。可以说,这不仅仅需要教师本身有能力把教学与科研融为一体,也需要教学的对象——学生具有参与和共鸣的能力。教学改革让学生对教师在课堂上融入的科研内容与方法作出积极的回应,伙伴型师生关系的建立和良性双向互动,促进了教学科研的有机融合。通过合理设计教学项目,师生协同完成了《杭州节庆导览》《孝廉浙江游》两本旅游文化读物的编写,教师参编教材《节事与活动策划》,参加杭州市咨询决策委员会节事类项目立项咨询(世界园艺博览会),参加杭州市会展业发展“十四五”规划编制,并进入浙江东方会展产业研究院担任研究员、秘书长。

学校办学有成就。成果导向的教学改革，使学校办学模式具有更加丰富的内涵和外延，这一模式不仅有助于学生学习积极性、主动性的提高，对学生职业技能和综合素质的培养，以及学校办学水平和人才培养质量的提升也发挥着积极作用。① 本教学改革成果之一获中国高职图书馆发展论坛三等奖一项(2017 年)，教学改革成果在以浙江会展经济论坛暨会展教育与产业论坛为代表的省内外行业论坛分享，课程教学改革为学校办学增添了新元素。

4. 教学成果展示

杭州科技职业技术学院节事课程八年来积极探索生产性、项目化实训改革，构建了“学做一体、成果导向”的实训理念，采用了“教师组队、学生建群，集中辅导与分散实训相结合”的组织形式，开展了多维度和多技术的技能训练，取得了丰富的创意成果和良好的实训成效。基于已有较为成型的实训理念、流程和方法，2020 年，课程团队积极应对新冠肺炎疫情对教学实训的挑战，改革工作方法，采用线上技术，呈现创新成果，实现了防疫与训练两不误、技能学习不停步，最大化地减少了疫情对学生学习的影响，进一步丰富了陶行知“教学做合一”职业教育思想和成果导向教学思想的理论实践，在培养和提升学生创新意识和动手能力上发挥了重要作用。

(1)“任务驱动、学做一体、成果导向”的实训理念。

基于自 2012 年开始探索与实践的实训理念、流程和方法，课程团队群策群力以应对新冠肺炎疫情对教学实训的挑战。课程团队以第八届读书节为项目载体，以世界读书日(4 月 23 日)为时间节点，改革工作方法，采用线上技术，呈现创新成果，圆满完了第八届读书节的相关策划、组织和管理工作，同时在疫情背景下完成了课程实训教学。历届读书节开幕盛况如图 6-4 至图 6-9 所示。

图 6-4 (2014 年)第二届读书节

图 6-5 (2015 年)第三届读书节

① 王金旭，朱正伟，李茂国. 成果导向：从认证理念到教学模式[J]. 中国大学教学，2017(6).

图 6-6　(2016 年)第四届读书节

图 6-7　(2017 年)第五届读书节

图 6-8　(2018 年)第六届读书节

图 6-9　(2019 年)第七届读书节

(2) 实训方法改革:教师组队、学生建群,集中辅导与分散实训相结合。

为培养学生在节庆项目运营中的策划能力、沟通协调能力、宣传推广能力、组织管理能力等职业能力,课程团队以读书节项目为全真实训载体,让学生在项目实操中进一步巩固理论知识,锻炼工作能力。疫情给实训课程带来了双重挑战:一是组织过程中因人员分散造成的沟通协调挑战,二是项目成果非现场化呈现所带来的数字化挑战。针对上述挑战,教学团队打破原有实训指导方法,探索了教师组队与学生建群相结合,集中辅导与分散实训相结合的线上实训方法。

①教师组队与学生建群相结合。

为解决线上实训中师生因空间上分离带来的“师生之间”和“生生之间”沟通障碍,一方面,旅游学院会展策划与管理教学团队苏永华、周晓音、郭好春三位实训教师和来自校图书馆的十四位教师共同组建了项目指导师资库,并细化构建了“1+2”的项目导师团队,每个项目实施过程中均有一名专任教师和两名兼课教师组队进行指导(见图 6-10)。与此同时,学生以班级、项目、小组、职能等为组带,建立了同学间沟通协调的群聊矩阵(见图 6-11 至图 6-14)。

书香战“疫”，阅揽未来

第八届杭州科技职业技术学院读书节

2020 年 4 月 23 日—5 月 29 日

序号	活动时间	活动名称	活动地点	活动简介	负责人	学院指导教师	图书馆指导教师
1	2020 年 4 月 23 日 12：15—12：55	开幕式暨主题宣传日活动	腾讯会议	本届读书节开幕式采用线上云开幕的形式，开场视频、领导致辞、活动展示、有奖互动、创意点亮等活动精彩纷呈，共同拉开以“书香战‘疫’，阅揽未来”为主题的校第八届读书节活动序幕	蔡世杰 胡凯烨	苏永华	冯康新 张泽华
2	2020 年 4 月 23 日—5 月 13 日	“21 天人文艺术家”阅读打卡活动	线上	科学表明，习惯的养成需要 21 天。此次线上阅读打卡活动将创建活动群，构建阅读分享的学友社群，同时，将借助微信“报名工具”这一小程序收集打卡艺术家每天阅读思考心得（一句话、一段感言抑或一篇文章），并择优给予奖励	陈昱希 吴颖	苏永华	李松 傅颖
3	2020 年 4 月 28 日—5 月 28 日	“以图绘文”PLOG 阅读分享活动	公众号	以图片的形式，配上灵动的文字创造你的阅读 PLOG，用最个性的方式记录阅读与生活，用最独特的形式制作你的读书笔记，用想象力创造专属的阅读记忆，展现你独一无二的阅读生活	胡婧 叶译励	郭好春	方晓浩 汤丹忠
4	2020 年 5 月 15 日—5 月 22 日	身临书香——图书管理员体验活动	杭州科技职业技术学院图书馆	此次活动通过网上报名，摇号选出 26 名同学参加为期 1—7天的图书管理员体验活动。体验结束后，参与者撰写体验心得，作为后期参加“七天最佳图书管理员”(1 名) 和“一天最佳图书管理员”(3 名) 评比的主要依据。未入选现场体验的报名者可参加“找书大赛”小游戏	彭西成 沈露露	周晓音	徐惠芳 程瑛

图 6-10　十七位专任和兼任实训教师组队开展项目指导

(注:此为示意图,有删改。)

②集中辅导与分散实训相结合。

具体任务指导上,采用集中辅导与分散实训相结合的方法,先后召开了项目组长线上筹备会、项目策划线上评审会、项目方案修改线上研讨会等多次集中辅导活动,在统一目标、明确任务后,小组成员各自认领具体任务,以个人或小团队的形式完成文稿撰写、平面设计、视频剪辑、播音主持、场控协调、监播评价等具体工作任务(见图 6-15 至图 6-16)。

全真项目的实训锻炼,既激发了学生线上学习的兴趣,也让学生获得了项目经历和工作经验,培养了学生的创造能力、独立工作能力、沟通协调能力和应变能力,这不仅帮助学生更好地掌握了实际工作流程,更促进了学生系统思维和职业技能的形成。在具体实训教学过程中,指导教师基于项目任务,将理论知识转化为多个具体的工作任务(分解任务),通过完成任务培养学生提出问题、分析问题和解决问题的综合能力,强化教学材料的深度阅读,重视学生工作技能的锻炼,使学生获得清晰的思路、正确的方法和系统的知识,激发学生探索和实践的精神,培养学生独立思考和创新的能力,并在实践中收获成就感。

(3) 技术综合运用:多平台、多方案的整合探索与实践。

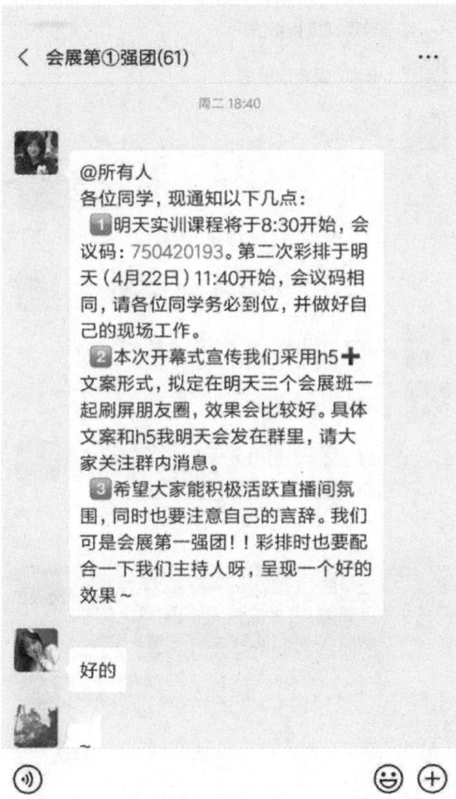

图 6-11　班级沟通群(承担一般任务沟通)

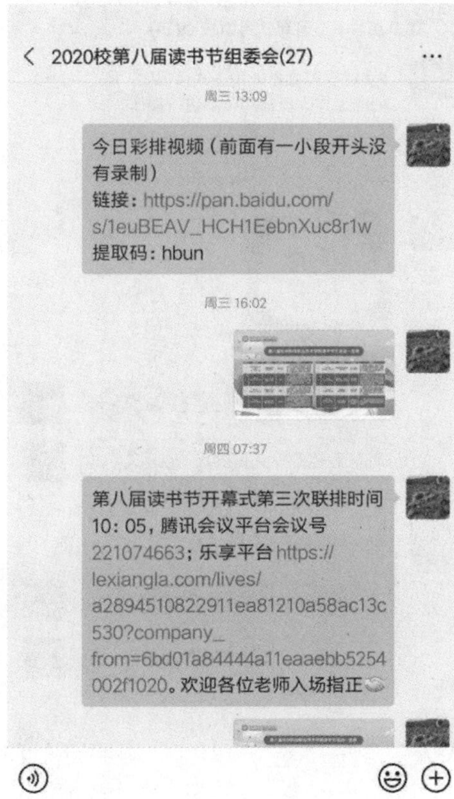

图 6-12　项目沟通群(承担师生任务沟通)

防疫不停训,技能线上练。为让学生实现居家防疫和技能训练两不误,指导教师通过电话、QQ、微信以及腾讯会议等多种方式解决线上实训过程中的项目沟通问题。同时,考虑到疫情防控需要,学生在项目策划阶段就提前考虑线上举办云读书节的技术实现问题,采用了腾讯会议、微博、微信、抖音、乐享等多平台解决方案,最大化地保证了读书节线上活动开展的可行性和吸引力(见图 6-17 至图 6-20)。同时,为应对疫情防控状况的变化,在为期一个多月的读书节活动中,学生还充分考虑了后期可能出现的线下活动和线上线下相结合的活动安排,本次实训为学生活动创造力的培养和技术掌控力的提升提供了难得的机会。

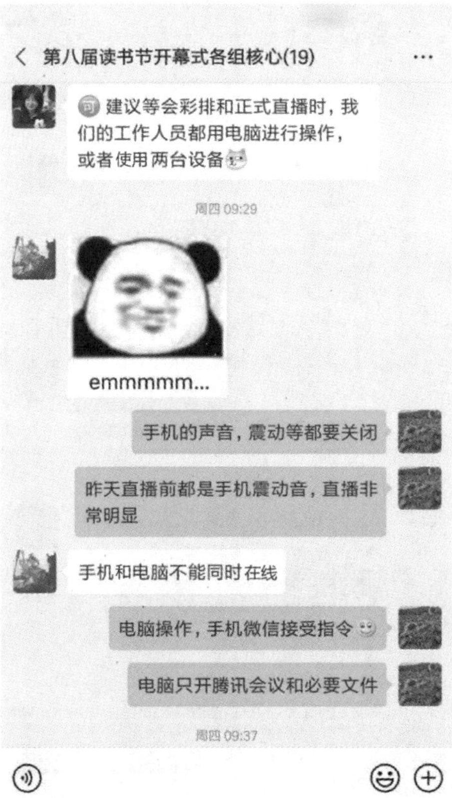

图 6-13　小组沟通群(承担专项任务沟通)

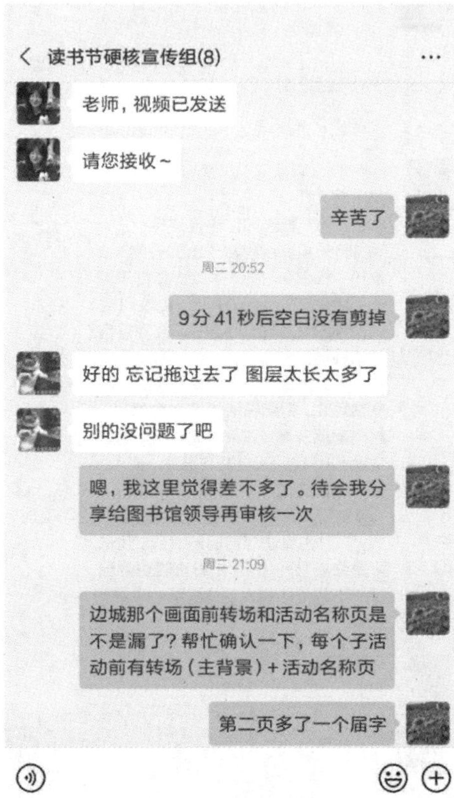

图 6-14　职能沟通组(承担具体任务沟通)

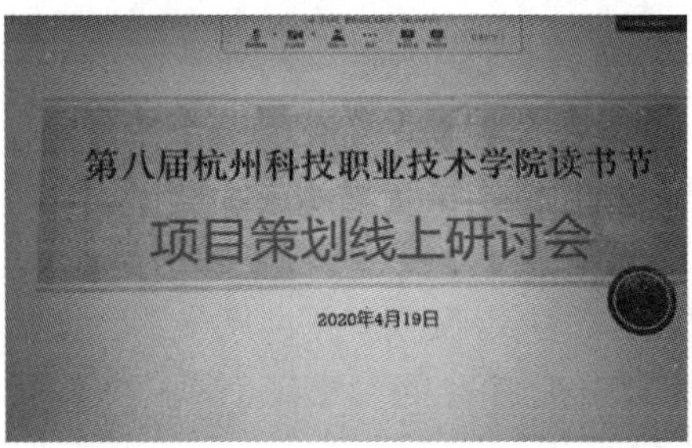

图 6-15　项目策划线上研讨会

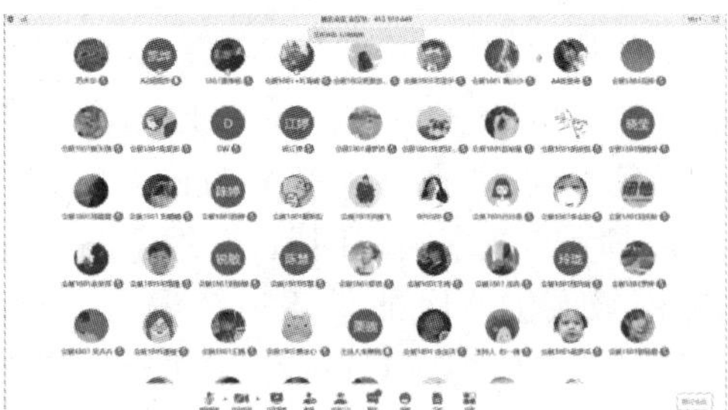

图 6-16　小组项目筹备进展汇报会

图 6-17　项目实训中采用的主要技术工具

图 6-18　乐享直播平台组织有奖互动

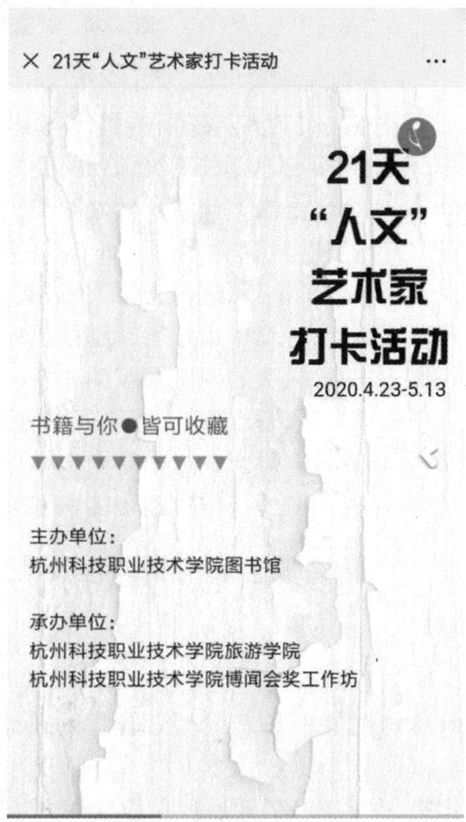

图 6-19　H5 活动推介

(a) (b) (c)

图 6-20　公众号矩阵联合宣传推广

(4) 创新成果呈现:多彩的创意成果和踏实的执行细节。

虽然此次实训从线下转到线上,但实训的要求并未降低,从某些具体指标来看,学生高标准地完成了实训相关要求。一方面,从创意训练来看,参训学生共策划出 36 个线上线下创意子活动方案(见图 6-21),相较于往年 24 个项目方案的数量,数量提升了 50%;另一方面,从项目执行来看,以线上开幕式活动为例,学生不仅克服了方案策划、技术支持、人员邀请、风险防控等多方面的挑战,新颖、流畅的开幕式体验,甚至得到师生超越往届的肯定,双平台开幕式(腾讯会议 & 乐享)共获得近 2800 人次的观看和互动参与(见图 6-22 至图 6-24)。

整体来看,基于第八届读书节的线上实训教学,进一步丰富了陶行知“教学做合一”职业教育思想和成果导向教学思想的理论实践,在师生互动交流、提升专业技能、培养团队协作精神和增加课程吸引力等方面也作出了新的有益尝试。

(三) 高职会展营销课程设计案例

1. 课程开发背景

会展营销课程是会展策划与管理专业的四大核心课程之一。杭州科技职业技术学院自 2011 年开设该课程以来,课程团队不断摸索创新,先后与杭州思诺博会展服务有限公司(2011 年)、杭州鼎忻展览有限公司(2014 年)、杭州钱唐会展有限公司(2019 年)开展课程教学和人才培养改革实践,逐步形成和完善了基于生产性教学实训的会展营销课程改革思路,进一步明晰了企业对会展营销人才的能力要求,加强了学校与合作企业的联系,提升了学生在会展营销策划、执行和管理等方面的专业能力,取得了阶段性成果。

杭州科技职业技术学院第八届读书节项目评分表					
本届读书节共设12个策划及执行小组，每组设计3个子项目，分别为线上开幕式、线上活动、线下活动，请评审教师以百分制评分。去掉一个最高分和最低分，子项目所得平均分即为最终得分（保留小数点后两位）					
序号	组长	子项目名称	活动简介	活动亮点	得分
1	冷丽霞	线上开幕式	主持人介绍整个开幕式的流程,各位领导发言,学生代表发言	弹幕可与观众实时互动,每个子活动都有短视频,设有云剪彩环节	
		阅读打卡活动	通过“人书嫁接”的摄影方式，营造妙趣横生的视觉效果。希望读者能够将自己独特的创意和视角与图书激情碰撞，并用镜头完美地表现出来。借助欧美流行的“书脸”摄影，让图书封面“活”起来，与读者来一场心灵对话	“人书嫁接”的摄影方式；参与群体广泛,可参与性高；体现图书特点，激发同学们的阅读积极性；奖品丰厚	
		好书分享	将图书藏于学校里任何你想得到的地方，找到了就是属于你的。每一本藏书都会经过我们的特别加工——封面上贴有“寻书大作战”的醒目书贴，内页夹有此次活动的简单说明和捐书者留下的话以及大概率的惊喜红包	后台实时更新藏书状况；图书内会含有捐赠者精心准备的感想或笔记；参与者可从寻找线索和读书中体会不同的乐趣；书中含有随机大红包；奖品丰厚	
2	胡凯烨	线上开幕式	采用线上直播形式开展，并邀请校有关领导作为嘉宾以视频连麦形式致辞讲话；开幕仪式正式开始前播放第八届读书节预告剪辑视频；剪彩环节播放提前录制的短片；在开幕式结尾时，使用视频连麦的形式进行截图留念	开幕式预热短片以及剪彩环节；开幕式仍跟线下一样具有仪式感，让大家有线上参与感	
		“共享一本书”——书籍“云”分享	活动期间，图书馆网站、公众号平台每日将会推荐三到四本经典图书供同学们线上阅读，可以选择在留言区留下阅读感想、书评或者是你想推荐给大家的书	运用公众号平台，达到好书分享效果；经典又简单的一个活动形式更吸引大家参与此次活动	
		“猜猜我是哪本书？”——看图猜书活动	根据提示猜文学作品。每天固定时间，我们将在杭科院图书馆公众号上推送有关文学作品的提示，提示由文字片段、作者介绍或图片组成，参与者在下期活动之前向公众号留言发送答案（书名+作者）即可	此活动略带趣味性，资深阅读者更能体会图书信息检索的趣味	

图 6-21　项目创意策划成果

（注：此为示意图，有删改。）

2. 会展营销课程生产性教学实训设计

(1) 项目概况。

①项目合作企业：杭州鼎忻展览有限公司。

教学实训岗位：鼎忻销售岗、SEO 专员、图库专员。

②项目合作企业：杭州钱唐会展有限公司。

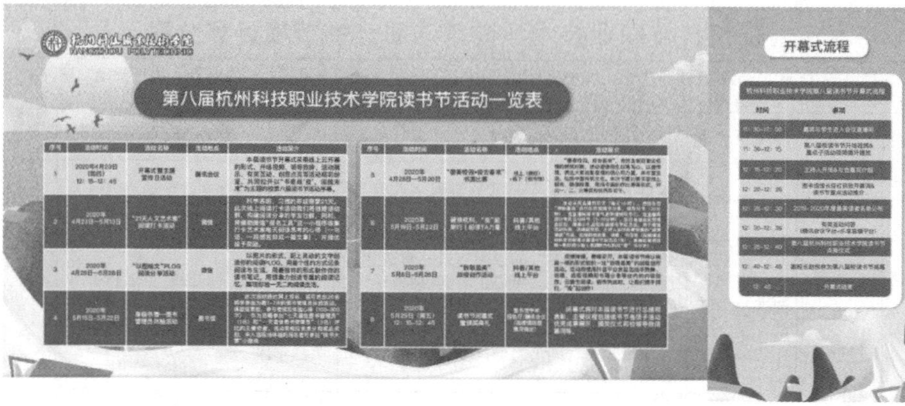

图 6-22　部分项目设计成果

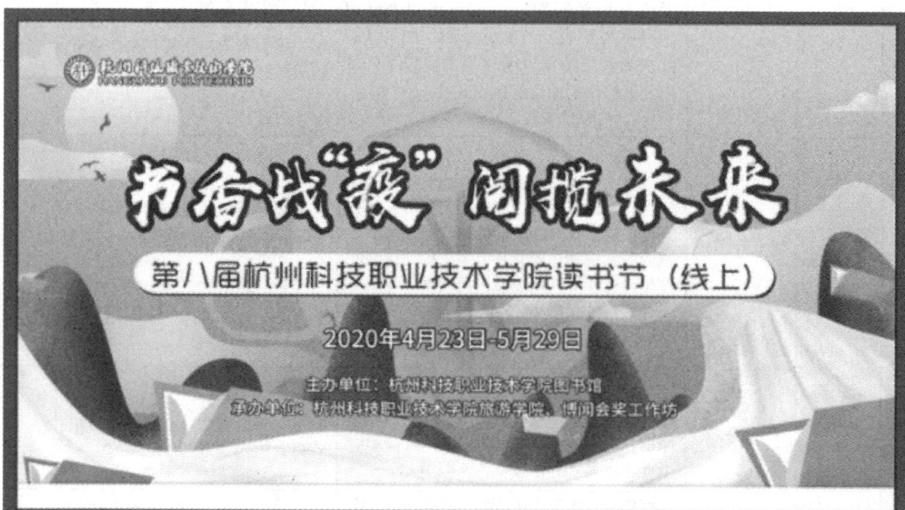

图 6-23　云开幕式

（在线回看：https://mp.weixin.qq.com/s/6hZH897-BpG9jZByEEcMPA。）

教学实训岗位：数据库专员、招展专员、宣传推广专员。

(2) 开发流程。

①双方确定生产性教学实训合作项目。

②落实生产性教学实训合作岗位及运作机制。

③启动生产性教学实训项目宣讲、人员选拔和岗位培训。

④校内生产性教学实训正式启动。

⑤绩效评估与改进。

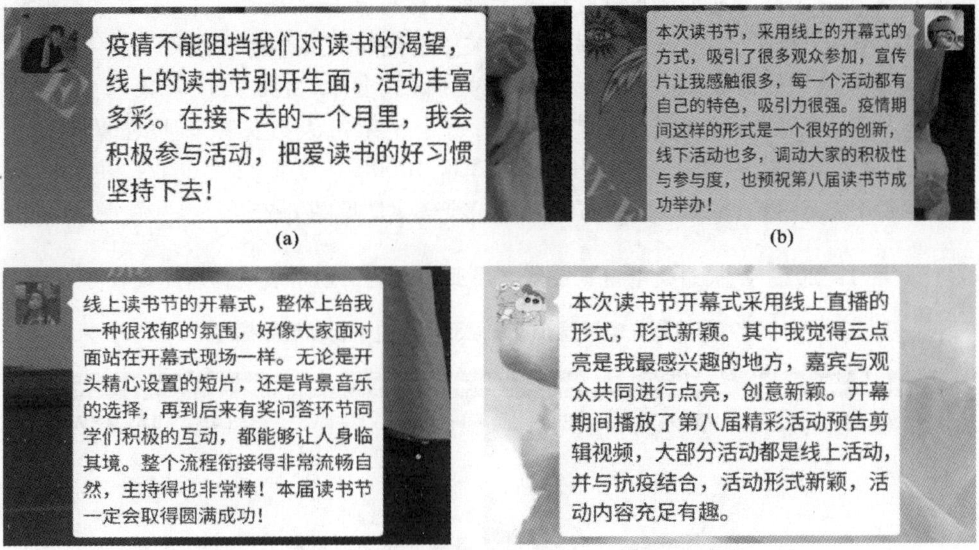

(a)　(b)　(c)　(d)

图 6-24　读书节开幕式活动师生评价

(3) 实训要求。

①营销岗位的能力要求和操作规范来自多个企业的综合调研分析。

②教学实训任务都来自校企合作企业具体岗位的典型工作任务。

③每项工作任务均有详细的任务清单、考核要求和执行指南。

部分岗位典型工作内容如下。

★SEO 小组：每周更新 20—30 篇软文发送至公司邮箱，要求 300 字以上，有一定的原创性，不可直接转载或者复制。

★化工销售：每天增加客户 50 个；打电话 30 通；每通电话时长为 120 秒；每天记录电话沟通问题至少 5 个；每天由组长安排至少 5 通电话录音分析；每天由组长安排 5 次常见客户问题分析。

★商务销售：每天有效电话数量（沟通 80 秒以上的电话）不少于 30 通；每通电话结束后做好联系记录；组长每天组织听 3 通电话录音；组长每天汇总联系客户中遇到的问题至少 5 个。

★图库专员：每人每周提交图片 200 张以上，要求像素为 1200 dpi。

★鼎忻涂料化妆组：每天打 30—40 通电话，要求每通电话时长必须为 45 秒以上。

★鼎忻畜牧组：每天打 30—40 通电话，要求每通电话时长必须为 45 秒以上。

★鼎忻医药组：每天打 30 通电话，要求每通电话时长必须为 45 秒以上，每天通话总时长为 100 分钟;明确回复对某个展会有意向并需挑选展位或考察参观的企业 2 家以上;提出需进一步了解展会相关资料的企业 10 家以上。

★钱唐数据库专员:按照企业 CRM 对应格式要求,完成数据收集与整理(进行状态划分:有意向/无意向/待定/有误);每个小组每天数据收集整理量不少于 100 条(项目周期内三个小组数据收集整理量 10000 条以上);除企业提供的三种数据来源外,还可按照课程教授方法补充完善数据(见图 6-25)。

附 1：2019 年杭州光电博览会暨首届亚洲光电子创新展数据库建设任务

2019 年杭州光电博览会暨首届亚洲光电子创新展数据库

数据来源：1.光电网名录（已有400条），平均每组30条左右；1801班1~150条、1802班151~300条、1803班301~400条；2.中国国际光电博览会会刊名录（见复印件）；3.http://www.coema.org.cn/news/，1801班负责激光行业名录整理和电销、1802班负责光学行业名录整理和电销、1803班负责光电显示行业名录整理和电销

序号	企业类型	公司名称	联系人	联系方式	联系情况	备注（每次联系后具体情况记录）

图 6-25　2019 年度光电博览会实训材料

3. 项目考核

会展营销实训考核方案如表 6-14 所示。

表 6-14　会展营销实训考核方案

序　号	实训表现	实训定级
1	全程参加实训,足额/超额完成岗位任务且业绩得到企业认可	优秀
2	全程参加实训,足额完成岗位任务	良好
3	全程参加实训,勉强完成任务量	及格
4	无故不参加实训/不听从项目负责人安排	不及格

4. 实训剪影

(1) 企业宣讲(见图 6-26)。

(2) 小组面试(见图 6-27)。

(3) 岗前培训(见图 6-28)。

(4) 项目总结(见图 6-29)。

5. 项目表彰

以 2019 年课程实训为例,项目共评出优秀奖 9 组(每班 3 组,颁发荣誉证书),业绩奖 3 组(合班业绩前 3 名,每组奖励 500 元现金)(图 6-30、图 6-31)。

6. 教学改革成效

项目合作进一步加强了校企联系,同时,教师对不同公司会展营销相关岗位

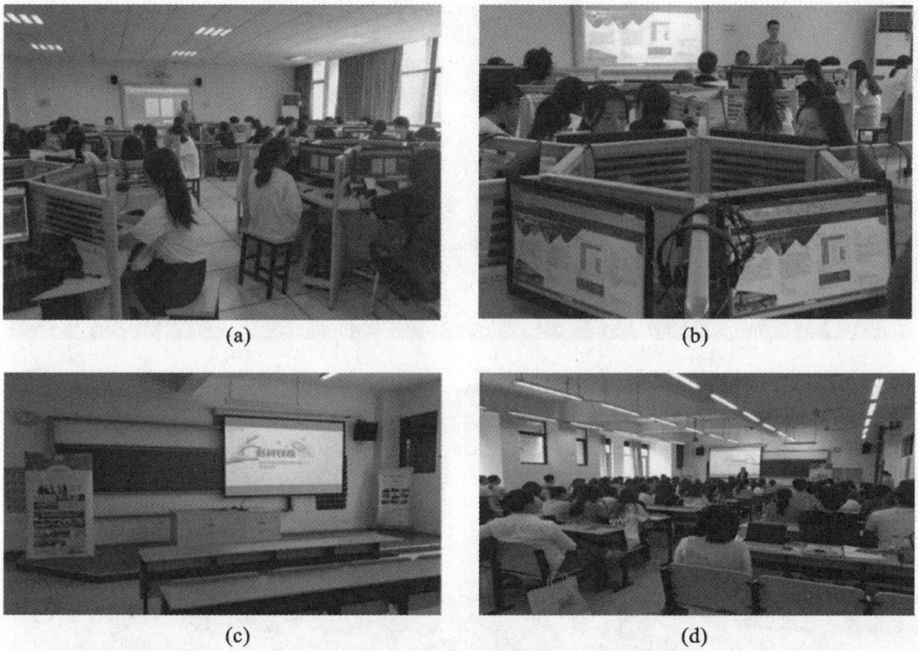

(a) (b) (c) (d)

图 6-26　企业宣讲

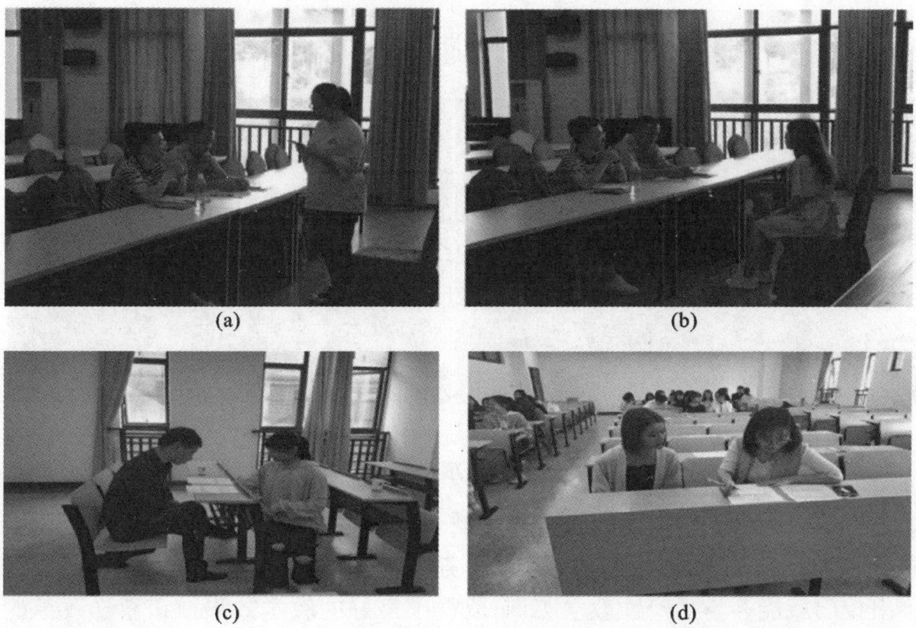

(a) (b) (c) (d)

图 6-27　小组面试

(a) (b) (c) (d)

图 6-28　岗前培训

(a) (b)

图 6-29　项目总结

技能进行了更为深入的对比分析与梳理整合。项目执行过程中,教师与企业专家共同设计和开发了典型营销岗位实训任务,并引荐企业技能专家入校培训,让学生不出校门就能参与生产性教学实训,取得了良好的教学效果。该教学改革的主要收获如下。

小组营销业绩排行榜						
班级	组长姓名	完成总数	有意向	待定	无意向	有误
会展1802	侯二岳	891	29	129	319	410
会展1802	刘瑞	831	41	249	220	337
会展1802	蔡世杰	802	20	301	228	253
会展1802	陆珊珊	780	25	179	186	380
会展1803	赵莹莹	723	26	81	435	182
会展1801	冷丽霞	713	15	153	245	298
会展1802	沈露露	653	23	101	192	339
会展1803	张梦瑶	575	6	89	313	150
会展1801	吕玲燕	535	6	48	154	294
会展1802	魏柳笛	445	3	56	152	234
会展1801	施天琪	396	3	183	114	100
会展1801	胡徐悦	321	6	75	206	34
会展1803	钟园财	305	17	84	119	75
会展1803	黄绮轩	288	11	120	75	82
会展1803	方尚仪	231	8	30	122	70
会展1801	张露超	125	1	42	14	42

图 6-30　项目业绩总览

(1) 掌握了行业发展动态和企业人才需求情况,明晰了岗位技能要求。

(2) 为会展专业学生创设了校内生产性教学实训平台,教学效果得以提升。

(3) 加强了校企联系,为企业业务助力的同时也充分挖掘和利用其资源。

(四) 高职会展专业课程的项目设计模式

项目设计中要避免“抛开工作任务选择项目”和“完全紧扣工作任务设计项目”两种错误的做法,明确解决项目和工作任务的匹配模式(见图 6-32 至图 6-34),在单项项目或综合项目、封闭项目或开放项目、模拟项目或真实项目间作出合理选择并予以递进式、并列式或车轮式的序列化。①

循环式项目设计即从简单到复杂设计了工作过程基本一致的多个项目,尽管工作过程是重复的,但工作内容是各不相同的,而工作强化应该具有递进关系,可以说这也是一种基于工作过程系统化的项目课程开发。循环式项目设计是项目设计的主体模式,其在模式思想和操作方法上与陶行知职业教育的课程理念相呼应,也是高职会展专业课程应着力践行的一种项目设计模式,在会展调研、会展策

---

① 徐国庆. 职业教育项目课程:原理与开发[M]. 上海:华东师范大学出版社,2016.

(a) (b) (c)

图 6-31 总结表彰仪式

划等课程上，循环式项目设计能够很好地满足教学所需。

分段式项目设计核心特征是一门课程仅选择一个大型的、完整的综合项目。由于体系庞大、过程众多，教师需要将一个项目拆分成若干小项目让学生按序执行，最终实现整个项目的突破。比如节事活动策划与管理等一些会展专业课程，一个项目所涉子活动可能是数个甚至数十个，这些子活动可能并行或先后举办，但从本质上讲，只要学会一个子活动的策划与管理，其他子活动的操作也应能顺利完成，故而分阶段来实施该门课程的项目教学，是一个比较好的选择。

对应式项目设计核心是围绕工作任务设计项目，但这些任务有可能构成流程关系，也有可能并不构成流程关系。以会展营销课程为例，实际上展会的宣传推广、招展招商、客户关系管理等方面都是可以进行对应式项目设计的。

当然值得注意的是，无论是使用大项目制（循环式项目设计和分段式项目设计），还是采用小项目制（对应式项目设计），其核心都是为了培养学生的职业能

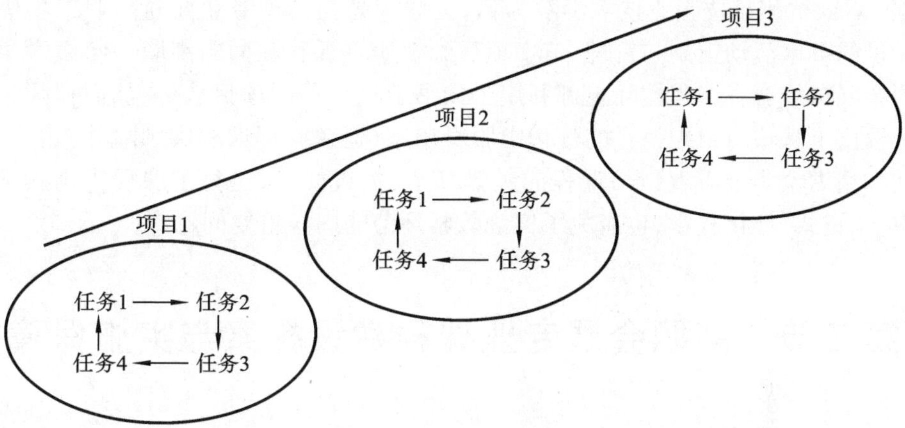

图 6-32　循环式项目设计

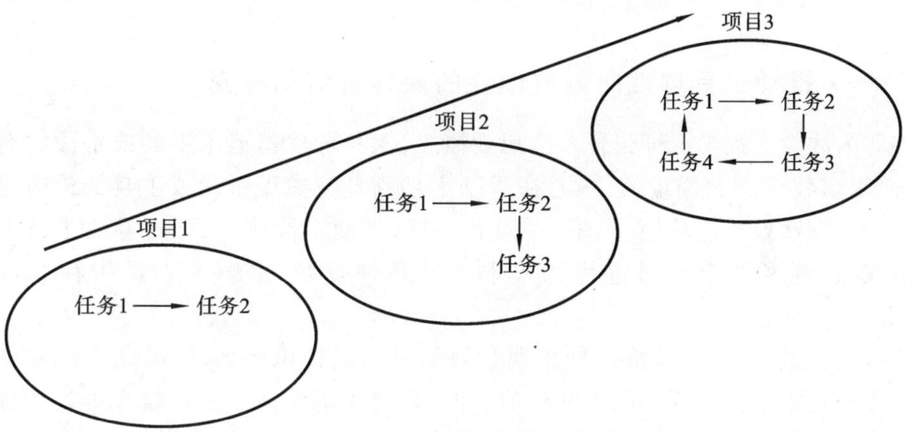

图 6-33　分段式项目设计

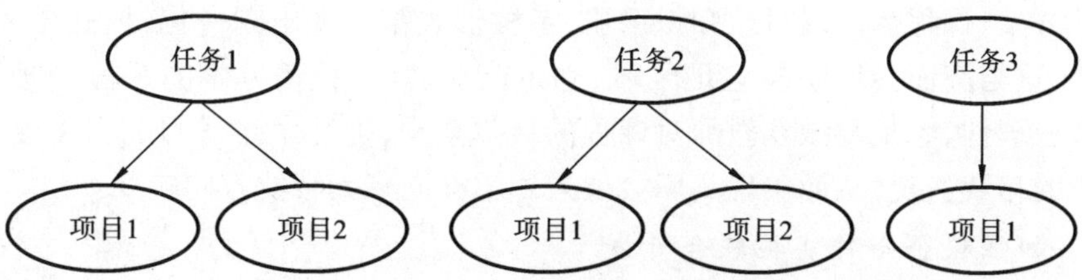

图 6-34　对应式项目设计

力。在实际课程设计中，根据教学需要，几种项目设计方法同时交叉使用是可行的。此外，在做好新项目开发的同时也要注意既有项目资源的复用(共享)，防止出现每门课程所采用项目是完全独立的现象——这样会给师生都带来项目维度灾难[①]。以杭州科技职业技术学院为例,会展策划与管理专业面向高职二年级学生开设的节事活动策划与管理、节事项目综合实训课程和面向高职一年级学生开设的会展市场调查课程实际上都利用了读书节这一共同项目载体,从而让师生在一定程度上从项目组织执行的烦琐中脱身出来(运营管理课程实训除外),将更多时间和精力聚焦于所教(学)课程的关键环节、关键能力,避免了课程实训教学中出现"全链式"泛化教学,也避免了实训教学环节的内容重复问题。[②]

第三节 高职会展专业课程建设探索与实施保障

一、生利导向的高职会展专业课程建设探索

(一)推动工具理性向解放理性的课程价值观转变

作为法兰克福学派理论体系的重要概念,工具理性指追求工具或手段的有效性,追求事物重大功用价值,核心在于基于功利计算实现手段或工具的价值最大化。工具理性只关注功用、效率、手段和计算,其使手段成为目的,导致了技术理性霸权,忽视了理念探讨过程和人本主义精神复归,消解了人类生存的价值基础。[③]

在约翰逊看来,课程是一种预期学习结果的结构化序列,但高职会展专业课程建设还是应多关注课程的内在价值,加强理念上的思考。无论是在理论课程还是实践课程体系的设计或实施上,当前普遍存在着对相似甚至不同内容采用固定技术、方法、手段的程序性操作问题,百校一面的弊病初显,各校所谓"特色"的人才培养方案、课程体系、教材、知识手册、考核形式都表现出划一化、模式化和同质化趋向,这与高职会展院校立足区域、立足产业、立足校情办学的宗旨是相悖的。强调解放理性,就是要激发教师对课程的自觉意识,提升学生学习的自由度,并促进学生的自我实现,从而实现高职会展人才培养向多元智能方向转变。

1. 加强校企合作实施联合开发

企业技能专家与"双师型"骨干教师实施校企联合课程开发,对课程内容、教

① 项目维度灾难指的是虽然单个可以操作,加总后变得异常庞大,难以计算。

② 课程项目如相互独立,师生很可能在每个项目都要面临调研、策划、筹备、执行、评估等任务。

③ 闫坤如.人工智能技术异化及其本质探源[J].上海师范大学学报(哲学社会科学版),2020(3).

学方法、课程资源等多方面进行理论与实践一体化的课程改革，是提升课程适应性和人才培养成效，避免学校间课程同质化的关键所在。[①] 在高职专任教师中，约70%以上的教师均是“从学校到学校”(即从学校毕业后回到学校任教)，许多教师的企业工作经历与经验、实践能力并不能满足高职教育的内在要求，[②③]在陶行知看来，“商业学校教员”虽可以用“收录普通学子教以经验学术与教法”的方式“养成职业师资”，但“如无经验，则教授法无由精密”，若通过校企合作实现“专门学问家与职业中之有经验者同室试教”，则更是“为事自顺”。

以杭州科技职业技术学院为例，该校于 2017 年 6 月与杭州国际博览中心共建杭州国际博览学院，不断探索“政产学研协同发展”的办学新模式，成为高职会展院校深化校企合作、产教融合和提升社会服务能力的典型案例之一，入选 2018 年中国会展业十大新闻。以杭州国际博览学院成立为契机，校企双方在高职会展人才培养和课程建设上进行了深度合作，对会展英语、会议服务与管理、会展场馆管理等课程进行了联合开发，为杭州乃至浙江及长三角地区旅游会奖业、运动休闲业的高素质专业人才培养提供了有力支持，也成为“一企多课”校企联合开发课程的典型案例。再如，该校的会展营销课程自 2011 年先后与杭州思诺博会展服务有限公司、杭州鼎忻展览有限公司、杭州钱唐会展有限公司等开展了持续 10 年的生产性课程共建，成为“一课多企”的典型示范。而“一课一企”的课程联合开发实践则更普遍，不仅如此，在课程开发上该校还注重吸收来自政府、行业及兄弟院校的专家力量，如该校的会奖旅游实务特色课程的建设就有政府会奖旅游管理一线的专家参与。

2. 合理开发和利用教学资源库

在专业教学资源效益的挖掘与提升、教学资源信息化体系的构建与完善、职业教育信息化的变革与促进、系列化教学资源成果的打造上，专业教学资源库建设发挥着不可替代的重要作用，其也是实现职业教育在新时期高质量发展的内在要求与重要手段。[④] 从专业、专业群及专业教学资源库建设的根本逻辑来看，实现专业及专业群教学资源的充分聚集、优势互补及协同发展，发挥其共享、引领、辐射、带动与示范作用，方能对高职会展教育发展起到真正的推动作用。[⑤]

---

① 胡俊梅. 推动内涵式发展 促进地方新建本科院校转型[J]. 高教探索，2017(7).

② 王成福，邵建东，陈海荣，等. 高职教师专业实践能力的内涵及培养对策[J]. 高等工程教育研究，2015(3).

③ 杨勇，林旭. 四维合一：行动导向教学法的理性逻辑[J]. 教育与职业，2021(2).

④ 朱春俐. 职业教育专业教学资源库建设的意义价值及路径[J]. 职教论坛，2020(10).

⑤ 何菲，何嘉. 基于当代世界职业教育发展趋势的问题研究——评《当代世界职业教育发展趋势研究》[J]. 教育发展研究，2017(2).

专业介绍、职业人才培养、人才培训项目等众多教学资源能为职业教育体系中的师生双方提供服务，同时也能为社会学习者提供更多的学习资源及便利，“能学、辅教”成为专业教学资源库最新的功能定位。① 但值得注意的是，随着国家及省市精品在线教学资源库的逐步建设和完善，不分课程、不计代价、不顾基础的资源库自主开发盲动对课程建设来说收效甚微，更多地研究如何让国家和省市资源库内容与院校的专业教育及地方的岗位需求相对接，提升已有优质资源库的共享和利用效率，或将是未来值得关注的方向。

（二）建设契合区域经济和院校特色的校本课程

高职会展专业教育如何适应学生个体职业成长的实际需求，又如何契合地方经济发展和学校特色，是不可回避且需认真思考的问题。作为服务区域经济社会发展的一种教育类型，高职院校与地方经济社会发展有着密不可分的联系②，统计数据也表明，大多数高职院校毕业生会选择在院校所在地就近就业③，这也意味着即便有了会展国家教学资源库及分散于各省份的优秀在线精品课程资源，高职会展教育的校本课程建设依然具有必要性和可行性。

校本课程是高职院校结合自身优势和传统、学生兴趣和需要自行组织开发并实施的增强学校人才培养成效和学生适应性的课程，其核心旨在解决课程实施者与课程开发者(包括课程标准开发展者、教材开发者、在线资源开发者等)之间存在的脱节问题。④ 校本课程开发有“校本课程的开发”和“校本的课程开发”两种形式，一种是对现有课程目标、结构、内容、标准、材料的选择、改编、新编、实施和评价，另一种是基于地区、院校、师资、学生等差异开发一门全新的课程。⑤⑥

1. 高职会展专业校本课程开发的误区

校本课程开发是一个学校、教师、企业、专家等多方共同参与规划、实施和评价的民主决策过程。在高职会展专业校本课程开发过程中，仍然存在着对高职会展专业校本课程开发缺乏足够认识、教师参与校本课程开发能力不足、院校对校本课程开发支持和配合力度不够等诸多问题。究其根本，还是因为对校本课程的性质、作用和重要性存在认知偏差。高职院校在绩效导向下都不遗余力地开发和

---

① 梁爽，高秀娟. 职业教育专业教学资源库理论研究与实施路径[J]. 工业技术与职业教育，2018(3).

② 肖智清，徐娟. 全方位对接长株潭产业集群发展的职业院校发展战略研究——以湖南现代物流职业技术学院为例[J]. 科技经济市场，2018(2).

③ 张薛梅. 锡商文化与商科高职院校校园文化融合研究——以无锡商业职业技术学院为例[J]. 无锡商业职业技术学院学报，2016(4).

④ 魏登尖. 校本课程建设的理论构建与实践探索[M]. 重庆：西南师范大学出版社，2018.

⑤ 崔允漷. 校本课程开发：理论与实践[M]. 北京：教育科学出版社，2000.

⑥ 吴刚平. 校本课程开发[M]. 成都：四川教育出版社，2002.

包装面向全国、面向全省的大规模在线精品课程,但实际上很多结合具体城市产业特点和院校自身优势特色的小而精的课程,却在人才培养上大放异彩。

大规模、标准化的在线精品课程对区域特色人才培养的成效仍存在诸多疑虑,对大多数高职院校而言,这也是劳民伤财的"教育军备竞赛"。对大部分会展院校寥寥数人的会展师资团队而言,单打独斗式地参与大规模在线精品课程开发,其开发质量和应用前景都是十分令人忧心的。与此相对,结合地方产业和院校资源状况有的放矢地开发一些联系紧密、难度较小、适用好用的校本课程,将是更有助于学生个性潜能向职业素质转化的另一条蹊径和有效信息载体。①

2. 高职会展专业校本课程开发的类型

从课程开发的模式来看,以拉尔夫·泰勒为代表的目标模式、以劳伦斯·斯滕豪斯为代表的过程模式、以施瓦布为代表的实践模式、以丹尼斯·劳顿和斯基尔贝克为代表的环境模式是较为经典的四大课程开发模式。在课程开发的实践中,基于定位、主体、范围、基础等方面存在的差异性,校本课程开发呈现出多种类型(见表 6-15)。

表 6-15　高职会展校本课程开发类型②

类　型	概　念	原则要求
直接选用课程	指从已有的比较成熟的课程资源(如国家教学资源库)中选择符合学生兴趣、个性发展、学校办学目标或校园文化特色需要的课程作为校本课程	(1)学校和教师需要拓宽视野,广泛掌握校本课程资源,特别是对比较好的已有课程要有一定认知;(2)选用过程中,学校及教师需要对课程进行评价;(3)要选用符合学生兴趣、学生特点、学生个性发展、学校办学目标或校园文化特色需要的课程;(4)学校及教师需要加强课程理解能力和实践转化能力
联合式课程开发	指联合相关个人、团队、学校或相关单位来共同开发学校需要的一门或多门校本课程,乃至合作开展学校整体的校本课程建设	(1)把握好学校教育的学生立场及教育立场;(2)把握好课程开发的规范性和程序性;(3)学校与学校的联合开发应保持开放共享,不刻意追求学校的独特性;(4)学校与专业机构的联合开发务必保持学校教育的独立性和专业性;(5)家长资源的运用不可过度,不能竭泽而渔

① 孟宪平.职业学校校本课程的开发[J].河南职技师院学报(职业教育版),2002(5).
② 魏登尖.校本课程建设的理论构建与实践探索[M].重庆:西南师范大学出版社,2018.

续表

类　型	概　念	原则要求
补充式课程开发	指为提高国家课程、地方课程的教学成效而进行的课程材料的开发活动	(1)补充原有课程缺失的相关课程资源、材料等;(2)补充课程实施过程中所需的实践性材料;(3)补充属于自己学校或教师个人特质的内容;(4)补充为学生解决特定问题所提供的领域外的或可供选择的实践指导
删减式课程开发	是对已有课程改编的一种形式,特别是按照一定的要求对校本课程进行目标、内容、内容组织、学习经验材料及评价等方面的删减	(1)删减在其余课程特别是国家课程中已经得到体现或开发的内容或目标;(2)删减高于或低于本校学生发展水平的内容或目标;(3)删减不符合本校校本课程建设理念的内容或目标
拓展式课程开发	指在已有的校本课程基础上增加课程的广度和深度,拓展课程目标、课程内容、课程学习方式、课程材料等,使课程实施更丰富、更多元,以满足学生的多元发展需要,关注不同发展阶段的学生的发展需要	(1)当学生能力或学生知识已经高出原有课程的假设时,可进行拓展;(2)对属于学校特色理念和追求的内容或目标,可进行关联式拓展;(3)当学生有特别的兴趣和专长,而原有课程没有相关的内容时,可进行拓展;(4)当学校教师有特别的兴趣或专长,又是学生所需要的,且符合教育规律时,可进行拓展;(5)对当前课程领域发生的最前沿的事件或焦点,可进行拓展;(6)为了原有课程更好地提高学生的学习成效,可进行拓展;(7)为了适应不同层次的学生发展需要,可进行学习内容或学习方式的拓展
整合式课程开发	指超越不同学习内容、不同领域、不同学科体系,关注共同的要素如课程目标、课程内容、学习经验或学习方式等来重新构建课程的活动	主要包括相关课程模式、关联课程模式、主题课程模式、新学科课程模式四种类型,其主要目的是减少知识的分割和学科间的隔阂,以新的组织方式或新的要素构成新的课程学习形态

续表

类　型	概　念	原则要求
自主开发课程	自主开发课程又称为新编课程，是指学校或教师基于自己的课程愿景而进行的某门课程或多门课程或课程体系的全新设计	(1)应充分发掘学校教育资源，特别是教师资源，教师是课程自主开发的主体；(2)善于运用教师共同体来开发课程，提升课程开发的品质、丰富性和多元性；(3)自主开发课程依赖于学校教师的课程意识觉醒，没有教师课程意识的觉醒，而只是少数人进行的课程开发是没有生命力的；(4)要通过教师行动研究来构建学校教育的课程愿景；(5)自主开发课程要通过组建具有多元课程相关主体的团队对所开发课程进行集体审议

3. 高职会展专业校本课程开发的路径

(1) 转变办学思维，加强校本课程建设。

高职院校办学定位应服务地方经济社会发展①，这是高职课程建设必须依托区域经济、依托产业特色、依托学校优势、依托学生特点的内在约束和动力机制。在这一建设背景下，高职会展院校应审时度势，树立新的办学理念，在地方资源开发和利用上多下功夫，加深学生对所处生产生活环境的认知了解和情感体验，强化学生在熟悉区域、熟悉领域内的动手能力和实践能力。高职会展院校要加强校本课程建设的民主机制，尽力避免基于社会政治观念下的课程盲动，防范政绩功利主义，提倡基于学生素养发展的构建逻辑。②

(2) 加强师资建设，激发教师参与热情。

在陶行知看来，“健全之职业教师，自必以经验、学术、教法三者皆具为标准”，但生利之经验养成之法的要领在于“因已有之经验而增长之”，因此，对专业教师开展核心课程意识、学科课程意识以及课程领导、管理和统整意识教育，不断提升教师队伍的专业水平和校本课程开发能力成为必须。加强以教学培训、教学研讨会议和校本教材编撰等为主线的师资建设工作③，将为校本课程的有效实施提供有力保障。

(3) 完善管理体制，提供课程组织保障。

即便院校管理者和教师认识到校本课程建设的重要性，但缺乏体制机制保

---

① 王惠莲. 高职院校特色高水平专业群建设的逻辑解构、关键维度及实施向度[J]. 中国职业技术教育，2020(32).

② 魏登尖. 校本课程建设的理论构建与实践探索[M]. 重庆：西南师范大学出版社，2018.

③ 王欢，赵之晔. 数字化教学平台在装备制造类高职院校教师师资建设的作用研究[J]. 南方农机，2020(2).

障,不能打开制度空间和专业支持系统,校本课程改革成效就难以深化。要在顶层设计上融入契合院校办学思想和特色的校本课程规划,推动形成民主开放的院校组织结构,建立校本课程保障平台支持,提供必要的领导支持、政策支持、经费支持、人力支持等,出台激励措施,加强评价引导。

二、生利导向的高职会展专业课程实施保障

(一)生利师资

在劳伦斯·斯腾豪斯看来,“没有教师的专业发展,就没有课程发展”。[①] 教师专业发展分析框架 FAPO(Feelings、Attention、Promptings、Organization)为了解教师专业发展状况,并以此为基础,为院校课程规划提供了决策依据。[②] 教师课程领导力水平决定了院校课程水平,而提升教师课程领导力的核心在于教师个体课程意识的觉醒:必须调动教师课程建设参与的积极性,让教师从被动学习转向主动学习,不断提升教师的专业化水平,激发教师对专业和对教学的工作激情和内生动力。[③]

经验、学术和教法是陶行知对职业教育教师应具备素质的全面概括,其中经验是重中之重,当“三者不可得兼,则宁舍教法学术而取经验”。一方面,不少会展教师是从旅游、广告、地理、外语等专业“半路出家”,会展理论水平实际上并不够扎实;另一方面,更多教师面临的问题是缺乏会展企业的从业经验,实践经验十分匮乏。[④] 解决这一师资窘境可以从以下三个方面入手。

一是提升已有师资的职业化水平。通过集中去企业顶岗锻炼(半年以上全职形式)、指导项目服务、参加职业化大赛、实习就业走访等多种形式增强现有会展专业教师对行业的认识和了解,紧密追踪行业发展动态和技术前沿,培养和提升技能操作水平。

二是着力引进具有行业背景的师资。在陶行知看来,此法相较于第一种方法而言,是一种舍难就易的方法。只要有职业经验的人接受过公共教育,对他们传授教法就要比对没有职业经验的人传授教法容易得多,从目前会展业人力资源的教育背景来看,陶行知之前的假设情况在当前中国会展界已然出现。

---

① 钟启泉,罗厚辉.课程范式的转换——上海与香港的课程改革[M].上海:上海科技教育出版社,2003.

② 崔允漷,夏雪梅.FAPO:一种新的教师专业发展分析框架[J].教育发展研究,2011(10).

③ 魏登尖.校本课程建设的理论构建与实践探索[M].重庆:西南师范大学出版社,2018.

④ 龙梅,杜妍妍.基于职业胜任力提升的高职会展人才培养模式探究[J].赤峰学院学报(自然科学版),2013(22).

三是校企联合实施人才培养。让有扎实理论功底的会展专业教师和拥有丰富实操经验的会展企业业务专家和技术能手共同设计和实施课程教学，有利于实现理论和实践教学的融合统一，打破重理论轻实践的路径依赖，提升教学的针对性和有效性。推进基于课程设计、备课、教学、实践、研究等形态在内的授课共同体建设，有利于提升人才培养成效，同时又能够促进教师的专业成长，逐步解决“学术经验分附二人之身终难免于隔膜”的弊病。

（二）实训室建设

陶行知指出，“必先有种种设备，以应所攻各业之需求，然后师生乃能从事于生利；否则虽有良师贤弟子，奈巧妇不能无米之炊何！故无农器不可以教农；无工器不可以教工”。在提升学习能力与动手能力，强化学生职业素养，促进学生全面发展上，模拟实训室具有不可替代的作用。以展览模拟实训室为例，其可在展览策划、招展招商、运营管理、现场管理、美术设计以及信息化技术等方面提升学生职业能力；再以会议服务实训室为例，其有助于学生从会议竞标开始，到会议促销、实施、组织、服务和展示，最后到会议总结全流程掌握工作程序、方法和操作技能。①

以杭州科技职业技术学院为例，会展策划与管理专业可供教学使用的校内实训室有 11 处之多(见表 6-16)，有效保障了生利之设备所需。

由于技术及行业的动态变化、实训设施场地及经费等诸多条件的限制，高职院校如仅仅依靠自身设备、自建实训室实际上是难以有效满足课程教学、专业发展和人才培养所需的。陶行知在生利主义之职业设备中提出，职业学校之生利设备可分为两种，一是自有之设备，二是利用职业界之设备，但无论是哪种，学生和教师都不可因此生利。为一个专业建一个场馆是不现实的，这就要求会展专业办学要与会展企业、会展场馆合作，采用“外包”形式，②故而，解决高职会展专业实训设备、场地和项目问题，一方面可以大力开拓校外实习实训基地，利用企业的设施、设备、办公条件来改善和提升学生实习实训的条件，另一方面也可以尝试在校内引进企业的生产设施、设备和项目，建立“校中厂”，以提升校内设备的先进性、共享度和利用率。无论是自建实训室还是利用企业设施设备，其核心都是要紧跟行业技术前沿，提升学生技能操作能力和实践水平，并为师生参与企业技术研发、技术转化和技术改造创造可能。

---

①　黄彬.会展实践与研究[M].杭州:浙江大学出版社,2011.

②　黄彬,方玲玲.中国会展教育十年[M].杭州:浙江大学出版社,2012.

表 6-16　杭州科技职业技术学院会展专业校内实训室

<table>
<tr><th rowspan="2">序号</th><th rowspan="2">实训室名称</th><th rowspan="2">主要开设实训项目</th><th colspan="2">主要设备</th><th rowspan="2">工位数</th></tr>
<tr><th>名称</th><th>数量</th></tr>
<tr><td rowspan="6">1</td><td rowspan="6">旅游综合管理实训室</td><td rowspan="6">旅游综合实训、会奖模拟实训</td><td>电脑</td><td>50 台</td><td rowspan="6">55 个</td></tr>
<tr><td>酒店前台系统(中英文)</td><td>2 套</td></tr>
<tr><td>无线点单系统服务端</td><td>2 个</td></tr>
<tr><td>企业级 24 口交换机</td><td>3 台</td></tr>
<tr><td>旅行社电子商务平台考试系统</td><td>1 套</td></tr>
<tr><td>旅行社客户关系(CRM)管理系统</td><td>1 套</td></tr>
<tr><td rowspan="3">2</td><td rowspan="3">旅游营销创新实训室</td><td rowspan="3">旅游综合实训、新媒体营销实训、旅行社产品营销实训</td><td>电脑</td><td>53 台</td><td rowspan="3">55 个</td></tr>
<tr><td>市场营销模拟平台</td><td>1 个</td></tr>
<tr><td>网络营销技能实训软件</td><td>1 套</td></tr>
<tr><td rowspan="6">3</td><td rowspan="6">餐饮宴会实训室</td><td rowspan="6">中餐摆台实训、西餐摆台实训、会议实训</td><td>同声传译设备</td><td>1 台</td><td rowspan="6">55 个</td></tr>
<tr><td>婚庆设备</td><td>1 台</td></tr>
<tr><td>送餐车、酒水车</td><td>2 辆</td></tr>
<tr><td>餐桌</td><td>8 张</td></tr>
<tr><td>茶水柜</td><td>9 个</td></tr>
<tr><td>餐具</td><td>若干</td></tr>
<tr><td rowspan="4">4</td><td rowspan="4">会展设计实训室</td><td rowspan="4">会展平面设计实训</td><td>电脑</td><td>55 台</td><td rowspan="4">55 个</td></tr>
<tr><td>观众信息管理系统</td><td>1 套</td></tr>
<tr><td>会议模拟教学软件</td><td>1 套</td></tr>
<tr><td>展览企业教学模拟系统</td><td>1 套</td></tr>
<tr><td rowspan="8">5</td><td rowspan="8">会奖旅游创新实训室</td><td rowspan="8">旅游综合实训、会奖营销实训、项目管理实训、奖励旅游实训</td><td>电脑</td><td>56 台</td><td rowspan="8">60 个</td></tr>
<tr><td>速录机</td><td>25 台</td></tr>
<tr><td>会奖旅游可视化教学课件(1)</td><td>1 套</td></tr>
<tr><td>会奖设计与搭建平台</td><td>1 个</td></tr>
<tr><td>会奖旅游项目管理软件</td><td>1 套</td></tr>
<tr><td>会奖旅游可视化教学课件(2)</td><td>1 套</td></tr>
<tr><td>办展、参展流程系统</td><td>2 套</td></tr>
<tr><td>无线投票表决系统</td><td>1 套</td></tr>
</table>

续表

序号	实训室名称	主要开设实训项目	主要设备		工位数
			名称	数量	
6	酒水咖啡实训室	咖啡制作实训、酒水调制实训	半自动咖啡机、净水设备	2台	55个
			商用专业意式磨豆机	2台	
			冰箱	1台	
			餐具消毒柜	1个	
			触摸屏POS机收款机	1台	
7	礼仪实训室	礼仪实训、婚庆实训、导游才艺实训	墙镜	3个	55个
			铸铁底座舞蹈把杆	3个	
			化妆台	2个	
8	客房实训室	客房服务实训	实训床	10个	55个
			床上用品	20套	
			行李架	1个	
			大衣柜	1个	
9	茶艺实训室	茶艺实训	紫砂壶、铁壶	5个	55个
			各类茶具	若干	
			古筝、琵琶	2架(把)	
10	模拟导游实训室	旅游综合实训、导游讲解实训	三维虚拟仿真教学场景	1个	55个
			四位一体综合导游实训教学软件	1套	
			可编程中控系统	1套	
11	展览实训室	展台搭建实训	标准展位	7个	55个
			洽谈桌椅	5个	
			会展活动信息发送平台	1个	
			接待台	2个	

从实际利用和操作来看，校内实训室较为重要的是可用于设计、文案、策划、信息化等实训项目的会展设计实训室，还有集展览体验、展材认知、流程和现场管理等环节为一体的展览实训室。另外，多功能的会议实训室也是必不可少的。实训室除了可以模拟各种会议服务和接待流程，实际上也可以成为各类婚庆、酒会、新闻发布会等场景再现的“百变空间”。当然，各院校也可以根据自身办学定位、特色、场地和经费情况建设其他校内实训室，但必须将实训室的使用率纳入决策考量，这往往涉及实训室功能的复用性设计。此外，为应对会展信息化、网络化、

数字化、智能化的挑战，数字会展相关的实训室未来也是不可或缺的(见图 6-35)。

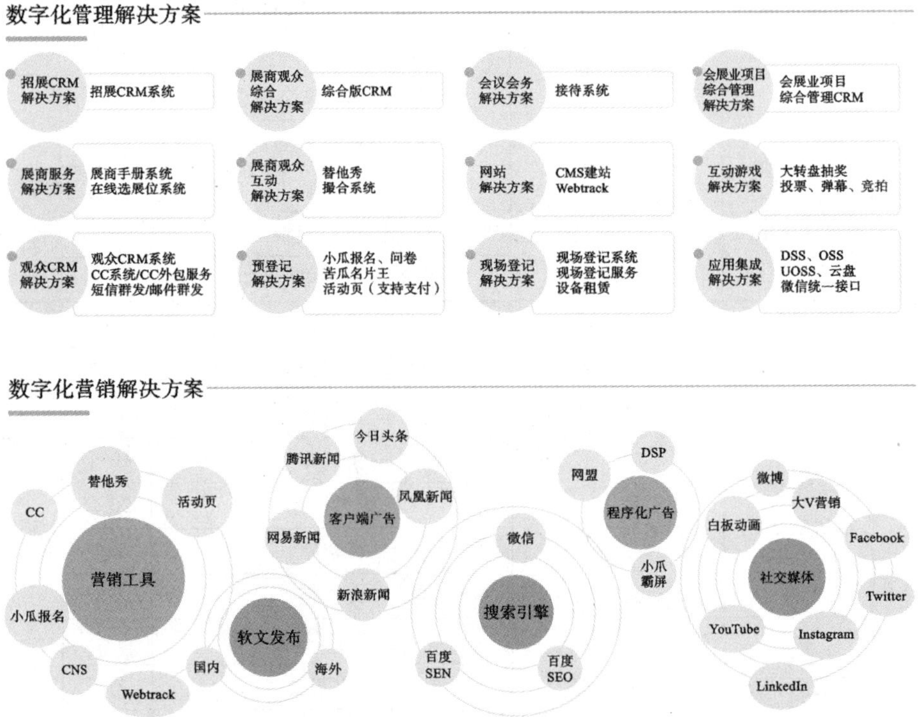

图 6-35　数字会展实训室建设路径图①

校外实习实训基地的开发也需要注意以下几点：一是基地品质和数量的控制，应选择地方具有领导力、代表性、成规模的合作企业，这不仅是为了保证项目资源、岗位机会，也是提升学生职业认同感、归属感和自豪感的重要平台，从管理和沟通效率上讲，数量也不宜过多，以避免走马观花式的浅层合作；二是基地类型要有整体规划，既要有开展综合服务的大型会展集团，也要有专业组展策划公司，还要有专业会议服务公司(PCO、DMC 等)，同时还要兼顾会展场馆、会展协会及政府行业主管部门等；三是基地的功能需要设计，要从课程开发、师资共建、项目实习、志愿服务、顶岗锻炼、合作研发等多方面进行全方位合作，以提升双方在思想、人员、设备、项目、流程等不同层面的深度合作，真正实现会展产教融合。

① 资料来源：苦瓜科技，https://www.coolgua.com/。

（三）课程资源

课程资源是形成课程的要素来源和实施课程的必要且直接的条件。① 课程资源是课程建设的基本组成部分，与课程紧密相连，是支撑和发展相应课程的必要因素。课程资源丰富与否、开发是否充分，都直接影响甚至决定着课程实施的成效。课程资源内涵十分丰富，除了传统的教材、教案等文本资料，还涵盖了音频、视频、网站、公众号、人力资源、学生的认知能力与经验、教学支持、教学环境等多种因素。如将课程资源进行分类，可分为自然资源、人力资源及物力资源，也可以分为信息化课程资源、校内课程资源和校外课程资源等。②

1. 师资资源

从课程教学支持角度看，要加强与经济、管理、艺术等相关院系教师的沟通与联系，为会展专业经济管理、展示设计类课程实施创造有利条件。从学生职业能力提升视角看，要建立一支相对稳定的高水平的兼职教师队伍，吸纳来自行业和企业的专业人士参与人才培养，并为学生的实习实训搭建桥梁。

2. 教学资源

教学资源包括国家教学资源库、各省市在线精品课程、各类教材、校本教案，以及来自校企合作方提供的各类项目策划案、活动音频和视频等教学素材，这些都能为课程建设提供优良且充足的课程资源。经过多年的跨越式发展，很多成熟课程的教学资源相对丰富且完善，教师应着力整合已有线上和线下的优秀教学资源，而不是另起炉灶、单打独斗式地建设全新的线上课程(资源)。

3. 项目资源

高职会展专业人才培养离不开实操项目，无论是校内模拟项目还是校外真实项目或是赛事项目，其在学生职业认同、技能锻炼和专业获得感培养上都发挥着不可替代的作用。建立会展项目资源库，要着力解决三个方面的问题：一是项目数量不稳定的问题，二是项目档期冲突的问题，三是项目质量不达标的问题。

4. 设施资源

与学科理论教学方式有所不同，高职会展专业的教学大多在实训室展开，教学过程需要一定的实训设备、工具和材料的支持。③ 设施资源包括实训场所、实训设备、实训资料、各学习领域对应的信息化软件等，在高职会展专业的理论和实践

---

① 朱慕菊.走进新课程：与课程实施者对话[M].北京：北京师范大学出版社，2002.

② 魏登尖.校本课程建设的理论构建与实践探索[M].重庆：西南师范大学出版社，2018.

③ 李华洲，杜立婵.高职翻转课堂与工作室制教学模式结合的教学模式创新[J].才智，2017(26).

课程及实训课程教学中发挥着十分重要的作用。①

5. 院校资源

粗略统计，高职院校每年举办的各类展、节、赛、演活动可能不下百场，包括校内读书节、寝室文化节、社团文化节、迎新晚会、毕业典礼等在内的各种校内活动可谓精彩纷呈，此外，各院校承接国家、省、市的各类赛事、会议活动也屡见不鲜。这些近在咫尺的活动资源如能有效利用，将对专业办学产生极大的促进作用。

6. 校友资源

高职院校校友资源呈现动态发展的特点，高职校友资源伴随着校友事业的发展而变得更加丰富。以杭州科技职业技术学院会展专业为例，其依托所在旅游学院校友会的工作机制使校友资源进入常态化管理，为专业课程建设和人才培养提供了丰富的兼职师资资源、课程项目资源、教学协作资源和实习就业岗位资源等。

此外，高职会展专业可利用的资源还有社区资源、乡土资源、家长资源等诸多方面。为了有效利用和盘活这些优质的课程建设和人才培养资源，高职会展院校应从资源的收集、整理、选择、开发、保障、评估等全流程入手，特别是要重视学校特有的产业环境、地理区位、办学理念、历史渊源、校园文化、专业特色等显性和隐性的独特课程资源开发，从而促进专业的差异化发展。

（四）产学合作

生利导向的高职会展专业课程实施是动态性、开放性、生成性、系统性和发展性的统一体，课程建设是多方力量努力和各类资源整合的综合结果。虽然课程开发和建设的主体是高职院校，但是广泛吸纳来自“政行企”等多方力量，实现互惠互利之上的产教融合，发挥“政行企校”多方构建的政策优势、渠道优势、资源优势和校友优势，对高职院校会展专业教育的长远发展、多样发展与良性发展意义重大。②③

《生利主义之职业教育》通篇都贯穿着产学合作的思想。师资方面，陶行知认为，一方面可以吸纳职业界人士成为职业教育教师（授以教法），另一方面也可以尝试“一班二师，同台施教”——这也是当前高职教育广泛聘任兼职教师做法较早的渊源出处；设备方面，陶行知认为利用职业界的设备一方面可以节省办学经费，更重要的是可以弥补自有设备之不足，最大限度地支持课程教学和人才培养；课

---

① 教育部职业教育与成人教育司．高等职业学校专业教学标准（试行）·旅游大类［M］．北京：中央广播电视大学出版社，2012.

② 曲洋．高职院校继续教育在终身教育理念下的发展分析［J］．继续教育研究，2021(2).

③ 庄一民，张阳明．疫情防控背景下高职院校毕业生就业特点与路径探析——以黎明职业大学为例［J］．山东商业职业技术学院学报，2020(4).

程方面，课程要达到充分生利的标准，不紧跟行业和技术的变化，是难以实现的；学生方面，陶行知认为精选职业的方法就是职业实习，这更加离不开企业的支持，没有真实岗位的实习，不足以试验学生的真才能、真兴味。

要防范流于形式的产学合作。不论是不是企业冠名班，都要将合作落在实处，让企业参与会展专业的招生、培养的全过程，在培养目标、人才规格、知识结构、技能要求和教学评估等各方面发挥积极作用。在合作过程中，创造“共赢”机会，通过调整课程安排、教学进度、实习实训等形式支持企业成长需求；同时，加强与企业开展前瞻性课程和教材的研究、教学方法和人才培养的研究，使专业建设不断稳步推进。①

在校企合作开发课程具体实施上，可采用“八共同”思路（见表 6-17）以充分整合利用行业和企业的技术技能及专家才智。

表 6-17　校企合作开发课程的“八共同”思路②

序　　号	开发思路
1	共同确定专业人才培养目标和质量标准
2	共同构建以工作过程导向课程为核心的专业课程体系
3	共同确定“以解决生产问题为中心”的专业核心课程
4	共同确定学生的工作岗位和典型工作任务
5	共同创设适宜教学的学习情境和课程实施条件
6	共同制定顶岗实习管理制度
7	共同完成学生工作和学习成果考核评价
8	共同管理和监控教学运行

三、生利导向的高职会展专业课程建设评价

课程建设和课程评价是院校教学中不可或缺、相互联系的两项工作。课程建设作为教学建设的核心，涉及师资队伍、教材开发、教学研究、教学内容、教学方法、教学手段、实施设备等多方面的改革与建设，与此相对应的课程评价指标体系也就包含了师资队伍、教材建设、教学改革、教学质量等多项内容。③ 概括而言，课程评价可以从两个方面来理解：一是微观上对某门具体课程实施的评价，二是宏

① 张健康，黄彬．会展特色专业建设理念、实践与探索[M]．杭州：浙江大学出版社，2011．

② 王纪安，曹克广．高职国家级精品课程建设实践[M]．北京：高等教育出版社，2012．

③ 罗萍，宗晓琴．对课程建设与课程评价有关问题的思考[J]．西北医学教育，2001(1)．

观上对课程设置的科学性、合理性、必要性、可行性和价值性的评价。[①②]

（一）课程实施评价

在美国著名课程论专家拉尔夫·泰勒看来，课程评价实质上就是一个确定课程与教学实际达到教育目标的程度的过程。[③] 这一过程涉及对课程目标、课程内容、课程结构和课程实施过程与结果的价值判断，整体上可以分为课程开发过程的评价和课程学习成效的评价。其中，课程实施评价侧重于对学生课程学习成效的评价，可以采用外部评价与内部评价相结合、过程性评价与终结性评价相结合、自评与他评相结合、活动式评价与成果式评价相结合、质性评价与量化评价相结合的方法，以评估学生的理解程度与兴趣程度、课程目标的达成情况，以及后期课程诊断与改进程度等。

在实际评价操作过程中，应注重课程教学评价的多元化，综合运用多种评价方式，重过程评价，重多方参与，整合利用教师评价、学生自主评价和学生团体互评，实施多环节、多形式、多层次和趣味性、非考试性的评价，不断激发学生技能学习的积极性和主动性。[④] 要加强学生在课程实施评价上的参与度，使其在课程评价中学会自我认知、自我反思，从而不断提升自我评价能力。

（二）课程设置评价

课程实施前的建设评价关注课程的价值和质量，核心在于对课程开发要素间契合度的评价，如课程定位与行业需求的吻合度、课程目标与工作情境的匹配度、课程内容与学生志趣的契合度等方面。课程设置评价通常采用目标评价、外观评价、差距评价、CSE 评价、CIPP 评价、自然式探究评价、应答评价和目标游离评价等模式。在评价方法上，内容分析法、扎根研究法、问卷调查法、教师访谈法、课题教学观察法、学生访谈法、学生学业成就分析法等都是常用的方法。

对课程设计进行评估，实际上就是为了发现问题并及时纠正和解决。对课程有效性的评价，应以院校办学定位、办学目标和办学特色为基点，以岗位需求与职位发展为主线，以学生成长为目的。从评价的内容上看，课程背景、课程体系、课程目标、课程结构、教材开发、实训室建设、教学资源等都是受到关注的重点——其旨在促进高职会展专业课程方案的改进与完善。就高职会展专业课程体系而言，课程设置评价应着重关注三方面的问题是否得以有效解决：一是课程内容交

---

① 赵颖."五年一贯制"高职院校课程设置现状[J].职业技术，2006(14).

② 季诚钧.大学课程概论[M].上海：上海教育出版社，2007.

③ 袁高燕.会展经济与管理专业课程设置的问题与对策研究[D].重庆：西南大学，2009.

④ 齐洪利.基于能力本位的项目教学操作实务[M].天津：天津教育出版社，2013.

叉和重复的问题;二是课程内容基于工作流程的次序衔接问题;三是理论课程和实训课程实施脱节的问题。

在中国会展业从小变大、由弱渐强的征程上,高职会展教育为行业发展进步提供了重要的人才保障和智力支持。无论是从中心城市还是县域城市对会展人才的需求来看,高职会展教育在我国从会展大国向会展强国的新征程上也将继续发挥不可或缺的支撑作用。实际上,Top30 高职会展院校在理论课程设计、实训环节安排、会展第二课堂以及职业资格证书等课程建设的不同方面已经开展了卓有成效的工作,无论是从企业招聘还是从会展专业在校学生自我认知的视角来看,高职会展专业课程建设在专业性、适配度和满意率上都取得了阶段性的成绩。在大众创业、万众创新,以创业带动就业的大背景下,开展高职会展创新创业教育也同样具有必要性、可行性和紧迫性。

陶行知百年前提出的以生利主义为核心的职业教育观,为当前职业教育改革提供了有益启示。生利主义职业教育观的内涵、目的等要素为高职会展课程建设指明了行动路径,通过对课程定位、课程内容、课程实施和课程评价不断进行完善,"学生最适之生利才能兴味"将更易实现,会展业也将迎来陶行知所乐见的"因其最适而选之,则才能足以成事,兴味足以乐业,将见学当其性,用当其学,群与我皆食无穷之益矣"。

附录 A　Top30 高职会展院校的专业及课程简介

表 1　Top30 高职会展院校的专业及课程简介

排名	院校名称	专业及课程简介网址
1	浙江旅游职业学院	http://ghx.tourzj.edu.cn/info/1017/1014.htm
2	长沙商贸旅游职业技术学院	http://wcxy.hncpu.com/zyjs/hzchyglzy/zyjs.htm
3	浙江经贸职业技术学院	http://rwlyx.zjiet.edu.cn/2016/0329/c364a10038/page.htm
4	上海旅游高等专科学校	http://www.sitsh.edu.cn/cms/app/info/doc/exhibition.php/7559
5	广东交通职业技术学院	http://wlysxy.gdcp.cn/DocHtml/339/2021/1/27/2869977653896.html
6	北京财贸职业学院	http://zs.bjczy.edu.cn/folder27/folder46/2020-09-12/nZLd7EOXSEqgIhiz.html
7	顺德职业技术学院	http://www.sdpt.edu.cn/info/1006/4619.htm
8	北京农业职业学院	http://www.bvca.edu.cn/xdx/bmgk1/zysz1/hzchyglzy.htm
9	广东轻工职业技术学院	http://bus.gdqy.edu.cn/info/1097/1250.htm
10	广东酒店管理职业技术学院	http://jl.gdjdxy.edu.cn/info/1090/1024.htm
11	长春职业技术学院	http://ly.cvit.edu.cn/zysz/hzchyglzy.htm

续表

排名	院校名称	专业及课程简介网址
12	广州涉外经济职业技术学院	http://swxy.gziec.edu.cn/home/news/show/id/274.html
13	上海城建职业学院	http://www.succ.edu.cn/Home/Type/type/lmid/3cad482f35091200e2c77ce7b5c699c8
14	广州华南商贸职业学院	http://nzsw.scbt.edu.cn/groupcontent.aspx?id=8&on=5
15	辽宁省交通高等专科学校	http://www.lncc.edu.cn/glx/zysz/hzchygl.htm
16	乌鲁木齐职业大学	http://mp.weixin.qq.com/s/uA3OpV5YsBKbBqNc6NRTEA
17	包头轻工职业技术学院	http://ysx.btqy.com.cn/info/1072/1562.htm
18	广州东华职业学院	http://www.gzdhxy.edu.cn/gsgl/123123/info.aspx?itemid=6831
19	无锡科技职业学院	https://zsb.wxstc.cn/zyjs/whlyxy.htm
20	青岛酒店管理职业技术学院	http://wlxy.qchm.edu.cn/5586/list.htm
21	杭州科技职业技术学院	http://www.hzpt.edu.cn/Recruitment/detail.php?id=37277
22	广东南华工商职业学院	http://www.nhic.edu.cn/whlyxy/info/1081/1477.htm
23	广西国际商务职业技术学院	http://zsxx.gxibvc.net/zhaosheng/school!professionalIntroductionDetail.htm?academyId=4
24	浙江农业商贸职业学院	http://yssj.zjabc.edu.cn/info/1106/1387.htm
25	无锡城市职业技术学院	http://lyxy.wxcu.edu.cn/default.php?mod=article&do=detail&tid=1004388

续表

排名	院校名称	专业及课程简介网址
26	金华职业技术学院	http://lyxy.jhc.cn/2017/0331/c2310a77395/page.psp
27	石家庄铁路职业技术学院	http://rwskx.sirt.edu.cn/a/2018/01/24/2018012416689.html
28	广州城建职业学院	http://zs.gzccc.edu.cn/zyjs/tjzy/wywmxy/hzchygl.htm
29	河北对外经贸职业学院	http://www.hbiibe.edu.cn/sdf4sdf/col/1479116001388/2017/03/01/1488345171253.html
30	重庆工商职业学院	http://glxy.cqtbi.edu.cn/info/1108/2365.htm

附录B　高职会展专业毕业生能力需求调研

尊敬的先生/女士：

这是一份学术性的调查问卷，目的是深入了解会展用人单位对当前高职会展策划与管理专业毕业生的能力评价，从而为高职院校会展专业进一步完善培养方案，改革教学方法，提高培养质量提供决策依据。您的回答将直接影响到该项研究的结论和质量，因此，恳请您细心填写。感谢您的支持！

全国高职高专旅游管理类教育科研“十二五”规划
2011年度课题(GLJKT201102002)执行组
杭州市哲学社会科学规划课题基地项目(2018JD68)执行组

1. 贵公司所属类型(主营业务)是什么？

○会展主办方

○会展承办方

○设计与搭建商

○场馆、租赁与物流企业

○展会代理商

○其他

2. 贵公司上一年度的营业规模(会展相关业务)是什么？

○营业额＜500万元

○500万元≤营业额＜1200万元

○1200万元≤营业额＜2000万元

○营业额≥2000万元

3. 贵公司从事会展行业相关业务时间为多久？

○时间＜1年

○1年≤时间＜3年

○3年≤时间＜5年

○时间≥5年

4. 贵公司内从事会展相关工作的专职技术骨干人员和管理人员总数是多少？

○人数<11 人
○11 人≤人数<14 人
○14 人≤人数<18 人
○人数≥18 人
5. 贵公司员工中有多少是会展专业的毕业生?
○绝大部分是,占 50%及以上
○一部分是,10%—50%(不含)
○很少是,占 10%(不含)以下
○都不是
6. 贵公司员工所学专业较集中的三个是什么?
□会展
□市场营销
□酒店管理
□广告
□设计类专业
□管理学
□经济学
□旅游管理
□计算机
□英语
□国际贸易
□中文
□物流管理
□财务管理
□法律
□电气工程
□机械
□其他____________________
7. 贵公司目前急需哪些岗位人才?
□高级会展人才(如会展总监、公司副总)
□中级会展人才(如会展项目策划师、会展项目经理)
□初级会展人才(如会展销售人员、会展客户服务人员)
8. 贵公司新招聘的员工主要有以下哪些工作职责?
□研究
□开发

□策划
□营销
□项目管理
□设计
□搭建
□物流
□销售
□文印
□电话
□传真
□接待
□翻译
□礼仪
□督导
□调研
□驾驶
□其他__________________

9. 与其他专业毕业生相比，您认为高职会展专业毕业生有何优势？

题　项	非常不认同	不认同	一般	认同	非常认同
高职会展专业毕业生热爱会展行业，职业忠诚度更高	○	○	○	○	○
高职会展专业毕业生具有比较系统的会展基础理论知识	○	○	○	○	○
高职会展专业毕业生操作熟练，职业化水准高	○	○	○	○	○
高职会展专业毕业生做事更加脚踏实地，注重工作细节	○	○	○	○	○
高职会展专业毕业生具有相关实践经历，胜任力强	○	○	○	○	○
高职会展专业毕业生行业人脉广泛	○	○	○	○	○
高职会展专业毕业生在行业内更具发展潜力	○	○	○	○	○

10. 您认为高职会展专业毕业生存在的突出问题有哪些？

续表

题　项	非常不认同	不认同	一般	认同	非常认同
基本知识掌握不牢固,缺乏多学科视野,知识面较窄,再学习能力较弱	○	○	○	○	○
相关实践经验缺乏,问题处理能力较差	○	○	○	○	○
对行业相关科技了解较少,对科技产品和技术运用能力欠缺	○	○	○	○	○
工作缺乏主动性和事业心	○	○	○	○	○
缺乏沟通能力	○	○	○	○	○
计划和组织能力较弱	○	○	○	○	○
自我管理能力不足	○	○	○	○	○
缺乏团队精神	○	○	○	○	○

11. 您认为目前高职院校会展人才培养中值得肯定的地方有哪些?

□院校与业界人士联系增多

□校企合作、工学结合的人才培养模式

□指派教师下企业顶岗锻炼

□调整理论和实践教学比例,增加学生实践机会

□其他____________________

12. 您觉得目前高职院校会展专业人才培养存在的主要问题是什么?

□师资匮乏,教师素质低

□实训室和实训基地建设落后,缺乏理论与实践的有效结合

□教材空洞,编写质量差,未能与行业和企业共同开发切实可行的教材

□课程设置存在一定问题,教学质量差

□会展专业一哄而上,培养定位不清晰,缺乏政府宏观引导

□其他____________________

13. 您对会展专业的教师评价如何?

□对会展行业有很深的了解和造诣

□对会展行业有一定研究但不太深入

□授课依赖课本

□不适合授课

□不了解

14. 整体说来,您对目前高职院校会展专业毕业生质量评价如何?

○非常好,能很好地胜任企业的工作

○较好,能胜任企业的大部分工作

○一般,与其他专业学生相比无明显优势

○不好,不能胜任企业的工作

15. 您认为高职会展专业毕业生应该具备哪些专业能力?

□会展研究分析能力

□会展立项策划能力

□会展整合营销能力

□会展招展招商能力

□会展场馆经营能力

□会展项目管理能力

□会展节事服务能力

□会展信息服务能力

□会展会务服务能力

□会展品牌推广能力

□其他

16. 在您看来,以下哪些课程中对高职会展专业毕业生就业及职业发展较有用?

□会展策划

□会展概论

□会展调研

□会展营销

□会展设计

□会展经济

□会展项目管理

□会展法规

□会展英语

□财务管理

□公共关系

□会展信息管理

□会展文案

□谈判艺术与实务

□服务心理学

□大众文化与传播

□网页设计
□会展场馆管理
□活动与会议主持
□会奖旅游实务
□国际会议组织与承办
□参展商实务
□节事活动策划与管理
□会展安全与危机管理
□管理学
□经济学
□旅游学概论
□会展物流
□会展客户关系管理
□计算机办公软件
□其他____________________

17. 在您看来,以下哪些技能训练对高职会展专业毕业生就业及职业发展较有用?

□会展礼仪实训
□会展调查实训
□展台设计实训
□展台搭建实训
□会场布置实训
□展览策划实训
□会议策划实训
□节事活动策划实训
□会展文书实训
□展会现场服务实训
□顶岗实习
□会展营销实训
□其他____________________

18. 在以下适应能力项目中,您认为高职会展专业毕业生应当具备哪些能力?

□商务谈判能力
□捕捉机遇能力
□压力承受能力

□口头表达能力
□问题解决能力
□协调组织能力
□时间管理能力
□团队协作能力
□处理人际冲突能力
□积极主动性
□其他____________________

19. 在以下竞争能力项目中,您认为高职会展专业毕业生应当具备哪些能力?
□思维能力
□自我营销能力
□发展能力
□创新能力
□创业能力

20. 贵公司较为认同以下哪些行业证书?
□会展策划师证书(人力资源和社会保障部)
□会展设计师证书(人力资源和社会保障部)
□会展职业经理人证书(中国商业联合会)
□注册会展经理(CEM)证书(IAEE)
□会展师证书(长三角紧缺人才项目岗位能力考核委员会)
□其他____________________

21. 贵公司在招聘会展专业人员时,会看重什么?
□学历
□相关工作经验
□社会能力和工作能力
□职业道德
□其他____________________

22. 您认为未来高职会展专业毕业生的就业前景如何?
○需求大,就业容易,且待遇高
○需求大,就业容易,但待遇低
○需求饱和,就业难,但待遇高
○需求饱和,就业难,且待遇低

23. 您认为高职会展专业毕业生存在的突出问题还有哪些?

____

24. 您认为高职会展专业毕业生还有何独特优势?

---

25. 请您就如何提高高职会展专业毕业生就业力提出宝贵建议。

附录C　高职会展专业毕业生就业能力与倾向调研

亲爱的会展专业同学：

这是一份学术性的调查问卷，目的是深入研究同学们对未来职业应具备的素质以及就业能力的自我评价，从而为高职院校会展专业进一步完善培养方案，改革教学方法和手段，提高培养质量提供决策依据。由于调查的结果将直接影响到该项研究的结论和质量，因此，恳请你结合自身情况细心填写。

全国高职高专旅游管理类教育科研“十二五”规划
2011 年度课题(GLJKT201102002)执行组
杭州市哲学社会科学规划课题基地项目(2018JD68)执行组

1. 你认为最理想的就业方向是什么？

○会展主办方

○会展承办方

○设计与搭建商

○场馆、租赁与物流企业

○展会代理商

○其他____________________

2. 你认为一名会展企业新入职员工，主要有以下哪些工作职责？

□研究

□开发

□策划

□营销

□项目管理

□设计

□搭建

□物流

□销售

□文印

□电话
□传真
□接待
□翻译
□礼仪
□督导
□调研
□驾驶
□其他____________________

3. 与其他专业毕业生相比，你认为高职会展专业毕业生有何优势？

题　项	非常不认同	不认同	一般	认同	非常认同
高职会展专业毕业生热爱会展行业，职业忠诚度更高	○	○	○	○	○
高职会展专业毕业生具有比较系统的会展基础理论知识	○	○	○	○	○
高职会展专业毕业生操作熟练，职业化水准高	○	○	○	○	○
高职会展专业毕业生做事更加脚踏实地，注重工作细节	○	○	○	○	○
高职会展专业毕业生具有相关实践经历，胜任力强	○	○	○	○	○
高职会展专业毕业生行业人脉广泛	○	○	○	○	○
高职会展专业毕业生在行业内具有发展潜力	○	○	○	○	○

4. 你认为高职会展专业毕业生还有何独特优势？

____

5. 你认为高职会展专业毕业生存在的突出问题有哪些？

题　项	非常不认同	不认同	一般	认同	非常认同
基本知识掌握不牢固，缺乏多学科视野，知识面较窄，再学习能力较弱	○	○	○	○	○
相关实践经验缺乏，问题处理能力较差	○	○	○	○	○

续表

题　　项	非常不认同	不认同	一般	认同	非常认同
对行业相关科技了解较少，对科技产品和技术运用能力欠缺	○	○	○	○	○
工作缺乏主动性和事业心	○	○	○	○	○
缺乏沟通能力	○	○	○	○	○
计划和组织能力较弱	○	○	○	○	○
自我管理能力不足	○	○	○	○	○
缺乏团队精神	○	○	○	○	○

6. 你认为高职会展专业毕业生存在的突出问题还有哪些？

____

7. 你对会展专业的教师评价如何？

□对会展行业有很深的了解和造诣

□对会展行业有一定研究但不太深入

□授课依赖课本

□不适合授课

□不了解

8. 你认为高职会展专业毕业生应该具备哪些专业能力？

□会展研究分析能力

□会展立项策划能力

□会展品牌推广能力

□会展整合营销能力

□会展招展招商能力

□会展场馆经营能力

□会展项目管理能力

□会展节事服务能力

□会展信息服务能力

□会展会务服务能力

□其他____________

9. 在你看来，以下哪些课程对高职会展专业毕业生就业及职业发展较有用？

□会展策划

□会展概论

□会展调研

□会展营销

□会展设计

□会展经济

□会展项目管理

□会展法规

□会展英语

□财务管理

□公共关系

□会展信息管理

□会展文案

□谈判艺术与实务

□服务心理学

□大众文化与传播

□网页设计

□会展场馆管理

□活动与会议主持

□会奖旅游实务

□国际会议组织与承办

□参展商实务

□节事活动策划与管理

□会展安全与危机管理

□管理学

□经济学

□旅游学概论

□会展物流

□会展客户关系管理

□计算机办公软件

□其他____________________

10. 在你看来,以下哪些技能训练对高职会展专业毕业生就业及职业发展较有用?

□会展礼仪实训

□会展调查实训

□展台设计实训

□展台搭建实训
□会场布置实训
□展览策划实训
□会议策划实训
□节事活动策划实训
□会展文书实训
□展会现场服务实训
□顶岗实习
□会展营销实训
□其他____________________

11. 在以下适应能力项目中,你认为作为高职会展专业毕业生应当具备哪些能力?

□商务谈判能力
□捕捉机遇能力
□压力承受能力
□口头表达能力
□问题解决能力
□协调组织能力
□时间管理能力
□团队协作能力
□处理人际冲突能力
□积极主动性
□其他____________________

12. 在以下竞争能力项目中,你认为作为高职会展专业毕业生应当具备哪些能力?

□思维能力
□自我营销能力
□发展能力
□创新能力
□创业能力

13. 整体说来,你觉得毕业后你胜任工作的能力如何?

○非常好,能很好地胜任企业的工作
○较好,能胜任企业的大部分工作
○一般,与其他专业学生相比无明显优势

○不好，不能胜任企业的工作

14. 你认为未来高职会展专业毕业生的就业前景如何？

○需求大，就业容易，且待遇高

○需求大，就业容易，但待遇低

○需求饱和，就业难，但待遇高

○需求饱和，就业难，且待遇低

15. 请结合自身感受，就如何提高会展专业毕业生就业及职业发展水平提出宝贵建议（如开设课程、实训设计及其他建议）。

____

16. 你的性别：

○男

○女

17. 你所在年级：

○高职一年级

○高职二年级

○高职三年级

18. 你所在的院校名称：

____

附录 D　大学生创业教育与创业行为调查问卷

亲爱的同学：

你好！

本问卷旨在调查大学生创业教育与创业行为之间的影响渠道与传导机制。本次调查采用不记名方式，所收集的信息仅用于学术研究，所有信息资料绝对保密，并完全尊重你的个人隐私，请你放心填答。

请你认真阅读问卷中的每一道题目，所有题项没有对错之分，根据自身的真实情况作出回答即可。你所提供的信息对本研究的结论非常重要，请你尽可能客观地回答，并在你所确定的每个问题的答案位置划"√"。

请切勿遗漏任何一题！对于你对本研究的支持，我们表示真诚的感谢！

浙江省 2016 年度高等教育课堂教学改革项目(KG20160959)执行组

杭州市哲学社会科学规划课题基地项目(2018JD68)执行组

1. 你现在所处的年级：

○本专科大学一年级(请跳至问卷末尾，提交答卷)

○专科二年级及以上

○本科二年级及以上

○在读研究生

○非在校大学生(请跳至问卷末尾，提交答卷)

2. 你的性别：

○男

○女

3. 你的年龄：

○20 岁及以下

○21—25 岁

○26—30 岁

○31 岁及以上

4. 你的专业：
○经济管理类专业
○其他专业
5. 你是否为汉族？
○是
○否
6. 你是否有宗教信仰？
○是
○否
7. 你的户籍情况：
○城镇户籍
○农村户籍
8. 你的父母是否有过创业经历？
○是
○否
9. 你的家庭经济状况：
○远低于当地平均水平
○低于当地平均水平
○当地平均水平
○高于当地平均水平
○远高于当地平均水平
10. 你自己是否有过创业经历？
○是
○否
11. 请你根据自己的真实情况作答。

题　　项	完全不同意	基本不同意	不确定	基本同意	完全同意
我具有责任感	○	○	○	○	○
我有坚韧不拔的精神	○	○	○	○	○
我具有创新精神	○	○	○	○	○
我具有协作精神	○	○	○	○	○
我做决策时表现得较好	○	○	○	○	○

续表

题　项	完全不同意	基本不同意	不确定	基本同意	完全同意
我能有效指导下属	○	○	○	○	○
我的行为能作为表率	○	○	○	○	○
我有决策能力	○	○	○	○	○
我能选用人才	○	○	○	○	○
我能沟通协调	○	○	○	○	○
我有创新能力	○	○	○	○	○

12. 请你根据自己的真实情况作答。

题　项	完全不同意	基本不同意	不确定	基本同意	完全同意
我在校期间学习了很多关于创业、管理类的课程	○	○	○	○	○
我在校期间经常参加创业类的讲座或报告	○	○	○	○	○
我经常阅读创新创业的相关书籍、名人传记等	○	○	○	○	○
我在校期间参加过很多创新创业类竞赛	○	○	○	○	○
我在校期间参加了很多创新创业类社团组织	○	○	○	○	○
我经常主动参加有关创业的活动(训练、夏令营等)	○	○	○	○	○

13. 请你根据自己的真实情况作答。

题　项	完全不同意	基本不同意	不确定	基本同意	完全同意
我有信心成功地发现新商机	○	○	○	○	○
我有信心开发出新的产品	○	○	○	○	○
我对自己的创造性思维非常有信心	○	○	○	○	○
我有信心以创业的方式发展事业	○	○	○	○	○

14. 请你根据自己的真实情况作答。

题　　项	完全不同意	基本不同意	不确定	基本同意	完全同意
我有兴趣创建自己的公司	○	○	○	○	○
我对创建自己的公司考虑得很全面	○	○	○	○	○
我对创建自己的公司准备得很充分	○	○	○	○	○
我会尽我所能去创建自己的公司	○	○	○	○	○
我很快就会创建自己的公司	○	○	○	○	○

15. 请你根据自己的真实情况作答。

题　　项	完全不同意	基本不同意	不确定	基本同意	完全同意
政府为创业提供了优惠的税收政策	○	○	○	○	○
政府的创业登记审批程序简化便捷	○	○	○	○	○
社会规范创业行为的相关制度完善	○	○	○	○	○
大学生创业有多种融资渠道或信贷担保方式可供选择	○	○	○	○	○
创业容易获得银行低息贷款	○	○	○	○	○
创业容易获得政府或学校的创业基金	○	○	○	○	○
我所在学校经常给学生发送学校整理的创业相关信息	○	○	○	○	○
我所在学校的创业创新氛围非常浓厚	○	○	○	○	○
我所在学校的创造性氛围能够启发学生产生创业的想法	○	○	○	○	○
大众对创业失败持宽容态度	○	○	○	○	○
我所处地域的成功企业家数量多	○	○	○	○	○
当地文化鼓励创新和冒险精神	○	○	○	○	○
我身边有成功的创业者可以效仿	○	○	○	○	○
我从事创业会得到家人的支持	○	○	○	○	○

16. 请你根据自己的真实情况作答。

题　　项	完全不同意	基本不同意	不确定	基本同意	完全同意
我能很好地识别出有价值的市场机会	○	○	○	○	○
我可以团结大家来创业	○	○	○	○	○
创业时，我可以积极寻找新资源，弥补现有资源的不足	○	○	○	○	○
我很注重同技术服务人员、技术专家等建立良好的关系	○	○	○	○	○
我倾向于借鉴创业成功者的管理经验和制度	○	○	○	○	○

17. 你所在高校名称：

____

18. 你常用的电子邮箱：

____

参考文献

[1] 张启明,李礼,李晓秋.职业教育专业教学资源库建设过程中的若干问题探究[J].职业技术教育,2020(23).

[2] 叶海玲,沈陈敏.高职旅游会展专业学生就业平台立体化建构策略[J].职教论坛,2014(2).

[3] 杜娟,杨翠友.基于“PDCA”循环的现代学徒制课程质量保证体系的构建[J].职教论坛,2019(5).

[4] 中华人民共和国教育部.教育部关于一流本科课程建设的实施意见[EB/OL].(2019-10-30)[2021-01-15].http://www.moe.gov.cn/srcsite/A08/s7056/201910/t20191031_406269.html.

[5] 拉尔夫·泰勒.课程与教学的基本原理[M].罗康,张阅,译.北京:中国轻工业出版社,2014.

[6] 李永东.以问题为导向:学科边界、人文研究与人才培养[J].中国高等教育,2018(2).

[7] 黄宝忠.从“大工程观”到“大教材观”:“新工科”人才培养与教育出版创新[J].浙江大学学报(人文社会科学版),2018(5).

[8] 陈才,张燕燕,刘英.旅游管理专业课程结构的系统分析与优化设计[J].旅游学刊,2005(S1).

[9] 崔翠.我国高校“立德树人”的路径选择[J].东南大学学报(哲学社会科学版),2014(S1).

[10] 李梦卿,邢晓.“双高计划”高职院校建设的时代要求、现实基础与提升路径[J].教育科学,2020(2).

[11] 张东,余冬阳.论高等职业教育的形象[J].教育理论与实践,2016(18).

[12] 薛伟明.以通识教育为导向的高职院校“产教融合”人才培养模式[J].江苏高教,2020(12).

[13] 董奇,黄芳,国卉男.现代职业教育体系视角下的高职课程改革——兼论高职课程观的发展趋势[J].职业技术教育,2014(1).

[14] 程宜康.我国高等职业技术教育课程研究综述[J].职教通讯,2012(10).

[15] 张健.高职教育课程观的多元解析[J].职教通讯,2013(7).

[16] 姜大源. 职业教育学研究新论[M]. 北京:教育科学出版社,2007.

[17] 吴倩,陆春元,邓建平. 基于"产品、流程、系统"的高职课程模式构建与实践[J]. 职业技术教育,2018(8).

[18] 方泽强. 我国高职课程模式的演进、评价与改革[J]. 职业技术教育,2019(25).

[19] 于广云,黄慧丹. 高职教育课程观的影响因素及构建[J]. 宁波职业技术学院学报,2006(1).

[20] 刘勇,段保才. 高职教育课程模式的选择——基于工作过程系统化的学习领域课程模式[J]. 中国高教研究,2011(6).

[21] 吴亚萍. 近十年高职课程改革与建设的研究综述[J]. 职教论坛,2011(33).

[22] 郑晓梅. 我国区域职业教育发展战略的制度因素分析[J]. 教育与职业,2012(14).

[23] 陈云涛,蒋赟. 论高职课程变革中的文化理念[J]. 职教论坛,2014(11).

[24] 谭菲. 基于典型工作任务的高职课程体系建设[J]. 中国成人教育,2015(23).

[25] 朱永永. 职业教育技能竞赛与实践教学整合对接研究[J]. 高等工程教育研究,2015(5).

[26] 王坤,陈任. 我国职业教育课程开发文献的可视化分析[J]. 教育与职业,2018(8).

[27] 郭炯,刘怀恩. 高等职业教育课程研究的文献综述[J]. 中国职业技术教育,2009(36).

[28] Chan C K Y, Fong E T Y, Luk L Y Y, et al. A review of literature on challenges in the development and implementation of generic competencies in higher education curriculum[J]. International Journal of Educational Development, 2017(1).

[29] Jääskelä P, Nykänen S, Tynjälä P. Models for the development of generic skills in Finnish higher education[J]. Journal of Further and Higher Education, 2016(1).

[30] Lim Y M, Lee T H, Yap C S, et al. Employability skills, personal qualities, and early employment problems of entry-level auditors: Perspectives from employers, lecturers, auditors, and students[J]. Journal of Education for Business, 2016(4).

[31] Taba H. Curriculum development: Theory and practice[M]. New York: Harcourt Brace and World, 1962.

[32] Bastedo M N. Curriculum in higher education: The historical roots of contemporary issues [M] // Altbach P G, Berdahl R O, Gumport P J. American higher education in the twenty-first century: Social, political, and economic challenges(2nd). Baltimore: The Johns Hopkins University Press, 2005.

[33] Dowling D, Rose S, O'Shea E. Reconsidering humanities programmes in Australian universities-embedding a new approach to strengthen the employability of humanities graduates by empowering them as 'global citizens' [J]. Social Alternatives, 2015(2).

[34] Jonker H M, März V S C, Voogt J M. Curriculumontwerpteams in(inter) actie: Onderzoek naar de relatie tussen het netwerk van een ontwerpteam en draagvlak in het bredere docententeam[J]. Pedagogische Studiën, 2016(4).

[35] Lee K M, Lee M J, Kim H J. A comparison of student and industry perceptions of the event management curriculum in Korea[J]. Journal of Hospitality, Leisure, Sports & Tourism Education, 2009(2).

[36] Phelan K V, Mills J E. An exploratory study of knowledge, skills, and abilities(KSAs) needed in undergraduate hospitality curriculums in the convention industry[J]. Journal of Human Resources in Hospitality & Tourism, 2010(1).

[37] Sperstad J, Cecil A K. Changing paradigm of meeting management: What does this mean for academia? [J]. Journal of Convention & Event Tourism, 2011(4).

[38] Chen G, Yang J. The analysis of university curriculum setting based on KNIME[J]. IERI Procedia, 2012(1).

[39] Jones D L. Developing a convention and event management curriculum in Asia: Using blue ocean strategy and co-creation with industry[J]. Journal of Convention & Event Tourism, 2010(2).

[40] Fenich G G, Hashimoto K. Towards a framework for development of courses of study in meetings, expositions, events and conventions(MICE) [J]. Journal of Convention & Event Tourism, 2010(4).

[41] Defranco A L, Abbott J L, Ali F. Curriculum development in international convention and conference management at Meio University, Okinawa, Japan[J]. Journal of Convention & Event Tourism, 2005(3-4).

[42] Hsieh P. Curriculum planning of MICE course in continuing education[J]. Journal of Hospitality, Leisure, Sport & Tourism Education, 2013(1).

[43] 于日锦,张平.历史选择与未来思考[N].光明日报,2016-08-02.

[44] 杨常唯.践行陶行知职业教育思想“行知合一”教学模式探索[J].林区教学,2018(9).

[45] 江苏省陶行知教育思想研究会,南京晓庄师范陶行知研究室.陶行知文集[M].南京:江苏人民出版社,1981.

[46] 陶行知.生利主义之职业教育[J].教育与职业,1918(3).

[47] 李政,庄西真.陶行知思想中的技术文化探析[J].职教论坛,2014(28).

[48] 叶锦义.陶行知职业教育大群观思想初探——读《生利主义之职业教育》有感[J].职业技术教育,2012(4).

[49] 牛金成.陶行知生利之职业教育思想探微[J].继续教育研究,2011(11).

[50] 庄西真.陶行知职业教育思想钩沉[J].教育与职业,2008(14).

[51] 程道明.陶行知教育思想对当代职业教育的启示[J].中国职业技术教育,2008(33).

[52] 廖忠明.论当代职业教育实现社会本位与个人本位价值取向的统一[J].职教论坛,2010(10).

[53] 卞放.陶行知的职业教育思想[J].教育与职业,1996(8).

[54] 韦文杰.独立学院会展教育竞争力分析[J].商业文化(下半月),2012(6).

[55] 王云龙,王家宝.旅游院校创建会展管理专业的 SWOT 分析与发展思路——以上海师范大学旅游学院为例[J].旅游学刊,2003(S1).

[56] 张健康.德国会展教育体系的考察与思考[J].中国会展,2004(17).

[57] Perry M, Foley P, Rumpf P. Events management: An emerging challenge in Australian higher education[J]. Festival Management & Event Tourism, 1996(3-4).

[58] 王春雷.我国高校会展专业办学模式研究[J].旅游学刊,2003(S1).

[59] 马勇,肖轶楠.我国会展专业的课程设置与人才培养[J].旅游科学,2005(1).

[60] 徐红罡,罗秋菊.国际会展管理专业的教育模式及其启示[J].桂林旅游高等专科学校学报,2007(2).

[61] 仲菊芳.浅析驳样技术如何运用在服装结构设计教学中[J].西部皮革,2018(22).

[62] 胡伟.论视觉传达专业学生设计思维的培养[J].中国民族博览,2018(8).

[63] 陈谊.高职会展营销课程企业实习的问题与改进[J].职业技术,2012(4).

[64] 王杏丹. 试论自媒体时代会展整合营销[J]. 中国集体经济,2016(18).

[65] 张静."互联网+"背景下会展企业新媒体营销策略优化分析[J]. 特区经济,2020(12).

[66] 张梓园. 互联网时代背景下会展营销策略研究——评《市场营销:互联网时代的营销创新》[J]. 中国广播电视学刊,2020(9).

[67] 胡兵,屠欧阳颖. 本科会展专业实践教学改革研究——基于创新创业能力提升的视角[J]. 创新与创业教育,2019(5).

[68] 南伟. 会展项目管理课程教学模式探讨[J]. 中外企业文化,2020(10).

[69] 胡凌霞,肖圣飞. 创新型人才培养模式改革与对策研究——以会展策划与管理专业为例[J]. 职教论坛,2017(11).

[70] 郭涛. CDIO 理念在会展项目管理课程中应用研究[J]. 教育现代化,2016(29).

[71] 郭雅洁,刘颖. 国外应用型人才培养模式的启示与借鉴[J]. 职业教育研究,2021(2).

[72] 王冬梅. 浅析我国会展人才供需错位的成因[J]. 商业经济,2007(11).

[73] 乔小燕. 基于行动导向的高职会展专业实训课程开发与实践[J]. 中国轻工教育,2016(5).

[74] 魏仁兴. 会展策划与管理专业人才培养模式初探[J]. 福建商业高等专科学校学报,2016(5).

[75] 李万鹏,霍永洲. 专业特色志愿服务的创新探索与实践——以海口经济学院旅航学院为例[J]. 现代营销(经营版),2019(4).

[76] 丁萍萍. 谈高职新设专业实践性教学体系的构建[J]. 中国高等教育,2008(Z3).

[77] 唐颖."泛会展"背景下的会展专业课程体系构建[J]. 教育与职业,2014(30).

[78] 杨文明. 会展专业学生顶岗实习问题及对策[J]. 教育与职业,2014(21).

[79] 罗润来. 校企合作高职会展设计人才培养模式的多维构建[J]. 教育与职业,2012(12).

[80] 广东交通职业技术学院.【专业介绍】会展策划与管理:会展策划师的摇篮[EB/OL]. (2021-01-27)[2021-02-07]. http://wlysxy.gdcp.cn/DocHtml/339/2021/1/27/2869977653896.html.

[81] 张萌. 基于"工作室制"的职业化能力培养研究[J]. 职业教育研究,2019(8).

[82] 邹卒,孔雪燕. 基于高校学生社团平台下高职会展专业项目化实践教学创新探索——以重庆财经职业学院会展专业为例[J]. 知识经济,2013(21).

[83] 蔡梅良.论会展旅游人才培养中本土文化的渗透[J].湖南第一师范学院学报,2013(1).

[84] 毛近菲.基于“工作室制”的旅游类人才培养模式的探索与实践[J].中国职业技术教育,2013(11).

[85] 曹小敏.“以赛促教”视域下高职实践教学改革与创新——以环境监测与评价专业为例[J].课程教育研究,2016(23).

[86] 耿松涛,刘柯好,严荣.会展专业“双螺旋上升式”教学模式及其实施路径研究[J].实验技术与管理,2020(9).

[87] 黄鹂,王玲洁.“以赛促教”的会展专业教学创新改革研究[J].西部素质教育,2018(11).

[88] 曹晔.我国职业教育“双师型”师资的内涵及发展趋势[J].教育发展研究,2007(19).

[89] 周建松.基于类型特色的高等职业教育高水平建设方略[J].现代教育管理,2018(4).

[90] 范真维.高职院校校内实训基地建设与发展的探索[J].实验技术与管理,2018(7).

[91] 张伟,李玲俐.职业院校“1+X”证书制度实施策略研究[J].职业技术教育,2019(20).

[92] 庾为.我国高校会展学历教育的现状与思考[J].中国市场,2007(31).

[93] 郭建如,杨钋,田志磊.职教X证书制度的财政支持政策探析[J].职业技术教育,2020(27).

[94] 佚名.商会动态[J].中国商贸,2010(Z1).

[95] 高葵芬.新时代高职院校教育科学研究转型发展思考——基于类型教育特征的分析[J].中国职业技术教育,2020(27).

[96] 王纪安.新时代高职院校企业文化育人的科学化水平提升略论[J].学校党建与思想教育,2020(12).

[97] 唐文.立德树人视域下高职人才培养目标的任务及实现策略[J].教育与职业,2020(17).

[98] 成思危.为己治生 为群服务 为社会生利——纪念中华职业教育社成立90周年[J].教育与职业,2007(10).

[99] 李彬.高校学科专业结构与大学生就业问题研究——以江苏省为例[J].清华大学教育研究,2010(2).

[100] 向文,温跃强,华伟康.2017’全国普通高等院校音乐教育专业人才培养研讨会综述[J].黄钟(武汉音乐学院学报),2018(2).

[101] 闫广芬,李文文.新中国成立70年来职业教育人才培养目标的“中国特色”[J].中国职业技术教育,2019(36).
[102] 王洪才,吴日明,杨兴林.立德树人与高校思想政治理论课建设(笔谈)[J].重庆高教研究,2019(4).
[103] 林海榕.职业教育的教学改革研究——以高职会展专业为例[J].学术评论,2016(2).
[104] 韩蕾,王晓静,杨恬.中国会展行业发展现状纪实[J].才智,2016(36).
[105] 张凡.怎样建设中小型会展中心[J].中国会展,2018(7).
[106] 付晓.产业发展 人才先行——会展行业专家谈人才培养[J].中国会展,2019(23).
[107] 李慧君.浅谈会展与广告[J].全国商情(经济理论研究),2009(17).
[108] 万红珍.高职高专会展专业实践教学体系构建探讨——以广东轻工职业技术学院会展专业为例[J].学理论,2013(20).
[109] 华洁.进出口商品交易会高职院校专业人才加入的思考——以第123届中国进出口商品交易会为例[J].现代营销(经营版),2019(4).
[110] 华洁.校企合作框架下高职院校会展专业加入参展商方向人才培养研究[J].产业科技创新,2020(13).
[111] 文晓立.粤港澳大湾区背景下高职会展策划与管理专业人才培养方案研究与探索[J].乌鲁木齐职业大学学报,2019(3).
[112] 黄绍华.现行研究生推免政策对行业性院校的影响——基于农林院校的多案例分析[J].高等农业教育,2020(3).
[113] 孙虹.高职院校“特质选拔、分类复合”的人才培养模式探析——以商务管理专业为例[J].职教通讯,2019(16).
[114] 崔发周.职业院校行政管理绩效困境:表层征象、深层原因与突破路径[J].职业技术教育,2020(28).
[115] 佚名.刘海莹:智慧时代会展业应借势混搭风[J].中国会展,2019(9).
[116] 田虎英.陶行知生利主义职业教育思想的启示[J].现代教育,2012(8).
[117] 张红春,王胜梅.大数据背景下英国公务员数据能力建设的路径与启示——一项制度文本分析[J].贵州大学学报(社会科学版),2020(6).
[118] 阎志俊.企业人力资源供应链构建与管理研究[J].山西财政税务专科学校学报,2012(6).
[119] 张洋.三大招聘网站对比分析探究[J].中国外资,2013(2).
[120] 袁晓丽,湛军.网络招聘哪家强?——前程无忧和BOSS直聘商业模式比较[J].企业管理,2020(8).

[121] 黄余,黄欣彬.电商评论文本情感分析在品牌认知中的研究[J].电子技术与软件工程,2020(18).

[122] 张一猷.从技术到犯罪:恶意网络爬虫行为入罪的类型认定与裁判思路探索[J].时代法学,2020(4).

[123] 张健康.智慧会展的技术解构与人文关怀[J].理论探索,2017(4).

[124] 智联招聘.创业比例翻番 求职需要经验——2015 年应届毕业生就业力调研报告[J].职业,2015(28).

[125] 康年,瞿立新,宋波.会展行业人才需求与职业院校专业设置匹配分析[J].中国职业技术教育,2020(29).

[126] 王敏.浅析个人所得税改革[J].中国集体经济,2020(4).

[127] 潘昱州,彭荔.非遗文创人才的供需矛盾及其对策[J].文化遗产,2019(1).

[128] 粟其峰,陈国庆.县域会展产业高质量发展路径及策略研究[J].商展经济,2020(4).

[129] 吕鹏.宁波会展业转型升级路径探析[J].宁波经济(三江论坛),2021(1).

[130] 苏永华.县域会展经济发展研究:经验、模式与路径[M].武汉:华中科技大学出版社,2020.

[131] 佚名.2020 中国会展业十大热词[J].中国会展,2021(1).

[132] 孟铁鑫.以人才开发促进旅游业产业升级[J].中国人才,2011(3).

[133] 彭都君,邓智团.高新技术产业发展的城市人口规模效应研究[J].城市观察,2020(6).

[134] 刘锴,周雅慧,王嵩.城市科技创新效率与网络结构特征——对国家级创新型城市的实证分析[J].科技进步与对策,2020(23).

[135] 姜晨凌.构建基于就业力提升的高职会展专业人才培养管理模式研究[J].亚太教育,2016(24).

[136] 史晋娜,樊丹.四川省会展业人才现状调查及需求预测研究[J].产业与科技论坛,2017(15).

[137] 董蕴琳,徐虹,刘定军.天津市发展会展旅游的 SWOT 分析及战略选择[J].旅游科学,2003(1).

[138] 张静.信息化时代我国会展企业国际化行为模式及路径探索[J].现代商贸工业,2020(2).

[139] 白星星.回顾 2019,展望 2020 从主、承办视角看 2019 国内 MICE 痛难点及解决方案[J].中国会展(中国会议),2019(24).

[140] 刘向红.广州产业升级背景下高职会展英语人才培养对策研究[J].南方职业教育学刊,2019(2).

[141] 王永开. 浅析我国会展经济发展存在的问题与对策[J]. 现代经济信息, 2014(22).

[142] 吴恺. 湖北会展文化发展的困境与对策[J]. 安徽商贸职业技术学院学报(社会科学版),2014(2).

[143] 卫军英. 整合营销传播观念及其理论构架[D]. 杭州:浙江大学,2005.

[144] 苏永华. 城市形象传播理论与实践[M]. 杭州:浙江大学出版社,2013.

[145] 北京广播学院广告主研究课题组,黄升民,丁俊杰,等. 2003—2004 广告主会展活动研究全报告[J]. 市场观察,2004(7).

[146] 方子强,王钰,周爽,等. 会展业核心竞争力提升路径及对策研究[J]. 商展经济,2020(8).

[147] 郑勇. 工学结合模式下高职人才培养质量第三方评价体系实践研究[J]. 现代制造技术与装备,2016(6).

[148] 靳娟娟,樊江,刘鹏,等. 提升工程类专业学生实践能力和创新能力培养模式的研究[J]. 价值工程,2015(23).

[149] 陶行知. 学生自治问题之研究[J]. 新教育,1919(2).

[150] 常虎温. 对课堂教学改革理论与实践的认识[J]. 教育理论与实践,2015(35).

[151] 陈金海. 陶行知"教学做合一"理论对综合实践活动的启示[J]. 福建教育学院学报,2017(12).

[152] 刘方方,王辉,徐红罡. 中国旅游学者学术产出的性别差异:基于《旅游学刊》的载文研究[J]. 旅游学刊,2019(12).

[153] 曹玉娜. 高职院校学生就业现状及职业核心能力提升研究[J]. 大理大学学报,2020(1).

[154] 韩红星,黄维敏. 体验经济视角下的广东会展传播策略创新[J]. 广东科技,2011(24).

[155] 吴帆. 新时期广播电视编导专业素质分析[J]. 西部广播电视,2019(4).

[156] 杨世信,钟颖. 向上走 VS 向下走?——地方性本科院校会展人才培养的选择[J]. 高教论坛,2017(11).

[157] 张英,陈珊珊,陈建祥,等. 宁波文旅行业加快疫后复苏的策略研究[J]. 宁波经济(三江论坛),2020(4).

[158] 王琪,周艳秋,李艳婷,等. 高职会展专业校外集中实训模式及效果研究[J]. 北京农业职业学院学报,2020(6).

[159] 孙榕竟. 大学生返乡创业意愿与提升的对策[J]. 天津中德应用技术大学学报,2020(6).

[160] 温忠麟,张雷,侯杰泰.有中介的调节变量和有调节的中介变量[J].心理学报,2006(3).

[161] 李士明.高职高专院校教师促就业稳就业策略探究[J].卫生职业教育,2021(4).

[162] 苗苗,宁迪,王耀卫.基于大学生参与动机视角的高校创新创业教育内容分析研究[J].成都大学学报(社会科学版),2021(1).

[163] 许超,陈菁菁.以"互联网+"大赛为载体推动创新创业教育——以广东高职院校为例[J].科技创业月刊,2018(5).

[164] 赵慧君,杨清溪.高师院校创业教育的突破口——为教育服务产业培养人才[J].长春师范学院学报,2013(7).

[165] 朱孟斐.构建"四位一体"大学生创业教育模式之我见[J].中国成人教育,2019(9).

[166] 王婉萍.大学生创业教育及保障体系的研究[D].杭州:浙江大学,2006.

[167] 魏卫,黄伟钊,胡兰双,等.角色差异的创业教育对创业素质影响研究——以高校旅游专业为例[J].华南理工大学学报(社会科学版),2019(2).

[168] 李伟铭,黎春燕,杜晓华.我国高校创业教育十年:演进、问题与体系建设[J].教育研究,2013(6).

[169] 黎江.对高等教育领域创业教育模式的认识[J].高等农业教育,2004(12).

[170] 吴婕.我国高校大学生创业教育研究述评[J].现代教育科学,2009(9).

[171] 纪玉超,林海涛.大学生创业能力的内涵解析及多维培养方式[J].教育与职业,2011(30).

[172] 杨晓慧.大学生创业能力培养的瓶颈问题与策略选择[J].中国高等教育,2010(18).

[173] 杨泽宇,李维昌.思想政治理论课考试模式及其改革问题解析——兼论高校思想政治理论课程改革与学生思想政治素质评价办法[J].国家教育行政学院学报,2007(2).

[174] 毛燕慧.基于PBL模式的中职计算机基础教学研究[J].现代交际,2013(6).

[175] 张静.高职会展专业双创融合人才培养模式构建[J].职业教育研究,2021(1).

[176] 孔正林.用"管用、够用、能用、适用"原则指导职业教育课程改革[J].职业,2016(35).

[177] 胡莉.大学生创业教育问题分析及对策研究[D].太原:山西财经大学,2012.

[178] 张健康,黄彬.会展特色专业建设理念、实践与探索[M].杭州:浙江大学出版社,2011.

[179] 鲁捷,王粤钦.本科高职课程建设的研究[M].北京:中国社会科学出版社,2014.

[180] 王丽,王威,张杨梅.新工科背景下信号与信息处理课程群构建[J].高教学刊,2021(8).

[181] 马国勤.基于OBE理念的高职课程教学模式研究与实践[J].职教论坛,2020(5).

[182] 彭雄凤,余光群,李青云,等.基于成果导向的高职"机械制图"课程教学改革研究[J].南方农机,2021(5).

[183] 陈正华,马倩.京津冀协同发展中河北省高职教育的机遇与挑战[J].教育学术月刊,2021(2).

[184] 周哲民,万秋红.校企协同对高职院校技术技能积累力的影响研究——基于2017年湖南省54所高职院校质量年度报告数据的分析[J].职业技术教育,2018(28).

[185] 苏永华.基于就业力提升的高职会展专业人才培养模式构建[J].太原城市职业技术学院学报,2012(8).

[186] 焦静,冯明.大学生就业胜任力模型的构建[J].科学决策,2010(10).

[187] 王麒凯.大学生就业规划意识、就业准备与就业竞争力及其关系的研究[D].重庆:重庆大学,2010.

[188] 段禾青,贺立.以生为本理念下高职有效课堂构建探讨[J].绿色科技,2021(3).

[189] 巴图查干,邓泽民.我国职业教育教学研究40年综述[J].职教论坛,2019(3).

[190] 华中师范学院教育科学研究所.陶行知全集(第二卷)[M].长沙:湖南教育出版社,1985.

[191] 于江.课程思政引领人文教育与技能教育融合的有效路径研究[J].河北能源职业技术学院学报,2020(4).

[192] 卓宏明,罗秀峰,苗炳迪.劳动教育与思政教育融合育人的高职人才培养——以无人机应用技术专业为例[J].经济师,2021(1).

[193] 栾海清,史华楠.高校构建第三课堂育人模式的实践探索[J].学校党建与思想教育,2016(20).

[194] 潘红艳.第一、第二、第三课堂实践教学体系的构建研究[J].经贸实践,2016(20).

[195] 王飞飞,胡波.“三个课堂联动”旅游管理创新人才培养模式研究[J].山西财经大学学报,2016(S1).
[196] 汪旺根.逃离还是回归:我国大学校区城郊化的理性思考[J].新经济,2020(1).
[197] 陶行知.陶行知全集(第二卷)[M].成都:四川教育出版社,1991.
[198] 郑林,蔡珍椽.论以生为本在高职教育教学中的实现路径[J].滁州职业技术学院学报,2018(1).
[199] 王小锋.浅析新时代高职院校教材建设[J].知识经济,2020(9).
[200] 沈文骥.高职院校“三教”改革途径探索[J].九江职业技术学院学报,2020(4).
[201] 陈鲁梅.高校会展教育发展现状与建议[J].中州大学学报,2010(2).
[202] 吴源.广州高职会展专业人才培养问题探析[J].广州番禺职业技术学院学报,2011(6).
[203] 毛艳丽,吴洪艳,王瑞.“任务书式”活页实训课程及教材的开发与应用研究——以中职物流仓储与配送技能实训为例[J].职教论坛,2019(10).
[204] 施咏.江苏近现代音乐教育史略[J].南京艺术学院学报(音乐与表演),2020(4).
[205] 石云霞.高校思想政治理论课程建设史研究[M].武汉:武汉大学出版社,2006.
[206] 姜大源.职业教育要义[M].北京:北京师范大学出版社,2017.
[207] 张永珍,李霞.在线教学中大学生自主学习能力培养策略——疫情下基于泛雅平台的在线教学活动设计[J].山东广播电视大学学报,2021(1).
[208] 张彦秋.四大学习理论对我国体育教学论的影响[J].哈尔滨体育学院学报,2009(4).
[209] 姜大源.职业教育学研究新论[M].北京:教育科学出版社,2007.
[210] 邓莉,彭正梅.美国学校如何落实21世纪技能——21世纪学习示范学校研究[J].外国教育研究,2017(9).
[211] Bloom B S. Taxonomy of educational objectives[M]. New York: David McKay,1956.
[212] Geertsen H R. Rethinking thinking about higher-level thinking[J]. Teaching Sociology,2003(1).
[213] 钟志贤.教学设计的宗旨:促进学习者高阶能力发展[J].电化教育研究,2004(11).
[214] 王媛媛.高职旅游管理专业课程体系和教学模式改革研究[D].青岛:青岛

大学,2014.
[215] 王金旭,朱正伟,李茂国.成果导向:从认证理念到教学模式[J].中国大学教学,2017(6).
[216] 徐国庆.职业教育项目课程原理与开发[M].上海:华东师范大学出版社,2016.
[217] 闫坤如.人工智能技术异化及其本质探源[J].上海师范大学学报(哲学社会科学版),2020(3).
[218] 胡俊梅.推动内涵式发展 促进地方新建本科院校转型[J].高教探索,2017(7).
[219] 王成福,邵建东,陈海荣,等.高职教师专业实践能力的内涵及培养对策[J].高等工程教育研究,2015(3).
[220] 杨勇,林旭.四维合一:行动导向教学法的理性逻辑[J].教育与职业,2021(2).
[221] 朱春俐.职业教育专业教学资源库建设的意义价值及路径[J].职教论坛,2020(10).
[222] 何菲,何嘉.基于当代世界职业教育发展趋势的问题研究——评《当代世界职业教育发展趋势研究》[J].教育发展研究,2017(2).
[223] 梁爽,高秀娟.职业教育专业教学资源库理论研究与实施路径[J].工业技术与职业教育,2018(3).
[224] 肖智清,徐娟.全方位对接长株潭产业集群发展的职业院校发展战略研究——以湖南现代物流职业技术学院为例[J].科技经济市场,2018(2).
[225] 张薛梅.锡商文化与商科高职院校校园文化融合研究——以无锡商业职业技术学院为例[J].无锡商业职业技术学院学报,2016(4).
[226] 魏登尖.校本课程建设的理论构建与实践探索[M].重庆:西南师范大学出版社,2018.
[227] 崔允漷.校本课程开发:理论与实践[M].北京:教育科学出版社,2000.
[228] 吴刚平.校本课程开发[M].成都:四川教育出版社,2002.
[229] 孟宪平.职业学校校本课程的开发[J].河南职技师院学报(职业教育版),2002(5).
[230] 王惠莲.高职院校特色高水平专业群建设的逻辑解构、关键维度及实施向度[J].中国职业技术教育,2020(32).
[231] 王欢,赵之晔.数字化教学平台在装备制造类高职院校教师师资建设的作用研究[J].南方农机,2020(2).
[232] 钟启泉,罗厚辉.课程范式的转换——上海与香港的课程改革[M].上海:

上海科技教育出版社,2003.

[233] 崔允漷,夏雪梅. FAPO:一种新的教师专业发展分析框架[J]. 教育发展研究,2011(10).

[234] 龙梅,杜妍妍. 基于职业胜任力提升的高职会展人才培养模式探究[J]. 赤峰学院学报(自然科学版),2013(22).

[235] 黄彬. 会展实践与研究[M]. 杭州:浙江大学出版社,2011.

[236] 黄彬,方玲玲. 中国会展教育十年[M]. 杭州:浙江大学出版社,2012.

[237] 朱慕菊. 走进新课程:与课程实施者对话[M]. 北京:北京师范大学出版社,2002.

[238] 李华洲,杜立婵. 高职翻转课堂与工作室制教学模式结合的教学模式创新[J]. 才智,2017(26).

[239] 教育部职业教育与成人教育司. 高等职业学校专业教学标准(试行)·旅游大类[M]. 北京:中央广播电视大学出版社,2012.

[240] 曲洋. 高职院校继续教育在终身教育理念下的发展分析[J]. 继续教育研究,2021(2).

[241] 庄一民,张阳明. 疫情防控背景下高职院校毕业生就业特点与路径探析——以黎明职业大学为例[J]. 山东商业职业技术学院学报,2020(4).

[242] 王纪安,曹克广. 高职国家级精品课程建设实践[M]. 北京:高等教育出版社,2012.

[243] 罗萍,宗晓琴. 对课程建设与课程评价有关问题的思考[J]. 西北医学教育,2001(1).

[244] 赵颖. "五年一贯制"高职院校课程设置现状[J]. 职业技术,2006(14).

[245] 季诚钧. 大学课程概论[M]. 上海:上海教育出版社,2007.

[246] 袁高燕. 会展经济与管理专业课程设置的问题与对策研究[D]. 重庆:西南大学,2009.

[247] 齐洪利. 基于能力本位的项目教学操作实务[M]. 天津:天津教育出版社,2013.

后　记

我接触会展专业教学和人才培养工作最早要追溯到 2005 年。是年，我所任职的杭州广播电视大学（杭州科技职业技术学院前身）首次开设了专科层次的会展策划与管理专业，原先作为广告学专业教师的我机缘巧合地迈进了会展教育的大门。2009 年学校转型发展成为杭州科技职业技术学院，我有幸承担了当年学校会展策划与管理专业的立项申报工作，并于 2009 年下半年成功获批。自 2010 年起，我便全身心投入高职会展策划与管理专业的课程教学和人才培养工作，担任会展专业负责人（后辞任），先后承担了会展概论、会展策划、会展营销、节事活动策划与管理等专业课程的教学工作。2010 年下半年我指导学生成立专业学习社团——博闻会展协会，从 2011 年开始先后指导创办了博闻会展策划大赛、杭科院校园淘宝展销会、会展名人大讲堂、校园创业文化节等多项校园会展活动，自 2013 年起带领学生承办每年一届的校园读书节活动，8 年来共策划并执行了 50 多项子活动，曾获中国高职图书馆发展论坛（2017）案例征集三等奖。2017 年，在旅游学院领导的重视和支持下，我还有幸主持创办了杭州科技职业技术学院会奖经济研究所（2020 年更名为会奖旅游研究所）和中国（杭州）会奖旅游教育与产业发展学术研讨会，如今该会奖研讨会已成功举办三届（2020 年因新冠肺炎疫情停办一届），公开出版学术论文集 2 部——《会奖旅游研究前沿（第一辑）》和《会奖旅游研究前沿（第二辑）》，为推动杭州科技职业技术学院会展省级特色专业建设提供了有力支持。

在过去 10 多年的会展教育和人才培养过程中，我还带领学生服务西博会、文博会、G20 杭州峰会等一系列重大节展活动，指导学生参加包括全国商科院校技能大赛会展专业竞赛、浙江省高职高专院校技能大赛会展管理竞赛等在内的多项赛事活动，取得一、二、三等奖。在尽心投入会展教学工作的同时，我也怀着对会展教育教学研究的高度热忱，先后开展了全国高职高专旅游管理类教育科研“十二五”规划 2011 年度课题《基于就业力提升的高职会展专业人才养模式研究》、杭州科技职业技术学院 2012 年度高职重点专项课题《高职会展专业“岗位模拟，项目轮训”人才培养模式研究与实践》、国家旅游局（现文化和旅游部）2017 年度万名旅游英才计划“双师型”教师培养项目《基于地方行业标准的〈会奖旅游实务〉课程开发》、2018 年度杭州市哲学社会科学规划课题基地立项项目《生利主义视域下的会展专业课程建设研究》等在内的教研项目，不断提升自身对高职会展人才培养的认识和理解。

为了提升自身专业能力和技能水平，在学校的大力支持下，我于2012—2014年赴新加坡、澳大利亚和德国学习职业技术教育和会展管理方面的课程，并在2009年、2017年和2020年分别在杭州思诺博会展服务有限公司市场部、杭州市旅游形象推广中心(杭州市商务会展旅游促进中心)会奖部、杭州市会议展览业协会挂职锻炼，作为主要参与者参与杭州市地方会议服务机构管理和服务标准制定，并受托负责执行了四批的杭州市达标(示范)会议服务机构的评定工作。此外，我还有幸参与了杭州市会展业发展"十四五"规划和省外重要会展企业"十四五"发展规划的起草工作，并兼任了浙江省东方会展产业研究所秘书长、浙江省会展学会常务理事、浙江省会展业标准化技术委员会专家委员、中国会展经济研究会县域会展经济研究工作委员会委员、杭州市中职会展服务与管理专业指导委员会成员、北京新展智慧大数据技术研究院智库专家等职务，在履职尽责的同时自身也得到很大的提升。

诚然，作为非教育学专业背景的旅游类专业教师，本书中对课程建设的理解难免有疏漏甚至偏颇，但本着抛砖引玉的目的，我还是希望能将自己对高职会展课程建设和人才培养的理解与各位专家、同行、读者分享，也希望在今后的会展教育工作中得到各位专家的指正。

特别感谢浙江工业大学教授、博士生导师王哲平老师的悉心指导和耐心栽培，感谢浙江省会展学会秘书长丁萍萍教授十多年以来无私的指导、帮助和提携，同时也感谢她在百忙中为本书作序，感谢杭州科技职业技术学院高等职业教育(陶行知教育思想)研究中心刘育峰老师在课题立项及结题等方面给予的支持，感谢华中科技大学出版社王乾编辑对本书出版给予的帮助。最后要感谢我的夫人，她也是本书作者之一，书中关于创业的一些内容都是我们在她主持的一系列创新创业研究课题中的所思所得。在本书写作期间，她和顽皮的淘淘在春节假期给予了我理解、支持和陪伴，是为感激。

苏永华
2021年3月28日于杭州千岛湖